Juntos:

Laravel & Next

Jesús Quintana Esquiliche

Derechos de Autor

Blog del autor:

https://blog-astro2.vercel.app/

Repositorios de proyecto

https://github.com/jesquiliche/frontend_birras

https://github.com/jesquiliche/laravel_birras

SUMARIO

BACKEND

<u>LARAVEL</u>

INTRODUCCIÓN A LAS APIS

¿Qué son las APIs?

Una API (Application Programming Interface) es un conjunto de reglas y estándares que se utilizan para permitir que diferentes software interactúen entre sí. En otras palabras, es una interfaz de programación que permite a diferentes sistemas compartir y acceder a información y funcionalidades entre ellos.

Las APIs son esenciales para el desarrollo de aplicaciones y plataformas modernas, ya que permiten la integración de diferentes sistemas y tecnologías. Por ejemplo, una aplicación puede utilizar la API de un servicio en línea para acceder a información sobre el clima, el tráfico, o la localización.

Las APIs también son ampliamente utilizadas por las empresas para permitir que terceros accedan a sus datos y funcionalidades en una forma controlada y segura. Esto ha dado lugar a una gran cantidad de innovación, ya que permite a las empresas ofrecer sus servicios a través de diferentes canales y dispositivos.

En resumen, las APIs son una pieza clave para la conectividad y la integración en la era digital y permiten a los desarrolladores crear soluciones innovadoras y eficientes que puedan ser utilizadas por una amplia gama de aplicaciones y servicios.

¿Por qué usar una API?

Hay varias razones por las que alguien puede querer utilizar una API:

- Integración de sistemas: Las APIs permiten a los desarrolladores integrar diferentes sistemas y tecnologías para crear soluciones más eficientes y complejas.

- Acceso a datos y funcionalidades: Las APIs permiten a los desarrolladores acceder a los datos y funcionalidades de otras aplicaciones y servicios en una forma controlada y segura.

- Automatización: Las APIs permiten a los desarrolladores automatizar tareas y procesos, lo que ahorra tiempo y reduce errores.

- Creación de aplicaciones más complejas: Las APIs permiten a los desarrolladores acceder a los recursos de otras aplicaciones y servicios para crear soluciones más complejas y avanzadas.

- Mejora de la experiencia del usuario: Las APIs permiten a los desarrolladores crear aplicaciones más personalizadas y amigables para el usuario, lo que mejora la experiencia del usuario y aumenta la satisfacción.

En resumen, las APIs son una herramienta poderosa para los desarrolladores, que les permiten crear soluciones más eficientes, innovadoras y personalizadas para sus usuarios.

Ejemplos de uso de APIs

Hay muchos ejemplos de cómo se pueden utilizar las APIs en diferentes contextos. Aquí hay algunos ejemplos comunes:

1. **Integración con servicios en línea:** Las APIs permiten a las aplicaciones integrarse con servicios en línea como Google Maps, Twitter, Facebook y muchos otros. Por ejemplo, una aplicación de viajes puede utilizar la API de Google Maps para mostrar mapas y rutas.

1. **Creación de aplicaciones móviles:** Las APIs permiten a los desarrolladores crear aplicaciones móviles que accedan a los datos y funcionalidades de otros servicios. Por ejemplo, una aplicación de mensajería puede utilizar la API de un servicio de mensajería para enviar y recibir mensajes.

2. **Automatización de procesos empresariales:** Las APIs permiten a las empresas automatizar tareas y procesos, lo que ahorra tiempo y reduce errores. Por ejemplo, una empresa puede utilizar una API para integrar sus sistemas de gestión de inventario con sus sistemas de pedidos y envío.

3. **Desarrollo de aplicaciones de análisis de datos**: Las APIs permiten a los desarrolladores acceder a grandes cantidades de datos para crear aplicaciones de análisis de datos. Por ejemplo, una aplicación de análisis de redes sociales puede utilizar la API de Twitter para acceder a los datos de tweets y analizarlos.

Estos son solo algunos ejemplos de cómo se pueden utilizar las APIs en diferentes contextos. Hay muchas otras formas en las que las APIs pueden ser útiles y hacer más eficientes los procesos y sistemas.

Diferencia entre una API y una aplicación web tradicional

Una API (Application Programming Interface) es un conjunto de reglas y protocolos que permiten a diferentes sistemas interactuar y compartir datos y funcionalidades. Por otro lado, una página web tradicional es un documento HTML que se muestra en un navegador y se accede a través de una URL.

Aquí hay algunas de las principales diferencias entre una API y una página web tradicional:

1. **Accesibilidad:** Las APIs se accede a través de aplicaciones o scripts, mientras que las páginas web se accede a través de un navegador.

1. **Finalidad:** Las APIs están diseñadas para compartir datos y funcionalidades con otros sistemas, mientras que las páginas web están diseñadas para ser visualizadas por personas.

1. **Formato de los datos:** Las APIs devuelven datos en formato de texto plano o en formato JSON o XML, mientras que las páginas web devuelven datos en formato HTML.

1. **Interacción con el usuario:** Las APIs no tienen una interacción directa con el usuario, mientras que las páginas web se muestran en un navegador y permiten a los usuarios interactuar con ellas.

En resumen, una API es una forma de compartir datos y funcionalidades entre diferentes sistemas, mientras que una página web es una forma de presentar información a los usuarios. Ambas son importantes en diferentes contextos y se complementan entre sí.

Laravel y las APIs

Laravel es un framework de PHP que se enfoca en proporcionar una experiencia de desarrollo amigable y potente para los desarrolladores. Fue creado en 2011 y desde entonces ha ganado una gran popularidad por su facilidad de uso y su amplia gama de características.

Desde su versión 5, Laravel ha proporcionado un enfoque enfático en la creación de API. Incluye herramientas y características específicas para facilitar la creación de **API RESTful**, incluyendo la definición de rutas, controladores, modelos y autenticación. Además, Laravel también proporciona una forma fácil de realizar pruebas en las API y una amplia documentación para ayudar a los desarrolladores a entender cómo funciona.

En resumen, Laravel ofrece una solución completa y fácil de usar para crear API RESTful, lo que lo hace una opción popular para los desarrolladores que desean crear aplicaciones web modernas y escalables.

Requisitos:
- **PHP:** Laravel 10 requiere PHP versión 8.1 o superior.
- **Servidor web:** Laravel 10 requiere un servidor web compatible con PHP, como Apache o Nginx.
- **Base de datos:** Laravel 10 soporta diversas bases de datos, incluyendo MySQL, PostgreSQL, SQLite y SQL Server.
- **Composer:** Laravel 11 utiliza Composer como su gestor de paquetes, por lo que es necesario tenerlo instalado en el sistema.
- **Extensiones PHP:** Laravel 10 requiere algunas extensiones PHP habilitadas, incluyendo OpenSSL, PDO, Mbstring y Tokenizer.

Precaución: Es importante verificar que su entorno cumpla con estos requisitos antes de proceder a la instalación de Laravel 10. Si cualquiera de estos requisitos no está cumplido, es posible que la instalación falle o que Laravel 11 no funcione correctamente.

Para este proyecto se ha empleado el siguiente software:
- **XAMPP** (PHP,MariaDB,Apache) Enlace de descarga
- **Visual Studio Code** Enlace de descarga
- **MySQL Community Server 8.0.32** Enlace de descarga
- **MySQL WORKBENCH** Enlace de descarga

INSTALACIÓN Y CONFIGURACIÓN

Importante

Para poder trabajar con la versión 10 de Laravel debera tener instalada la versión de PHP 8.1. Para comprobar que versión de PHP esta utilizando debera teclear el siguiente comando en su consola.

```
php -v
```

Instalar LAMP

Si no dispone de ningún entorno de programación PHP como Laragon, WAMPP, puedes instalar XAMPP. Esta aplicación te instalara el lenguaje programación PHP, el servidor HTTP Apache y la BB.DD MySQL.

Para instalar LAMP en tu máquina, sigue los siguientes pasos:

1. Descarga la versión de XAMPP desde la página oficial: https://www.apachefriends.org/es/download.html. Recuerda seleccionar el paquete con la versión 8.1

2. Una vez descargado, ejecuta el instalador y sigue las instrucciones. Es posible que te solicite permisos de administrador para instalar algunos componentes.

3. Durante el proceso de instalación, te preguntará qué componentes deseas instalar. Asegúrate de seleccionar Apache, MySQL y PHP.

4. Cuando finalice la instalación, inicia XAMPP. Si estás en Windows, puedes hacerlo desde el menú Inicio. Si estás en Linux, abre una terminal y escribe el siguiente comando: `sudo /opt/lampp/lampp start`.

5. Si todo funciona correctamente, verás que los servicios de Apache y MySQL están activos en el panel de control de XAMPP.

¡Listo! Ahora puedes comenzar a trabajar con LAMP en tu máquina. Recuerda que debes configurar la base de datos de MySQL y las rutas de PHP para que todo funcione correctamente.

Instalación de Laravel (Modalidad Global)

1. Verificar si tienes instalado Composer: Para instalar Laravel, necesitas tener Composer instalado en tu computadora. Para verificar si lo tienes instalado, abre la terminal (en Windows: Command Prompt o PowerShell) y escribe el siguiente comando:

```
composer --version
```

Si Composer está instalado, se mostrará su versión. Si no está instalado, puedes descargarlo desde getcomposer.org.

2. Instalar Laravel: Para instalar Laravel, abre la terminal y escribe el siguiente comando:

```
composer global require laravel/installer
```

Este comando descargará e instalará Laravel de manera global en tu computadora. Después de la instalación, verifica que Laravel se haya instalado correctamente escribiendo el siguiente comando:

```
laravel --version
```

3. Crear un nuevo proyecto de Laravel con Jetstream: Para crear un nuevo proyecto de Laravel 10, abre la terminal y escribe el siguiente comando:

```
laravel new nombre-del-proyecto
```

Instalación de Laravel 10 (Modalidad Local)

1. Verificar si tienes instalado Composer: Para instalar Laravel, necesitas tener Composer instalado en tu computadora. Para verificar si lo tienes instalado, abre la terminal (en Windows: Command Prompt o PowerShell) y escribe el siguiente comando:

```
composer --version
```

Si Composer está instalado, se mostrará su versión. Si no está instalado, puedes descargarlo desde getcomposer.org.

2. Crear un directorio para el proyecto: Crea un nuevo directorio en tu computadora donde guardarás el proyecto de Laravel.

3. Navegar al directorio del proyecto: Abre la terminal y navega hasta el directorio que acabas de crear.

4. Laravel: Para descargar Laravel, escribe el siguiente comando en la terminal:

```
composer create-project laravel/laravel nombre-proyecto "10.*"
```

Este comando descargará Laravel en el directorio del proyecto que acabas de crear.

Configuración de Base de datos

Para configurar las variables de entorno para conectar Laravel con la base de datos, sigue estos pasos:

1. Abre tu proyecto Laravel en tu editor de código preferido.
2. Crea un archivo llamado .env en la raíz del proyecto. Si estás utilizando Windows, puedes hacer esto abriendo la línea de comandos, navegando hasta el directorio raíz del proyecto y escribiendo el comando copy .env.example .env. Si estás utilizando Mac o Linux, puedes usar el comando cp .env.example .env.
3. Abre el archivo .env y configura las siguientes variables de entorno:

```
DB_CONNECTION=mysql
DB_HOST=127.0.0.1
DB_PORT=3306
DB_DATABASE=nombre_de_la_base_de_datos
DB_USERNAME=nombre_de_usuario_de_la_base_de_datos
DB_PASSWORD=contraseña_de_usuario_de_la_base_de_datos
```

4. Asegúrate de reemplazar nombre_de_la_base_de_datos, nombre_de_usuario_de_la_base_de_datos y contraseña_de_usuario_de_la_base_de_datos con los valores correspondientes para tu base de datos.
5. Guarda el archivo .env.

Ahora Laravel utilizará estas variables de entorno para conectarse a la base de datos. Si estás utilizando XAMPP o WAMP, asegúrate de que el servicio de MySQL esté ejecutándose en el puerto especificado en la variable DB_PORT (por defecto, el puerto es 3306).

Si ya has configurado las variables de entorno pero no estás seguro de si funcionan correctamente, puedes probar la conexión a la base de datos ejecutando el comando `php artisan migrate` en la línea de comandos en la raíz del proyecto. Este comando ejecutará las migraciones de la base de datos y te indicará si hay algún problema de conexión.

En nuestro ejemplo utilizaremos como base de cervezas, esta deberá estar creada antes de continuar con los siguientes pasos.

6. Ejecute el comando php artisan migrate si todavía no lo ha ejecutado.

Traducir Laravel al español

Laravel se instala por defecto en idioma Ingles, si desea que laravel trabaje en idioma español deberá seguir los siguientes pasos:

1.- En su archivo **App.php** deberá cambiar la siguiente linea:

```
'locale' => 'en',
```

Por esta otra:

```
'locale' => 'es',
```

2.- Deberá instalar a traves de composer el paquete Laravel-lang y ejecutar los siguientes comandos desde su terminal.

```
composer require laravel-lang/common --dev

php artisan lang:add es

php artisan lang:update
```

Con esto ya tendrá traducido su aplicación Laravel 10 al Español.

Iniciar el servidor

Para iniciar el servidor web en Laravel, puedes usar el siguiente comando desde la terminal:

```
php artisan serve
```

Este comando iniciará el servidor en `http://localhost:8000` por defecto. Si deseas especificar un puerto diferente, puedes utilizar la opción `-p` o `--port`, seguido del número de puerto que deseas usar. Por ejemplo, para iniciar el servidor en el puerto 9000, utilizarías el siguiente comando:

```
php artisan serve --port=9000
```

Una vez que el servidor esté en marcha, podrás acceder a tu aplicación Laravel a través del navegador web visitando la dirección `http://localhost:8000` (o la dirección que especificaste al usar la opción `--port`).

MIGRACIONES

¿Qué es una migración?

En términos simples, una migración en Laravel es un conjunto de instrucciones que permiten a los desarrolladores crear o modificar la estructura de una base de datos en su aplicación web. En lugar de modificar manualmente la base de datos, los desarrolladores pueden crear archivos de migración que describen los cambios que deben hacerse. Estos archivos de migración se ejecutan automáticamente utilizando comandos de Artisan, lo que permite a los desarrolladores actualizar la estructura de la base de datos de manera controlada y coherente con la evolución de la aplicación. En resumen, las migraciones son una herramienta útil que permite a los desarrolladores administrar la estructura de la base de datos de manera programática y coherente, lo que puede ahorrar tiempo y reducir errores en la gestión de la base de datos.

Uno de los beneficios clave de utilizar migraciones es el control de versiones. Al utilizar archivos de migración, los desarrolladores pueden mantener un registro de los cambios en la estructura de la base de datos a medida que evoluciona la aplicación. Esto es especialmente útil cuando hay varios desarrolladores trabajando en el mismo proyecto o cuando se realiza un seguimiento de diferentes versiones de la aplicación. Cada archivo de migración se puede etiquetar con un número de versión, lo que ayuda a los desarrolladores a realizar un seguimiento de los cambios y a asegurarse de que todos los miembros del equipo estén trabajando con la misma versión de la base de datos.

Otro beneficio importante de las migraciones es que pueden ahorrar tiempo y reducir errores en la gestión de la base de datos. En lugar de tener que modificar manualmente la base de datos cada vez que se realizan cambios en la estructura de la base de datos, los desarrolladores pueden crear archivos de migración que describen los cambios que deben hacerse. Estos archivos de migración se pueden ejecutar automáticamente utilizando comandos de Artisan, lo que ahorra tiempo y reduce la posibilidad de errores humanos.

Además, las migraciones en Laravel también son muy flexibles. Los desarrolladores pueden crear migraciones para agregar nuevas tablas, modificar columnas existentes, agregar restricciones de clave foránea, crear índices, eliminar tablas y mucho más. Cada migración se compone de dos métodos principales: el método "up" que describe los cambios que deben realizarse en la base de datos y el método "down" que describe cómo deshacer esos cambios.

En resumen, las migraciones en Laravel son una herramienta esencial para administrar la estructura de la base de datos de manera programática y coherente con la evolución de la aplicación. Al utilizar migraciones, los desarrolladores pueden mantener un registro de los cambios de la base de datos, ahorrar tiempo y reducir errores en la gestión de la base de datos, y tener una gran flexibilidad para realizar cambios en la estructura de la base de datos.

Modelo ER

Este es el modelo entidad/relación de nuestra BB.DD.

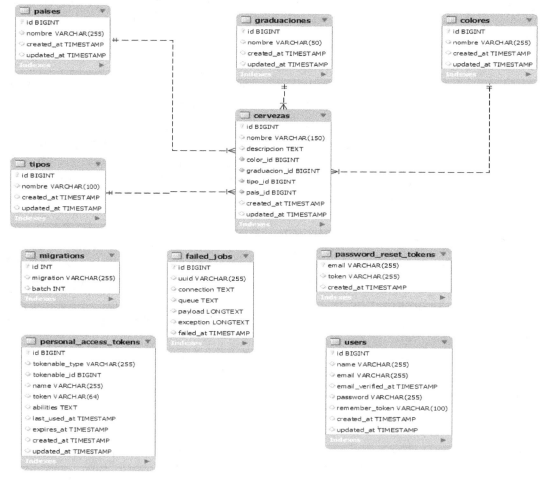

¿Qué es una migración?

Una **migración** en Laravel es un archivo de PHP que describe una operación de base de datos, como la creación de una tabla o la modificación de una columna existente. Las migraciones permiten que los desarrolladores gestionen los cambios en la estructura de la base de datos de manera sencilla y segura, ya que todos los cambios se realizan a través de archivos que se pueden controlar con un sistema de control de versiones como Git.

Cuando se ejecutan las migraciones, Laravel las aplica automáticamente a la base de datos mediante una serie de comandos SQL. Esto garantiza que la estructura de la base de datos sea la misma en todas las instancias del proyecto, ya sea en un entorno de desarrollo local, en un servidor de pruebas o en producción.

Además, las migraciones también proporcionan un mecanismo para revertir los cambios en la base de datos, lo que es útil en caso de que se deban hacer cambios en la estructura de la base de datos y luego se deba revertir a una versión anterior.

En resumen, las migraciones en Laravel son una herramienta esencial para el desarrollo de aplicaciones que requieren una gestión de base de datos robusta y fácil de usar.

Generando migraciones en Laravel

A continuación, generaremos las migraciones necesarias para crear la estructura requerida en nuestra base de datos. Crearemos todas las tablas necesarias para nuestra aplicación de comercio electrónico a través de estas migraciones. Comenzaremos con las tablas más simples y avanzaremos hasta nuestra tabla principal, conocida como **Cervezas**.

Como es ampliamente reconocido, una cerveza suele contar con una serie de características o propiedades que comparte con otras cervezas, al tiempo que la distinguen de las demás. Entre estas características se encuentra el color. Existen varios tipos de colores estandarizados, como tostado, ámbar, negro y amarillo, que definen el color de una cerveza.

Empezaremos creando la tabla **Colores**, la cual almacenará todos los colores de las cervezas y se relacionará con nuestra tabla de **Cervezas**.

Para crear la migración de la tabla de categorías, ingrese el siguiente comando:
```
php artisan make:migration create_colores_table
```

Para generar una migración en Laravel 11, se suele utilizar el comando *php Artisan make:migration: nombreDeLaMigración*. Es el comando que hemos ejecutado anteriormente, donde **NombreDeLaMigracion** es el nombre que le quieres dar a la migración, y **nombre_de_la_tabla** es el nombre de la tabla que se creará en la base de datos.

Esto creará un archivo de migración en la carpeta *database/migrations* con un nombre similar a *yyyy_mm_dd_hhmmss_NombreDeLaMigracion.php*.

Luego, puedes editar ese archivo para definir las columnas que deseas agregar a la tabla. Finalmente, ejecuta el comando *php artisan migrate* para aplicar las migraciones a la base de datos.

A continuación, veamos qué nos ha generado el comando anterior.

Definiendo las tablas de la Base de Datos

Tabla de Colores

Veamos qué ha hecho el comando anteriormente ejecutado:
```
php artisan make:migration create_colores_table
```

Importante

Siga la convención en sus creaciones de tabla utilizando **create_nombre_de_tabla_table**, si quiere evitarse problemas en el futuro.

La fecha de la migración es importante, ya que esta determina el orden de ejecución de las mismas. Esto es importante en el caso de que tengamos tablas relacionadas; deberemos crear primero las **entidades fuertes** que las **entidades débiles**.

Diríjase al directorio `database/migrations` y edite el archivo con la migración. Podrá observar el siguiente código.
```
<?php
```

```php
use Illuminate\Database\Migrations\Migration;
use Illuminate\Database\Schema\Blueprint;
use Illuminate\Support\Facades\Schema;

return new class extends Migration
{
    /**
     * Run the migrations.
     */
    public function up(): void
    {
        Schema::create('colores', function (Blueprint $table) {
            $table->id();
            $table->text('descripcion')->nullable();
            $table->timestamps();
        });
    }

    /**
     * Reverse the migrations.
     */
    public function down(): void
    {
        Schema::dropIfExists('colores');
    }
};
```

El código crea una clase anónima que extiende la clase Migration de Illuminate y define dos métodos: up() y down().

El método up() es invocado cuando se ejecuta el comando php artisan migrate y se utiliza para crear la tabla "categorías" en la base de datos con las siguientes columnas:

id: una columna con clave primaria que se genera automáticamente como una secuencia incremental. nombre: una columna de tipo cadena con un tamaño máximo de 150 caracteres que es única. descripción: una columna de tipo texto. imagen: una columna de tipo texto que puede ser nula. created_at y updated_at: dos columnas de tipo fecha y hora que se generan automáticamente y se actualizan automáticamente al insertar o actualizar un registro. El método down() es invocado cuando se ejecuta el comando php artisan migrate:rollback y se utiliza para eliminar la tabla "categorías".

Ahora veremos como añadir campos a nuestra tabla:

tipos de datos más comunes en Laravel

En Laravel, los tipos de datos en las migraciones se refieren a las especificaciones de los tipos de columnas en las tablas de la base de datos. Algunos de los tipos de datos más comunes incluyen:

- bigIncrements: Incremento automático de ID grande
- bigInteger: Entero grande
- binary: Datos binarios
- boolean: Valor booleano
- char: Cadena fija de longitud
- date: Fecha
- dateTime: Fecha y hora
- decimal: Número decimal con precisión y escala específicas
- double: Número de punto flotante de doble precisión
- enum: Valor de una lista predefinida
- float: Número de punto flotante
- increments: Incremento automático de ID
- integer: Entero
- json: Datos en formato JSON
- longText: Texto largo
- mediumText: Texto de tamaño medio
- smallInteger: Entero pequeño
- string: Cadena
- text: Texto
- time: Tiempo
- timestamp: Marca de tiempo
- unsignedBigInteger: Entero grande sin signo
- unsignedInteger: Entero sin signo.

Estos son algunos de los tipos de datos más comunes que puedes usar en tus migraciones en Laravel.

Vamos a añadir una columna a nuestra tabla, donde guardaremos el nombre del color:

```php
<?php

use Illuminate\Database\Migrations\Migration;
use Illuminate\Database\Schema\Blueprint;
use Illuminate\Support\Facades\Schema;

return new class extends Migration
{
    /**
     * Run the migrations.
     */
    public function up(): void
    {
        Schema::create('colores', function (Blueprint $table) {
            $table->id(); // Campo ID autoincremental
            $table->string('nombre')->unique(); // Ejemplo de otro
campo, puedes añadir los necesarios
            $table->timestamps();
        });
    }

    /**
     * Reverse the migrations.
     */
    public function down(): void
    {
        Schema::dropIfExists('colores');
    }
};
```

Revisando la tabla migraciones

id	migration	Batch
1	2014_10_12_000000_create_users_table	1
2	2014_10_12_100000_create_password_reset_tokens_table	1
3	2019_08_19_000000_create_failed_jobs_table	1
4	2019_12_14_000001_create_personal_access_tokens_table	1
5	2023_10_21_205846_create_colores_table	2

La tabla **migraciones** de Laravel es utilizada por el sistema de migraciones de Laravel para realizar un seguimiento de las migraciones que se han ejecutado en la base de datos. A continuación, te explico el significado de cada columna en la tabla:

1. **ID**: Este es un identificador único para cada migración. Cada vez que ejecutas una migración, se registra en esta tabla con un nuevo ID. Esto ayuda a realizar un seguimiento de todas las migraciones que se han aplicado.

2. **Nombre de migración**: Esta columna almacena el nombre del archivo de migración, que suele seguir un formato de fecha y hora, seguido de un nombre descriptivo de la migración. Este nombre es utilizado por Laravel para determinar qué migraciones se deben ejecutar y en qué orden.

3. **Batch**: El campo "Batch" indica a qué grupo o "lote" de migraciones pertenece esta migración. Esto es útil cuando deseas ejecutar migraciones en lotes separados. Por defecto, todas las migraciones se asignan al lote 1, pero puedes cambiar esto en el código de la migración si deseas agruparlas de manera diferente.

En resumen, la tabla `migraciones` en Laravel lleva un registro de todas las migraciones que se han aplicado a la base de datos, con información sobre su orden, identificación y el lote al que pertenecen. Esto es fundamental para mantener la integridad de la base de datos y realizar un seguimiento de los cambios en el esquema a lo largo del tiempo.

Tabla Tipos

En esta tabla guardaremos los distintos de cerveza, como el tipo Ale,IPA,negra,etc.

Para crear la migración ejecute el siguiente comando desde su terminal.
```
php artisan make:migration create_tipos_table
```

Diríjase el directorio database/migrations y siga el mismo procedimiento que el ejemplo anterior.

Sustituya el código generado por el siguiente código:
```php
<?php

use Illuminate\Database\Migrations\Migration;
use Illuminate\Database\Schema\Blueprint;
use Illuminate\Support\Facades\Schema;

return new class extends Migration
{
    /**
     * Run the migrations.
```

```php
    */
    public function up(): void
    {
        Schema::create('tipos', function (Blueprint $table) {
            $table->id();
            $table->string(`nombre`,100)->unique();
            $table->text('descripcion')->nullable();
            $table->timestamps();
        });
    }

    /**
     * Reverse the migrations.
     */
    public function down(): void
    {
        Schema::dropIfExists('tipos');
    }
};
```

Tabla Países

Para crear la migración ejecute el siguiente comando desde su terminal.
```
php artisan make:migration create_pais_table
```

Diríjase el directorio database/migrations y siga el mismo procedimiento que el ejemplo anterior.

Sustituya el código generado por el siguinte código:
```php
<?php

use Illuminate\Database\Migrations\Migration;
use Illuminate\Database\Schema\Blueprint;
use Illuminate\Support\Facades\Schema;

return new class extends Migration
{
    /**
     * Run the migrations.
     *
     * @return void
     */
    public function up()
```

```php
    {
        Schema::create('paises', function (Blueprint $table) {
            $table->id();
            $table->string("nombre")->unique();
            $table->text('descripcion')->nullable();
            $table->timestamp();
        });
    }

    /**
     * Reverse the migrations.
     *
     * @return void
     */
    public function down()
    {
        Schema::dropIfExists('paises');
    }
};
```

Tabla Provincias

Para crear la migración ejecute el siguiente comando desde su terminal.
```
php artisan make:migration create_provinicias_table
```

Diríjase el directorio database/migrations y siga el mismo procedimiento que el ejemplo anterior.

Sustituya el código generado por el siguinte código:
```php
<?php

use Illuminate\Database\Migrations\Migration;
use Illuminate\Database\Schema\Blueprint;
use Illuminate\Support\Facades\Schema;

return new class extends Migration
{
    /**
     * Run the migrations.
     *
     * @return void
     */
    public function up()
```

```php
    {
        Schema::create('provincias', function (Blueprint $table) {
            $table->id();
            $table->string("codigo",2)->unique();
            $table->string("nombre");
            $table->timestamps();
        });
    }

    /**
     * Reverse the migrations.
     *
     * @return void
     */
    public function down()
    {
        Schema::dropIfExists('provincias');
    }
};
```

Tabla Poblaciones

Para crear la migración ejecute el siguiente comando desde su terminal.

```
php artisan make:migration create_poblaciones_table
```

Diríjase el directorio database/migrations y siga el mismo procedimiento que el ejemplo anterior.

Sustituya el código generado por el siguinte código:

```php
<?php

use Illuminate\Database\Migrations\Migration;
use Illuminate\Database\Schema\Blueprint;
use Illuminate\Support\Facades\Schema;

return new class extends Migration
{
    /**
     * Run the migrations.
     *
     * @return void
     */
    public function up()
```

```php
    {
        Schema::create('poblaciones', function (Blueprint $table) {
            $table->id();
            $table->string("codigo",5)->unique();
            $table->string("nombre");
            $table->string("provincia_cod",2);
            $table->foreign("provincia_cod")->references("codigo")-
>on("provincias");
            $table->timestamps();
        });
    }

    /**
     * Reverse the migrations.
     *
     * @return void
     */
    public function down()
    {
        Schema::dropIfExists('poblaciones');
    }
};
```

Tabla graduaciones

Para crear la migración ejecute el siguiente comando desde su terminal.
```
php artisan make:migration create_graduacion_table
```

Diríjase el directorio database/migrations y siga el mismo procedimiento que el ejemplo anterior.

Sustituya el código generado por el siguinte código:
```php
<?php

use Illuminate\Database\Migrations\Migration;
use Illuminate\Database\Schema\Blueprint;
use Illuminate\Support\Facades\Schema;

return new class extends Migration
{
    /**
     * Run the migrations.
     *
```

```php
     * @return void
     */
    public function up()
    {
        Schema::create('graduaciones', function (Blueprint $table) {
            $table->id();
            $table->string("nombre",50)->unique();
            $table->text('descripcion')->nullable();
            $table->timestamp();
        });
    }

    /**
     * Reverse the migrations.
     *
     * @return void
     */
    public function down()
    {
        Schema::dropIfExists('graduaciones');
    }
};
```

Tabla Cervezas

Para crear la migración ejecute el siguiente comando desde su terminal.
```
php artisan make:migration create_cervezas_table
```

Diríjase el directorio database/migrations y siga el mismo procedimiento que el ejemplo anterior.

Sustituya el código generado por el siguiente código:
```php
<?php

use Illuminate\Database\Migrations\Migration;
use Illuminate\Database\Schema\Blueprint;
use Illuminate\Support\Facades\Schema;

return new class extends Migration
{
    /**
     * Run the migrations.
```

```
    */
   public function up(): void
   {
       Schema::create('cervezas', function (Blueprint $table) {
           $table->id();
           $table->string('nombre',150)->unique();
           $table->text('descripcion');
           $table->unsignedBigInteger('color_id');
           $table->foreign('color_id')->references('id')-
>on('colores');
           $table->unsignedBigInteger('graduacion_id');
           $table->foreign('graduacion_id')->references('id')-
>on('graduaciones');
           $table->unsignedBigInteger('tipo_id');
           $table->foreign('tipo_id')->references('id')-
>on('tipos');
           $table->unsignedBigInteger('pais_id');
           $table->foreign('pais_id')->references('id')-
>on('paises');
           $table->timestamps();
       });
   }

   /**
    * Reverse the migrations.
    */
   public function down(): void
   {
       Schema::dropIfExists('cervezas');
   }
};
```

Integridad referencial

La integridad referencial es un concepto en las bases de datos que se refiere a la consistencia y precisión de las relaciones entre las tablas. Implica que las relaciones entre las tablas de la base de datos se mantengan de manera coherente y se respeten las restricciones definidas. La integridad referencial es importante por varias razones:

1. **Consistencia de Datos**: Garantiza que los datos en la base de datos sean coherentes y precisos. Las relaciones entre las tablas reflejan relaciones en el mundo real, lo que ayuda a evitar inconsistencias y errores de datos.

2. **Evita Datos Huérfanos**: Evita que queden registros huérfanos o sin relación cuando se eliminan o actualizan registros relacionados en otras tablas. Esto ayuda a mantener la integridad de la base de datos.

3. **Mantiene la Integridad**: Asegura que las operaciones de eliminación o actualización en una tabla no generen resultados inesperados o incorrectos en las tablas relacionadas.

4. **Mejora la Calidad de los Datos**: Contribuye a la calidad de los datos al garantizar que los datos sean precisos y relevantes para las relaciones en la base de datos.

En este ejemplo de código, estamos utilizando migraciones de Laravel para definir la estructura de una tabla llamada "cervezas". En esta tabla, estás estableciendo relaciones de clave foránea con otras tablas, como "colores", "graduaciones", "tipos" y "países". Esto es un ejemplo de cómo se implementa la integridad referencial en una base de datos.

Cuando defines las relaciones de clave foránea en la tabla "cervezas", estás diciendo que el campo `color_id` debe hacer referencia al campo `id` en la tabla "colores", el campo `graduacion_id` debe hacer referencia al campo `id` en la tabla "graduaciones", y así sucesivamente. Esto garantiza que solo se puedan insertar valores en la tabla "cervezas" que tengan relaciones válidas con las otras tablas.

Por ejemplo, si intentaras insertar una cerveza con un valor de `color_id` que no existe en la tabla "colores" (violando la integridad referencial), Laravel generaría un error y no permitiría la inserción. Esto es importante para mantener la coherencia y la precisión de los datos en la base de datos y garantizar que las relaciones entre las tablas se mantengan de manera correcta y consistente.

Importante

Cuando establecemos una relación entre dos tablas, debemos asegurarnos de que la clave foránea de la tabla y la tabla hija utilizan el mismo tipo de dato. Si esto no se cumple el motor de base de datos nos dará un error.

```
$table->unsignedBigInteger('color_id');
$table->foreign('color_id')->references('id')->on('colores');
```

En este ejemplo establecemos que la clave foránea va ser un entero de 64 bits sin signo. Este es el tipo por defecto que establece Laravel para los campos tipo **id**.

Tipos de restricciones para las claves foráneas

Puedes aplicar varias restricciones a una clave foránea (FK) en Laravel utilizando el método **on** en la definición de la clave foránea. Algunas de las restricciones comunes que puedes aplicar incluyen:

1. **ON DELETE CASCADE**: Esta restricción especifica que cuando se elimina el registro principal en la tabla padre, también se eliminarán automáticamente todos los registros secundarios relacionados en la tabla hija.

   Ejemplo:

   ```
   $table->foreign('color_id')->references('id')->on('colores')-
   >onDelete('cascade');
   ```

2. **ON DELETE SET NULL**: Esta restricción establece el valor de la clave foránea en NULL cuando se elimina el registro principal en la tabla padre. Esto se utiliza cuando deseas permitir que los registros secundarios queden huérfanos.

   Ejemplo:

   ```
   $table->foreign('color_id')->references('id')->on('colores')-
   >onDelete('set null');
   ```

3. **ON DELETE RESTRICT**: Esta restricción evita que se elimine el registro principal si existen registros secundarios relacionados en la tabla hija. Es la restricción predeterminada si no se especifica ninguna otra.

   Ejemplo:

   ```
   $table->foreign('color_id')->references('id')->on('colores')-
   >onDelete('restrict');
   ```

4. **ON DELETE NO ACTION**: Similar a "RESTRICT", esta restricción evita que se elimine el registro principal si existen registros secundarios relacionados en la tabla hija.

   Ejemplo:

   ```
   $table->foreign('color_id')->references('id')->on('colores')-
   >onDelete('no action');
   ```

5. **ON UPDATE CASCADE**: Esta restricción especifica que cuando se actualiza el valor de la clave primaria en la tabla padre, los valores de la clave foránea en la tabla hija también se actualizarán automáticamente.

Ejemplo:

```
$table->foreign('color_id')->references('id')->on('colores')-
>onUpdate('cascade');
```

6. **ON UPDATE SET NULL**: Esta restricción establece el valor de la clave foránea en NULL cuando se actualiza el valor de la clave primaria en la tabla padre.

Ejemplo:

```
$table->foreign('color_id')->references('id')->on('colores')-
>onUpdate('set null');
```

Estas restricciones te permiten definir cómo se deben manejar las operaciones de eliminación y actualización en las relaciones de clave foránea en Laravel para mantener la integridad referencial en la base de datos. Puedes elegir la restricción que mejor se adapte a tus necesidades según el comportamiento deseado en tu aplicación.

Modificando la tabla cervezas

Hasta ahora hemos visto como crear nuestras tablas, pero no como modificarlas. Vamos a estudiar como modificar nuestra tabla cervezas. Nos hemos dado cuenta que nos hemos dejado dos campos en la tabla. Uno llamado **novedad** de tipo booleano que indicara si el producto es una novedad y otro **oferta** que indicara si nuestro producto esta en oferta.

En la siguiente migración modificaremos la tabla proveedores.
```
php artisan make:migration add_fields_cervezas_table
```

Sustituya el código generador por el siguiente código:
```
use Illuminate\Database\Migrations\Migration;
use Illuminate\Database\Schema\Blueprint;
use Illuminate\Support\Facades\Schema;

class ModifyCervezasTable extends Migration
{
    /**
     * Run the migrations.
     */
    public function up()
    {
```

```php
    Schema::table('cervezas', function (Blueprint $table) {
        $table->boolean('novedad')->default(false);
        $table->boolean('oferta')->default(false);
        $table->decimal('precio', 8, 2)->default(0); // 8
dígitos en total y 2 decimales
        $table->string('foto')->default('');
        $table->string('marca', 150)->default('');
    });
    }

    /**
     * Reverse the migrations.
     */
    public function down()
    {
        Schema::table('cervezas', function (Blueprint $table) {
            $table->dropColumn(['novedad', 'oferta', 'precio',
'marca']);
        });
    }
}
```

A continuación vamos a ejecutar todas las migraciones pendientes:
```
php artisan migrate
```

Después de ejecutar la migración de "Cervezas" deberemos adaptar el modelo a nuestra tabla añadiendo los campos que faltan. Edite el modelo **Cerveza** y modifique la propiedad fillable, introduciremos los campos que faltan:
```php
protected $fillable = [
        'nombre',
        'descripcion',
        'color_id',
        'graduacion_id',
        'tipo_id',
        'pais_id',
        'novedad',
        'oferta',
        'precio',
        'foto',
        'marca'
    ];
```

Utilizar SQL nativo

¿Por qué utilizar SQL en nuestras migraciones?

Utilizar SQL nativo en las migraciones de Laravel puede ser una elección apropiada en ciertas situaciones debido a las siguientes justificaciones:

1. **Flexibilidad y Control Total**: Al escribir SQL nativo en las migraciones, tienes un control total sobre la ejecución de comandos SQL. Esto es fundamental cuando necesitas realizar tareas más avanzadas o específicas que no son directamente compatibles con las funciones proporcionadas por Laravel.

2. **Compatibilidad con Características Específicas de la Base de Datos**: Cada sistema de gestión de bases de datos (DBMS) puede tener características específicas que no se pueden aprovechar completamente utilizando la sintaxis de Laravel. Utilizar SQL nativo te permite explotar las capacidades únicas de tu DBMS.

3. **Optimización de Rendimiento**: En ocasiones, escribir SQL personalizado puede ser más eficiente en términos de rendimiento que utilizar métodos de alto nivel de Laravel. Esto es especialmente cierto cuando trabajas con bases de datos masivas o necesitas consultas altamente optimizadas.

4. **Migraciones Heredadas o Externas**: Si migras una base de datos existente o trabajas con migraciones heredadas escritas en SQL, puede ser más sencillo y consistente seguir utilizando SQL nativo en lugar de traducir todo a sintaxis de Laravel.

5. **Conversión Gradual**: A menudo, las migraciones pueden implicar una conversión gradual de una base de datos existente a un nuevo esquema. El uso de SQL nativo te permite realizar estas conversiones de manera más eficiente sin depender de las capacidades específicas de Laravel.

6. **Mantenimiento de Código Existente**: Si estás trabajando en un proyecto heredado que ya utiliza SQL nativo en sus migraciones, mantener la consistencia y la integridad en el código existente puede ser una justificación válida para continuar utilizando esta práctica.

7. **Depuración y Pruebas**: Utilizar SQL nativo puede simplificar la depuración y las pruebas de migraciones, ya que puedes ejecutar y probar directamente las consultas en tu sistema de gestión de bases de datos.

Es importante mencionar que mientras SQL nativo puede ser útil en ciertos casos, Laravel ofrece un conjunto de herramientas sólidas para gestionar migraciones de base de datos a través de su sintaxis específica. La elección entre SQL nativo y las funciones de migración de Laravel depende del contexto y de los requisitos del proyecto. En muchos casos, una combinación de ambos enfoques puede ser la solución más adecuada.

Creación de vistas

```php
<?php
use Illuminate\Support\Facades\DB;
use Illuminate\Database\Migrations\Migration;

return new class extends Migration
{
    /**
     * Run the migrations.
     *
     * @return void
     */
    public function up()
    {
        // Ejecuta la sentencia SQL para crear o reemplazar la vista
        DB::statement('
            CREATE OR REPLACE VIEW v_cervezas AS
            SELECT
                cer.id AS id,
                cer.nombre AS nombre,
                cer.descripcion AS descripcion,
                cer.color_id AS color_id,
                cer.graduacion_id AS graduacion_id,
                cer.novedad AS novedad,
                cer.oferta AS oferta,
                cer.precio AS precio,
                cer.foto AS foto,
                cer.marca AS marca,
                col.nombre AS color,
                g.nombre AS graduacion,
                t.nombre AS tipo,
                p.nombre AS pais
            FROM
                cervezas cer
                JOIN colores col ON (cer.color_id = col.id)
                JOIN graduaciones g ON (cer.graduacion_id = g.id)
                JOIN tipos t ON (t.id = cer.tipo_id)
                JOIN paises p ON (p.id = cer.pais_id)
```

```
            ORDER BY nombre
        ');
    }

    /**
     * Reverse the migrations.
     *
     * @return void
     */
    public function down()
    {
        // Si deseas eliminar la vista en una migración de
reversión, puedes hacerlo así:
        DB::statement('DROP VIEW IF EXISTS v_cervezas');
    }
};
```

Creación de triggers

```php
<?php

use Illuminate\Database\Migrations\Migration;
use Illuminate\Support\Facades\DB;

class CreateTriggerCervezas extends Migration
{
    /**
     * Run the migrations.
     */
    public function up()
    {
        // Crear la tabla cervezas_copia
        DB::unprepared('
        CREATE TABLE cervezas_copia AS
        SELECT *, "INSERT" AS operacion, NOW() AS fecha_operacion
        FROM cervezas WHERE 1=0;
        ');


        // Crear el trigger
        DB::unprepared('
            CREATE TRIGGER copiar_cervezas_after_update
            AFTER UPDATE ON cervezas FOR EACH ROW
            BEGIN
                INSERT INTO cervezas_copia (id, nombre, descripcion,
color_id, graduacion_id, tipo_id, pais_id, created_at, updated_at,
```

```
operacion,fecha_operacion)
                SELECT OLD.id, NEW.nombre, OLD.descripcion,
OLD.color_id, OLD.graduacion_id, OLD.tipo_id, OLD.pais_id,
OLD.created_at, OLD.updated_at, "UPDATE",NOW();
            END;
        ');


        DB::unprepared('
            CREATE TRIGGER copiar_cervezas_before_delete
            BEFORE DELETE ON cervezas FOR EACH ROW
            BEGIN
                INSERT INTO cervezas_copia (id, nombre, descripcion,
color_id, graduacion_id, tipo_id, pais_id, created_at, updated_at,
operacion,fecha_operacion)
                SELECT OLD.id, OLD.nombre, OLD.descripcion,
OLD.color_id, OLD.graduacion_id, OLD.tipo_id, OLD.pais_id,
OLD.created_at, NOW(), "DELETE",NOW();
            END;
        ');

    }

    /**
     * Reverse the migrations.
     */
    public function down()
    {
        // Eliminar los triggers
        DB::unprepared('DROP TRIGGER IF EXISTS
copiar_cervezas_after_update');

        // Eliminar los triggers
        DB::unprepared('DROP TRIGGER IF EXISTS
copiar_cervezas_before_delete');

        // Eliminar la tabla cervezas_copia
        DB::unprepared('DROP TABLE IF EXISTS cervezas_copia');
    }
}
```

Creación de procedimientos almacenados
```
<?php
use Illuminate\Database\Migrations\Migration;
use Illuminate\Support\Facades\DB;
```

```php
return new class extends Migration
{
    /**
     * Run the migrations.
     */
    public function up()
    {
        DB::unprepared('
        CREATE PROCEDURE IF NOT EXISTS GetCervezasByPais(IN paisId
INT)
        BEGIN
            SELECT * FROM cervezas WHERE pais_id = paisId;
        END;
    ');
    }

    /**
     * Reverse the migrations.
     */
    public function down()
    {
        DB::unprepared('DROP PROCEDURE IF EXISTS
GetCervezasByPais');
    }
};
```

CREANDO MODELOS Y RELACIONES

¿Qué es un modelo?

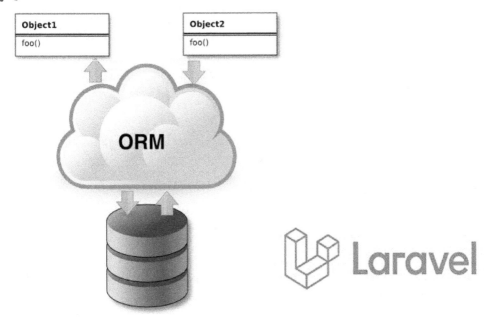

Eloquent es el ORM (Object-Relational Mapping) integrado en Laravel, que permite trabajar con las bases de datos de manera objetual. Es decir, Eloquent permite interactuar con las tablas de la base de datos a través de modelos en lugar de escribir consultas SQL manualmente. Cada modelo de Eloquent representa una tabla de la base de datos y proporciona métodos para interactuar con la información almacenada en la tabla. Con Eloquent, se pueden realizar operaciones comunes de CRUD (Crear, Leer, Actualizar y Borrar) de manera fácil y sencilla.

CRUD con Eloquent

Aquí hay algunos comandos básicos de Eloquent:

$model = new ModelName: Crea una nueva instancia del modelo.

$model->save(): Guarda un nuevo registro en la base de datos.

ModelName::create([data]): Crea un nuevo registro en la base de datos con los datos especificados.

ModelName::find($id): Obtiene un registro en base a su identificador.

No se preocupe si de momento no entiende estos comandos los iremos viendo a medida que vallamos realizando este proyecto. Para más información consulte la documentación oficial

¿Cómo crear un modelo?

Para crear un modelo en Laravel, se puede utilizar el comando de Artisan en la terminal:
```
php artisan make:model NombreDelModelo
```

Este comando creará un archivo en la carpeta app con el nombre especificado. A continuación, se puede agregar la lógica y atributos del modelo en este archivo.

Por ejemplo, si queremos crear un modelo para una tabla de productos, podemos ejecutar el siguiente comando:
```
php artisan make:model Color
```

Este comando creará un archivo Producto.php en la carpeta app con la siguiente estructura básica:

```php
<?php

namespace App;

use Illuminate\Database\Eloquent\Model;

class Color extends Model
{
    //
}
```

Después de crear el modelo, se pueden agregar los atributos y métodos necesarios para interactuar con la tabla correspondiente en la base de datos. Como tenemos más de una tabla relacionada en nuestra base de datos, vamos a ver una breve introducción a las relaciones,

Relaciones en Elocuent(Conceptos)

Uno a uno

En Laravel, una relación "uno a uno" significa que un registro de una tabla está asociado con exactamente un registro en otra tabla. Por ejemplo, un usuario puede tener un solo perfil, y un perfil puede ser de un solo usuario.

Para definir una relación "uno a uno" en Laravel, primero debes crear los modelos para las tablas implicadas en la relación. Luego, debes usar el método hasOne en el modelo que representa la tabla con la clave foránea y el método belongsTo en el modelo que representa la tabla principal.

Aquí hay un ejemplo de cómo crear una relación "uno a uno" entre las tablas de usuarios y perfiles:

```php
// Archivo User.php
class User extends Model
{
    public function profile()
    {
        return $this->hasOne('App\Profile');
    }
}

// Archivo Profile.php
class Profile extends Model
{
    public function user()
    {
        return $this->belongsTo('App\User');
    }
}
```

Luego, puedes acceder a la información del perfil de un usuario de la siguiente manera:

```php
$user = User::find(1);
$profile = $user->profile;
```

Esto te permitirá acceder a los atributos del perfil asociado con un usuario determinado.

Uno a muchos

En Laravel Eloquent, una relación de uno a muchos se establece en un modelo mediante el uso del método "hasMany".

Por ejemplo, si tienes un modelo "User" y un modelo "Order", y cada usuario puede tener muchos pedidos, la relación sería:

```
class User extends Model
{
    public function orders()
    {
        return $this->hasMany(Order::class);
    }
}
```

Entonces, puedes acceder a los pedidos de un usuario de la siguiente manera:

```
$user = User::find(1);
$orders = $user->orders;
```

También puedes personalizar la clave foránea en la relación, por ejemplo:

```
class Order extends Model
{
    public function user()
    {
        return $this->belongsTo(User::class, 'user_id');
    }
}
```

Esto significa que Eloquent buscará una columna "user_id" en la tabla de "orders" para hacer la relación con la tabla de "users".

Muchos a muchos

En Laravel Eloquent, una relación de muchos a muchos se establece mediante el uso del método "belongsToMany".

Por ejemplo, si tienes un modelo "User" y un modelo "Role", y cada usuario puede tener varios roles y cada rol puede ser asignado a varios usuarios, la relación sería:

```
class User extends Model
{
    public function roles()
    {
        return $this->belongsToMany(Role::class);
    }
}
```

```
class Role extends Model
{
    public function users()
    {
        return $this->belongsToMany(User::class);
    }
}
```

Entonces, puedes acceder a los roles de un usuario de la siguiente manera:
```
$user = User::find(1);
$roles = $user->roles;
```

Y puedes acceder a los usuarios de un rol de la siguiente manera:
```
$role = Role::find(1);
$users = $role->users;
```

Por defecto, Eloquent buscará una tabla intermedia con nombres en plural en orden alfabético de las dos tablas relacionadas, por ejemplo, "role_user". Sin embargo, puedes especificar un nombre personalizado para la tabla intermedia utilizando el segundo argumento en el método "belongsToMany", por ejemplo:
```
return $this->belongsToMany(Role::class, 'user_roles');
```

Uno a muchos polimórfica

Para establecer una relación uno a muchos polimórfica, debes utilizar los métodos `morphTo()` y `morphMany()` en tus modelos. El método `morphTo()` se utiliza en el modelo que puede tener varias relaciones "uno a muchos", mientras que el método `morphMany()` se utiliza en los modelos que pueden tener una relación "muchos a uno".

Por ejemplo, supongamos que tienes un modelo `Comment` y varios modelos diferentes que pueden ser comentados, como `Post` y `Video`. Para establecer una relación uno a muchos polimórfica, puedes agregar el siguiente método `comments()` al modelo `Post` y al modelo `Video`:
```
public function comments()
{
    return $this->morphMany('App\Models\Comment', 'commentable');
}
```

Este método indica que el modelo **Post** o **Video** puede tener muchos comentarios a través de la relación `commentable`.

A continuación, en el modelo **Comment**, debes agregar el siguiente método `commentable()` para establecer la relación inversa:

```
public function commentable()
{
    return $this->morphTo();
}
```

Este método indica que el modelo **Comment** puede pertenecer a cualquier modelo que tenga una relación "uno a muchos" polimórfica a través del campo `commentable_id` y `commentable_type`.

Ahora puedes acceder a los comentarios de un **Post** o un **Video** utilizando el método `comments()` y puedes acceder al modelo al que pertenece un comentario utilizando el método `commentable()`. Por ejemplo:

```
$post = Post::find(1);
$comments = $post->comments; // Obtener todos los comentarios del
post
$comment = Comment::find(1);
$commentable = $comment->commentable; // Obtener el modelo (Post o
Video) al que pertenece el comentario
```

La relación uno a muchos polimórfica en Eloquent permite que un modelo tenga varias relaciones "uno a muchos" con diferentes modelos, lo que puede ser útil para simplificar la estructura de la base de datos y hacer que el código sea más fácil de mantener.

Muchos a muchos polimórfica

En Eloquent, una relación muchos a muchos polimórfica te permite establecer una relación "muchos a muchos" entre varios modelos diferentes a través de una única tabla de relación polimórfica. Esto es útil cuando tienes varias entidades diferentes que pueden tener muchas instancias de otra entidad y deseas evitar la creación de múltiples tablas de relación.

Para establecer una relación muchos a muchos polimórfica, debes utilizar los métodos `morphToMany()` y `morphedByMany()` en tus modelos. El método `morphToMany()` se utiliza en el modelo que puede tener muchas instancias de otra entidad, mientras que el método morphedByMany() se utiliza en el modelo que puede ser utilizado por muchas instancias de otros modelos.

Por ejemplo, supongamos que tienes un modelo Tag y varios modelos diferentes que pueden tener muchas etiquetas, como Post y Video. Para establecer una relación muchos a muchos polimórfica, puedes agregar el siguiente método tags() al modelo Post y al modelo Video:

```
public function tags()
{
    return $this->morphToMany('App\Models\Tag', 'taggable');
}
```

Este método indica que el modelo **Post** o **Video** puede tener muchas etiquetas a través de la relación **taggable**.

A continuación, en el modelo Tag, debes agregar el siguiente método taggable() para establecer la relación inversa:

```
public function taggable()
{
    return $this->morphedByMany('App\Models\Post', 'taggable');
}
```

Este método indica que el modelo **Tag** puede pertenecer a cualquier modelo que tenga una relación muchos a muchos polimórfica a través de la tabla de relación **taggables** y la columna **taggable_id** y **taggable_type**.

Ahora puedes acceder a las etiquetas de un **Post** o un **Video** utilizando el método **tags()** y puedes acceder a los modelos que tienen una etiqueta específica utilizando el método **taggable()**. Por ejemplo:

```
$post = Post::find(1);
$tags = $post->tags; // Obtener todas las etiquetas del post
$tag = Tag::find(1);
$taggable = $tag->taggable; // Obtener todos los modelos (Post o
Video) que tienen la etiqueta
```

En conclusión, la relación muchos a muchos polimórfica en Eloquent te permite establecer una relación "muchos a muchos" entre varios modelos diferentes a través de una única tabla de relación polimórfica, lo que puede ser útil para simplificar la estructura de la base de datos y hacer que el código sea más fácil de mantener.

Color

A continuación, vamos a definir el modelo de la clase **Color** para la tabla **colores**. Si recuerdas, cuando estudiamos las migraciones, establecimos una relación entre la tabla **colores** y la tabla **cervezas**. En este caso, una cerveza puede tener un color, como por ejemplo, un tono tostado. Sin embargo, un color puede estar asociado a muchas cervezas de distintas marcas, tipos, etc. Esto constituye una *relación de uno a muchos*. En la parte del 'uno', tenemos el modelo **Color**, y en la parte de 'muchos', tenemos el modelo **Cerveza**. A continuación, veremos cómo implementar esta relación en los modelos. Desde la terminal ejecute el siguiente comando:

```
php artisan make:model Color
```

Sitúese en la carpeta **app y edite el código del archivo Color.php**. Deje el código tal como le muestro a continuación.

```php
<?php

namespace App\Models;

use Illuminate\Database\Eloquent\Factories\HasFactory;
use Illuminate\Database\Eloquent\Model;

class Color extends Model
{
    use HasFactory;
    protected $fillable=['nombre'];
    protected $table='colores';

    public function cervezas()
    {
        return $this->hasMany(Cerveza::class);
    }
}
```

Hay varios puntos a destacar en este código:
1. Se utiliza el trait "HasFactory", que es una característica de Laravel para generar datos de prueba o sembrar la base de datos con registros falsos. Esto es útil en entornos de desarrollo y pruebas.

2. La propiedad fillable en los modelos de Eloquent en Laravel es utilizada para especificar qué columnas de una tabla de base de datos se pueden asignar masivamente, es decir, cuáles columnas pueden ser llenadas con datos en una única operación de asignación masiva. Esta propiedad es una medida de

seguridad para proteger contra asignaciones masivas no deseadas y potenciales vulnerabilidades de seguridad. Ahondaremos más en este tema cuando veamos los controladores.

3. La propiedad protegida **$table** se establece en 'colores', lo que indica que este modelo está asociado con la tabla de la base de datos llamada "colores". Laravel asume por defecto que el nombre de la tabla es el nombre del modelo en plural **(colors)** en ingles, pero puedes especificar manualmente el nombre de la tabla utilizando esta propiedad.

4. El método **cervezas()** es un método de relación definido en el modelo "Color". Este método establece una relación "uno a muchos" con el modelo "Cerveza". En otras palabras, un "Color" puede tener muchas "Cervezas", pero una "Cerveza" pertenece a un único "Color". Esto se define utilizando el método **hasMany()** de Eloquent.

En resumen, este código define el modelo "Color" en Laravel y configura una relación "uno a muchos" entre los colores y las cervezas, lo que significa que un color puede estar asociado con varias cervezas en la base de datos. Esto es útil para representar relaciones complejas entre tablas en una base de datos relacional dentro de una aplicación Laravel.

Tinker

Tinker es una herramienta de **REPL (Read-Eval-Print Loop)** de Laravel que te permite interactuar con tu aplicación de Laravel desde la consola. Con Tinker, puedes ejecutar código PHP, consultar y modificar la información en la base de datos, y ejecutar otros comandos relacionados con Laravel.

Para usar **Tinker**, abre la consola en tu proyecto de Laravel y ejecuta el comando php artisan tinker. Una vez que se abra la sesión de Tinker, puedes escribir cualquier código PHP y ver los resultados en tiempo real. Por ejemplo, puedes consultar información de la base de datos, crear nuevos registros y modificar registros existentes.

Aquí hay algunos ejemplos de lo que puedes hacer con Tinker:

Consultar información de una tabla:
```
>>> App\Models\Producto::all()
```

Crear un nuevo registro:
```
>>> $producto = new App\Models\Producto;
>>> $producto->nombre = "Producto 1";
>>> $producto->save()
```

Modificar un registro existente:
```
>>> $producto = App\Models\Producto::find(1);
>>> $producto->nombre = "Producto actualizado";
>>> $producto->save()
```

Tinker es una herramienta muy útil para probar código rápidamente y ver los resultados sin tener que recargar la página o escribir código adicional en tu aplicación de Laravel. ¡Disfruta!

Modelos

Cerveza

Seguidamente procederemos a crear el Modelo **Cerveza**, nuestro Modelo central.

Desde la terminal teclee:
```
php artisan make:model Cerveza
```

A continuación diríjase a la carpeta App/Models de su proyecto y edite el fichero **Cerveza**. Copie el siguiente código;

```php
<?php

namespace App\Models;

use Illuminate\Database\Eloquent\Factories\HasFactory;
use Illuminate\Database\Eloquent\Model;

class Cerveza extends Model
{
    use HasFactory;
    protected $table = 'cervezas'; // Nombre de la tabla en la base
de datos

    protected $primaryKey = 'id';

    protected $fillable = [
```

```php
        'nombre',
        'descripcion',
        'color_id',
        'graduacion_id',
        'tipo_id',
        'pais_id'
    ];

    public function color()
    {
        return $this->belongsTo(Color::class, 'color_id');
    }

    public function tipo()
    {
        return $this->belongsTo(Tipo::class, 'tipo_id');
    }

    public function graduacion(()
    {
        return $this->belongsTo(Graduacion::class, 'graduacion_id');
    }

    public function pais(()
    {
        return $this->belongsTo(Pais::class, 'pais_id');
    }
}
```

Los siguientes modelos siguen el mismo el mismo mecanismo de edición y creación.

País
```php
<?php

namespace App\Models;

use Illuminate\Database\Eloquent\Factories\HasFactory;
use Illuminate\Database\Eloquent\Model;

class Pais extends Model
{
    use HasFactory;
    protected $table='paises';
    protected $fillable=['nombre'];

    public function cervezas()
```

```php
    {
        return $this->hasMany(Cerveza::class);
    }
}
```

Provincia
```php
<?php

namespace App\Models;

use Illuminate\Database\Eloquent\Factories\HasFactory;
use Illuminate\Database\Eloquent\Model;

class Provincia extends Model
{
    protected $fillable = [
        'codigo',
        'nombre'

    ];
    use HasFactory;
}
```

Poblacion
```php
<?php

namespace App\Models;

use Illuminate\Database\Eloquent\Factories\HasFactory;
use Illuminate\Database\Eloquent\Model;

class Poblacion extends Model
{
    protected $table="poblaciones";
    protected $fillable = ['codigo','nombre'];
    use HasFactory;
}
```

Tipo
```php
<?php

namespace App\Models;

use Illuminate\Database\Eloquent\Factories\HasFactory;
use Illuminate\Database\Eloquent\Model;

class Tipo extends Model
```

```php
{
    use HasFactory;
    protected $fillable=['nombre'];

    public function cervezas()
    {
        return $this->hasMany(Cerveza::class);
    }
}
```

Graduación
```php
<?php

namespace App\Models;

use Illuminate\Database\Eloquent\Factories\HasFactory;
use Illuminate\Database\Eloquent\Model;

class Graduacion extends Model
{
    use HasFactory;
    protected $table='graduaciones';
    protected $fillable=['nombre'];

    public function cervezas()
    {
        return $this->hasMany(Cervezas::class);
    }
}
```

RELLENANDO LA BB.DD

Seeders

¿Qué es un seeder?

Seeder

Un seeder en Laravel es una clase que se utiliza para poblar una base de datos con datos de prueba. Los seeders son útiles para probar aplicaciones, crear datos de prueba para desarrolladores y para personalizar una base de datos con información específica.

Cada seeder en Laravel extiende de la clase **Illuminate y contiene un método run que se ejecuta cuando se llama el comando** php artisan db:seed. Dentro de este método, puedes escribir cualquier lógica que necesites para insertar datos en tu base de datos.

Puedes crear varios seeders y ejecutarlos todos o solo algunos según tus necesidades. Al ejecutar un seeder, sus datos se insertan en la base de datos de forma automática, lo que te permite rellenar tus tablas de forma rápida y sencilla.

¿Cómo se crea un seeder?

Para crear un seeder en Laravel, puedes usar el siguiente comando de Artisan:
```
php artisan make:seeder NombreSeeder
```

Donde NombreSeeder es el nombre que le quieres dar a tu seeder. Este comando creará un archivo en la carpeta database/seeds con el nombre que le hayas especificado y con una estructura básica de código para que puedas empezar a escribir tu lógica de seeding.

Aquí tienes un ejemplo básico de código para un seeder:
```php
<?php
use Illuminate\Database\Seeder;
use Illuminate\Support\Facades\DB;

class NombreSeeder extends Seeder
{
    /**
     * Run the database seeds.
     *
     * @return void
     */
    public function run()
    {
        DB::table('table_name')->insert([
            'column1' => 'value1',
            'column2' => 'value2',
            // ...
        ]);
    }
}
?>
```

Puedes agregar más datos o lógica para rellenar tus tablas de forma más compleja.

Para ejecutar los seeders, puedes usar el siguiente comando:
```
php artisan db:seed
```

También puedes ejecutar un seeder específico utilizando el siguiente comando:
```
php artisan db:seed --class=NombreSeeder
```

ColoresSeeder

Vamos a poner en practica lo aprendido en el apartado anterior. Crearemos un **seeder** destinado a rellenar nuestra tabla colores con los distintos colores que puede tener una cerveza. Para ello ejecute el siguiente comando en su terminal y dentro de su proyecto.
```
php artisan make:seeder  --class=ColoresSeeder
```

Se habrá creado en la carpeta database/seeders un nuevo archivo con extensión PHP llamado **ColoresSeeder**. En el deberemos escribir el siguiente código, el cual comentaremos a continuación.
```php
<?php

namespace Database\Seeders;
namespace Database\Seeders;

use Illuminate\Database\Console\Seeds\WithoutModelEvents;
use Illuminate\Database\Seeder;
use Illuminate\Support\Facades\DB;

class ColorSeeder extends Seeder
{
    /**
     * Run the database seeds.
     *
     * @return void
     */

    public function run()
    {
        $data = [
    ["nombre" => "Amarillo"],
    ["nombre" => "Ambar"],
    ["nombre" => "Blanca"],
    ["nombre" => "Cobrizo"],
    ["nombre" => "Marrón"],
    ["nombre" => "Negra"],
    ["nombre" => "Rubia"],
    ["nombre" => "Tostada"]
];

        DB::table('colores')->insert($data);
```

```
        }
}
```

Este Seeder en Laravel tiene como objetivo insertar datos en la tabla "colores" de la base de datos. Veamos una explicación de lo que hace:

1. **Namespace y Uso de Clases**: Al principio del Seeder, se declaran los namespaces necesarios para Laravel. El Seeder se encuentra en el namespace `Database\Seeders`. Además, se importa la clase `Seeder` de Laravel, así como otras clases útiles, como `DB`.

2. **Clase `ColorSeeder`**: El Seeder se define como una clase llamada `ColorSeeder` que extiende la clase base `Seeder`.

3. **Método `run`**: En el Seeder, se implementa el método `run`. Este método se ejecuta cuando ejecutas el Seeder y es el lugar donde se define la lógica para insertar datos en la base de datos.

4. **Datos a Insertar**: Se define un array llamado `$data` que contiene un conjunto de registros de colores. Cada registro es un array asociativo con un campo "nombre" que representa el nombre del color.

5. **Inserción en la Base de Datos**: Se utiliza la clase `DB` y su método `table` para especificar la tabla en la que se insertarán los datos, en este caso, "colores". Luego, se utiliza el método `insert` para insertar los datos del array `$data` en la tabla "colores".

6. **Ejecución del Seeder**: Cuando ejecutas este Seeder mediante el comando `php artisan db:seed`, los datos definidos en el array `$data` se insertarán en la tabla "colores" de la base de datos.

A continuación aplicaremos la misma lógica para el resto de seeders

TiposSeeder
```php
<?php

namespace Database\Seeders;

use App\Models\Tipo;
use \Illuminate\Support\Facades\File;
use Illuminate\Database\Console\Seeds\WithoutModelEvents;
use Illuminate\Database\Seeder;
use Illuminate\Support\Facades\DB;

class TiposSeeder extends Seeder
```

```
{
    /**
     * Run the database seeds.
     */
    public function run(): void
    {
        DB::table('tipos')->delete();
        $json = File::get("database/seeders/data/tipos.json");
        $data = json_decode($json);
        foreach ($data as $obj) {
            Tipo::create(array(
                'nombre' => $obj->nombre,
                'descripcion' => $obj->descripcion,
            ));

        }
    }
}
```

Explicación del código

Este seeder de Laravel está diseñado para poblar la base de datos con información de tipos de cerveza a partir de un archivo JSON. Aquí hay una explicación paso a paso de lo que hace:

1. **Namespace y Uso de Clases:**

```
namespace Database\Seeders;

use App\Models\Tipo;
use \Illuminate\Support\Facades\File;
use Illuminate\Database\Console\Seeds\WithoutModelEvents;
use Illuminate\Database\Seeder;
use Illuminate\Support\Facades\DB;
```

- El seeder está en el namespace `Database\Seeders`.
- Utiliza el modelo `Tipo` ubicado en el espacio de nombres `App\Models`.
- Hace uso de la clase `File` del espacio de nombres `Illuminate\Support\Facades` para trabajar con archivos.
- Extiende la clase base `Seeder` de Laravel.

2. **Clase `TiposSeeder`:**

```
class TiposSeeder extends Seeder
{
```

— La clase se llama `TiposSeeder` y extiende la clase base `Seeder`.

3. **Método run( ):**

```php
public function run(): void
{
```

— Este método es llamado cuando se ejecuta el seeder. Contiene la lógica principal para poblar la base de datos.

4. **Eliminar Registros Existente:**

```php
DB::table('tipos')->delete();
```

— Elimina todos los registros existentes en la tabla `tipos`. Esto asegura que la tabla esté vacía antes de insertar nuevos datos.

5. **Obtener Datos del Archivo JSON:**

```php
$json = File::get("database/seeders/data/tipos.json");
$data = json_decode($json);
```

— Lee el contenido del archivo JSON ubicado en `database/seeders/data/tipos.json`.

— Convierte el JSON en un objeto PHP usando `json_decode`.

6. **Iterar y Crear Registros:**

```php
foreach ($data as $obj) {
    Tipo::create(array(
        'nombre' => $obj->nombre,
        'descripcion' => $obj->descripcion,
    ));
}
```

— Itera sobre cada objeto en los datos obtenidos del JSON.

— Para cada objeto, crea un nuevo registro en la tabla `tipos` utilizando el modelo `Tipo`.

— Asigna los valores de 'nombre' y 'descripcion' desde el objeto JSON.

Eate seeder se encarga de vaciar la tabla `tipos` y luego llenarla con datos obtenidos de un archivo JSON que contiene información sobre tipos de cerveza, utilizando el modelo `Tipo`. Este proceso es comúnmente utilizado en el desarrollo para tener datos de prueba o iniciales en la base de datos.

PaisesSeeder

```php
<?php

namespace Database\Seeders;

use Illuminate\Database\Console\Seeds\WithoutModelEvents;
use Illuminate\Database\Seeder;
use Illuminate\Support\Facades\DB;

class PaisesSeeder extends Seeder
{
    /**
     * Run the database seeds.
     */
    public function run(): void
    {
        $data = [
            ["nombre" => "España"],
            ["nombre" => "Alemania"],
            ["nombre" => "Francia"],
            ["nombre" => "República checa"],
            ["nombre" => "Belgica"],
            ["nombre" => "EEUU"],
            ["nombre" =>"Escocia"],
            ["nombre" => "Holanda"],
            ["nombre" => "Inglaterra"],
            ["nombre" =>"Escocia"],
            ["nombre" => "Holanda"],
            ["nombre" => "Irlanda"]
        ];

        DB::table('Paises')->insert($data);
    }
}
```

ProvinciasSeeder

```php
<?php

namespace Database\Seeders;

use Illuminate\Database\Console\Seeds\WithoutModelEvents;
use Illuminate\Database\Seeder;
use Illuminate\Support\Facades\DB;

class ProvinciaSeeder extends Seeder
{
    /**
```

```
 * Run the database seeds.
 *
 * @return vocodigo
 */
public function run()
{
    //
    $provincias = array (
        array ('codigo' => "01", "nombre" => "ALAVA"),
        array ('codigo' => "02", "nombre" => "ALBACETE"),
        array ('codigo' => "03", "nombre" => "ALICANTE"),
        array ('codigo' => "04", "nombre" => "ALMERIA"),
        array ('codigo' => "33", "nombre" => "ASTURIAS"),
        array ('codigo' => "05", "nombre" => "AVILA"),
        array ('codigo' => "06", "nombre" => "BADAJOZ"),
        array ('codigo' => "08", "nombre" => "BARCELONA"),
        array ('codigo' => "09", "nombre" => "BURGOS"),
        array ('codigo' => "10", "nombre" => "CACERES"),
        array ('codigo' => "11", "nombre" => "CADIZ"),
        array ('codigo' => "39", "nombre" => "CANTABRIA"),
        array ('codigo' => "12", "nombre" => "CASTELLON"),
        array ('codigo' => "51", "nombre" => "CEUTA"),
        array ('codigo' => "13", "nombre" => "CIUDAD REAL"),
        array ('codigo' => "14", "nombre" => "CORDOBA"),
        array ('codigo' => "15", "nombre" => "CORUÑA"),
        array ('codigo' => "16", "nombre" => "CUENCA"),
        array ('codigo' => "17", "nombre" => "GIRONA"),
        array ('codigo' => "18", "nombre" => "GRANADA"),
        array ('codigo' => "19", "nombre" => "GUADALAJARA"),
        array ('codigo' => "20", "nombre" => "GUIPUZCOA"),
        array ('codigo' => "21", "nombre" => "HUELVA"),
        array ('codigo' => "22", "nombre" => "HUESCA"),
        array ('codigo' => "07", "nombre" => "ILLES BALEARS"),
        array ('codigo' => "23", "nombre" => "JAEN"),
        array ('codigo' => "24", "nombre" => "LEON"),
        array ('codigo' => "25", "nombre" => "LLEcodigoA"),
        array ('codigo' => "27", "nombre" => "LUGO"),
        array ('codigo' => "28", "nombre" => "MADRID"),
        array ('codigo' => "29", "nombre" => "MALAGA"),
        array ('codigo' => "52", "nombre" => "MELILLA"),
        array ('codigo' => "30", "nombre" => "MURCIA"),
        array ('codigo' => "31", "nombre" => "NAVARRA"),
        array ('codigo' => "32", "nombre" => "OURENSE"),
        array ('codigo' => "34", "nombre" => "PALENCIA"),
        array ('codigo' => "35", "nombre" => "PALMAS, LAS"),
```

```
        array ('codigo' => "36", "nombre" => "PONTEVEDRA"),
        array ('codigo' => "26", "nombre" => "RIOJA, LA"),
        array ('codigo' => "37", "nombre" => "SALAMANCA"),
        array ('codigo' => "38", "nombre" => "SANTA CRUZ DE
TENERIFE"),
        array ('codigo' => "40", "nombre" => "SEGOVIA"),
        array ('codigo' => "41", "nombre" => "SEVILLA"),
        array ('codigo' => "42", "nombre" => "SORIA"),
        array ('codigo' => "43", "nombre" => "TARRAGONA"),
        array ('codigo' => "44", "nombre" => "TERUEL"),
        array ('codigo' => "45", "nombre" => "TOLEDO"),
        array ('codigo' => "46", "nombre" => "VALENCIA"),
        array ('codigo' => "47", "nombre" => "VALLADOLID"),
        array ('codigo' => "48", "nombre" => "VIZCAYA"),
        array ('codigo' => "49", "nombre" => "ZAMORA"),
        array ('codigo' => "50", "nombre" => "ZARAGOZA")
    );
    print "Insertando provincias\n";
    DB::table('provincias')->insert($provincias);
    }
}
```

GraduacionesSeeder

```php
<?php

namespace Database\Seeders;

use Illuminate\Database\Console\Seeds\WithoutModelEvents;
use Illuminate\Database\Seeder;
use Illuminate\Support\Facades\DB;

class GraduacionesSeeder extends Seeder
{
    /**
     * Run the database seeds.
     */
    public function run(): void
    {
        $data = [
            ["nombre" => "Alta(7-9"],
            ["nombre" => "Baja(3-5)"],
            ["nombre" => "Maxima(12+)"],
            ["nombre" => "Muy alta(9-12"],
            ["nombre" => "Sin alcohol(0-2.9)"],
        ];
```

```
        DB::table('graduaciones')->insert($data);
    }
}
```

CervezasSeeder

A continuación, vamos a estudiar un caso diferente. Vamos a llenar nuestra tabla **cervezas** con datos de un archivo externo, específicamente un archivo en formato **JSON**. Esta opción es interesante cuando necesitamos migrar datos ya existentes de otra aplicación a nuestra aplicación Laravel. Para lograrlo, crearemos un archivo llamado **cervezas.json** en un directorio llamado **data** dentro de **database/seeders**. A continuación, edita el archivo y escribe el siguiente código:

```json
[
    {
        "nombre": "POMELO IPA IDA Y VUELTA 24x33cl",
        "descripcion": "**Estilo POMELO IPA. Sin gluten**\n5,8 %
ABV\nIBU´S 50, amarga.\n**INGREDIENTES:** Agua; maltas de trigo
Torrefacto y Extra pale; lúpulos Cascade, Columbus y Citra, copos de
AVENA, zumo y cáscara de pomelo y levadura Ale. \nGastos de envío
España Peninsular incluidos.\n24 botellas de 33 cl\n\nExiste la
posibilidad de que, como realizamos los envíos en cajas de 12
unidades, puedas componer la tuya con los tipos de cerveza de
Dougall que desees. Para ello, debes enviar un correo a
info@milcervezas.com explicando lo que desearías. \n\nCerveza
elaborada por DouGall's desde el 2023 en colaboración con Refu.
Valle de Arán",
        "precio": 59.81,
        "marca": "DouGall's",
        "envase": "Botella",
        "contenido": "33cl",
        "unidades": 24,
        "novedad": true,
        "color_id": 1,
        "graduacion_id": 4,
        "pais_id": 1,
        "tipo_id": 2,
        "foto":
"https://res.cloudinary.com/dkrew530b/image/upload/v1697309153/pomel
o_ipa_ida_y_vuelta_24x33cl_4baeb73584.jpg"
    },
    {
        "nombre": "DIPA or Nothing 12x33",
        "descripcion": "Estilo: DDH Doble IPA\nAlcohol: 7,5 % Abv \
nIBU'S: 70 Bastante Amarga\nSin gluten\nIngredientes: Agua, maltas y
```

```
lúpulos Incognito Mosaic, Azacca y Vic Secret.\nGastos de envío
España Peninsular incluidos.\n1\n",
        "precio": 46.58,
        "marca": "DIPA or Nothing ",
        "envase": "Botella",
        "contenido": "33cl",
        "unidades": 12,
        "novedad": true,
        "color_id": 8,
        "graduacion_id": 1,
        "pais_id": 2,
        "tipo_id": 7,
        "foto":
"https://res.cloudinary.com/dkrew530b/image/upload/v1697311032/dipa_
or_nothing_12x33_a547d464d5.jpg"
    }
]
```

En este archivo JSON, hemos proporcionado datos de cervezas que pueden ser insertados en la tabla 'cervezas' de Laravel utilizando seeders. Asegúrate de que el archivo JSON esté en el directorio correcto y que siga el formato adecuado para que puedas utilizarlo en tu aplicación.

Seguidamente crearemos el **seeder** desde la terminal escriba el siguiente comando y ejecútelo:
```
php artisan make:seeder CervezasSeeder
```

Abra el archivo y escriba el siguiente código el cual analizaremos a continuación.
```php
<?php
// Paso 1: Espacio de nombres y Uso de Clases
namespace Database\Seeders;

use App\Models\Cerveza; // Modelo de cerveza
use Illuminate\Database\Seeder;
use Illuminate\Support\Facades\DB; // Facade para la base de datos
use \Illuminate\Support\Facades\File; // Facade para trabajar con
archivos

// Paso 2: Clase `CervezasSeeder`
class CervezasSeeder extends Seeder
{
    // Paso 3: Método `run`
    public function run()
```

```php
    {
        // Paso 4: Eliminación de Datos Existente
        DB::table('cervezas')->delete(); // Elimina todos los
registros existentes en la tabla "cervezas"

        // Paso 5: Lectura del Archivo JSON
        $json = File::get("database/seeders/data/cervezas.json"); //
Lee el contenido del archivo JSON

        // Paso 6: Decodificación del JSON
        $data = json_decode($json); // Convierte el contenido JSON
en un array de objetos PHP

        // Paso 7: Bucle de Inserción de Datos
        foreach ($data as $obj) {
            // Cada objeto se utiliza para crear un nuevo registro
en la tabla "cervezas" utilizando el modelo `Cerveza`
            Cerveza::create(array(
                'nombre' => $obj->nombre,
                'descripcion' => $obj->descripcion,
                'color_id' => $obj->color_id,
                'tipo_id' => $obj->tipo_id,
                'pais_id' => $obj->pais_id,
                'graduacion_id' => $obj->graduacion_id,
                'marca' => $obj->marca,
                'precio' => $obj->precio,
                'foto' => $obj->foto
            ));
            // Paso 8: Impresión de Mensajes
            print "Insertando cerveza -> " . $obj->nombre . "\n";
        }
    }
}
```

Explicación del código

Vamos a desglosar lo que hace paso a paso:

1. **Espacio de nombres y Uso de Clases**:
   - Se establece el espacio de nombres del Seeder en Database\Seeders.
   - Se importan las clases necesarias, como Cerveza (el modelo de cerveza), Seeder, DB (facade para la base de datos) y File (facade para trabajar con archivos).
2. **Clase CervezasSeeder**:

- La clase `CervezasSeeder` extiende la clase base `Seeder` de Laravel.

3. **Método run:**

   - El método `run` es el punto de entrada para ejecutar el Seeder. En este método, se realizarán las operaciones para insertar datos en la base de datos.

4. **Eliminación de Datos Existente:**

   - `DB::table('cervezas')->delete()` elimina todos los registros existentes en la tabla "cervezas" antes de insertar nuevos datos. Esto asegura que la tabla esté vacía antes de agregar nuevos registros.

5. **Lectura del Archivo JSON:**

   - `File::get("database/seeders/data/cervezas.json")` lee el contenido del archivo JSON llamado "cervezas.json" ubicado en la ruta especificada.

6. **Decodificación del JSON:**

   - `json_decode($json)` convierte el contenido JSON en un array de objetos PHP. Cada objeto en el array representa un registro de cerveza.

7. **Bucle de Inserción de Datos:**

   - Se recorre el array de objetos JSON en un bucle `foreach`. Para cada objeto, se crea un nuevo registro en la tabla "cervezas" utilizando el modelo `Cerveza`.

   - Los campos de la tabla se llenan con los valores correspondientes de los objetos JSON.

8. **Impresión de Mensajes:**

   - `print` se utiliza para imprimir un mensaje que indica que se está insertando una cerveza en la base de datos. Esto puede ser útil para rastrear el progreso de la inserción.

Este Seeder se encarga de eliminar los datos existentes en la tabla "cervezas" y luego inserta nuevos registros en esa tabla a partir de los datos contenidos en el archivo JSON "cervezas.json". Es una forma eficaz de poblar la base de datos con datos iniciales para su aplicación Laravel.

PoblacionesSeeder

A continuación siguiendo el ejemplo anterior vamos a llenar nustra tabla de poblaciones con otro JSON.

```php
<?php
namespace Database\Seeders;
```

```
use App\Models\Poblacion;
use Illuminate\Database\Console\Seeds\WithoutModelEvents;
use Illuminate\Database\Seeder;
use Illuminate\Support\Facades\DB;
use \Illuminate\Support\Facades\File;

class PoblacionSeeder extends Seeder
{
    /**
     * Run the database seeds.
     *
     * @return void
     */
    public function run()
    {
        DB::table('poblaciones')->delete();
        $json = File::get("database/seeders/data/poblaciones.json");
        $data = json_decode($json);
        foreach ($data as $obj) {
            Poblacion::create(array(

                'codigo' => $obj->codigo,
                'provincia_cod'=>substr($obj->codigo,0,2),
                'nombre' => $obj->nombre,
            ));
            //   print "Insertando población -> ".$obj->codigo." ".
$obj->nombre."\n";
        }

    }
}
```

Ejecución masiva de los Seeders

Para ejecutar múltiples seeders en Laravel, puedes utilizar el comando de *Artisan db:seed*. Este comando se utiliza para llenar la base de datos con datos iniciales y se ejecuta en la consola.

Por defecto, el comando **db:seed** ejecutará todos los seeders registrados en el archivo DatabaseSeeder.php en el directorio database/seeds. El archivo **DatabaseSeeder.php** debería contener una clase que extienda de ****Illuminate*** y que llame a los seeders individuales a través del método call.

Aquí esta el fichero **DatabaseSeeder.php** que ejecuta todo los seeders:

```php
<?php

namespace Database\Seeders;

// use Illuminate\Database\Console\Seeds\WithoutModelEvents;
use Illuminate\Database\Seeder;

class DatabaseSeeder extends Seeder
{
    /**
     * Seed the application's database.
     */
    public function run(): void
    {
        $this->call(ColoresSeeder::class);
        $this->call(TiposSeeder::class);
        $this->call(GraduacionesSeeder::class);
        $this->call(PaisesSeeder::class);
        $this->call(CervezasSeeder::class);
    }
}
```

Una vez que tengas tu archivo DatabaseSeeder.php configurado, puedes ejecutar el comando db:seed en la consola de la siguiente manera:

```
php artisan db:seed
```

Esto ejecutará todos los seeders registrados en el archivo DatabaseSeeder.php y llenará la base de datos con los datos iniciales especificados en cada seeder.

También puede ejecutar los sideers después de ejecutar las migraciones con el siguiente comando:

```
php artisan migrate --seed
```

Faker

Un "Faker" es una herramienta o biblioteca que se utiliza para generar datos falsos y realistas en el contexto del desarrollo de software. Estos datos falsos son útiles en diversas situaciones, como pruebas unitarias, pruebas de integración, desarrollo de prototipos y relleno de bases de datos con información de prueba. El objetivo principal de un Faker es proporcionar datos que parezcan reales, pero que no tengan información confidencial o privada.

En el desarrollo de software, los Fakers son especialmente útiles en las siguientes situaciones:

1. **Pruebas Unitarias y de Integración**: Puedes utilizar un Faker para crear datos de prueba que se ajusten a las estructuras de datos de tu aplicación. Esto es útil para simular situaciones reales y probar el comportamiento de tu código.

2. **Desarrollo de Prototipos**: Cuando estás creando un prototipo de una aplicación, no siempre tienes datos reales disponibles. Un Faker te permite generar datos ficticios que se ven como datos reales y que pueden ayudarte a diseñar y probar la interfaz de usuario.

3. **Población de Bases de Datos de Prueba**: Cuando necesitas llenar una base de datos con datos de prueba, un Faker puede generar una gran cantidad de datos ficticios que se asemejan a los datos que esperarías en una aplicación real.

4. **Privacidad y Seguridad**: Los Fakers son útiles cuando necesitas compartir información de muestra con otros desarrolladores o equipos sin exponer datos confidenciales o personales.

Laravel, un popular framework de PHP, proporciona una biblioteca llamada "Faker" que es ampliamente utilizada en el desarrollo de aplicaciones web. Laravel Faker permite generar una variedad de datos falsos, como nombres, direcciones, direcciones de correo electrónico, números de teléfono, fechas, y más, de una manera sencilla y coherente.

UsersSeeder

Supongamos que tienes el modelo `User` predeterminado proporcionado por Laravel con los campos `name`, `email` y `password`. El objetivo es llenar la tabla de usuarios con datos de prueba generados por el Faker de Laravel. Aprovecharemos de paso para crear un usuario administrador.

1. Crea un Seeder utilizando el comando Artisan:

```
php artisan make:seeder UsersSeeder
```

2. Abre el Seeder (`UsersSeeder.php`) y agrega la lógica para poblar la base de datos con datos falsos:

```php
<?php

namespace Database\Seeders;

use Illuminate\Database\Seeder;
use App\Models\User; // Asegúrate de importar el modelo User
use Faker\Factory as Faker;
```

```php
class UsersSeeder extends Seeder
{
    public function run()
    {

        //Crear usuario administrador
        User::create([
            'name' => 'admin',
            'email' => 'admin@test.com',
            'password' => bcrypt('admin_password') // Puedes establecer una contraseña predeterminada
        ]);

        $faker = Faker::create();

        // Genera 20 usuarios de prueba
        for ($i = 0; $i < 20; $i++) {
            User::create([
                'name' => $faker->name,
                'email' => $faker->unique()->safeEmail,
                'password' => bcrypt('password') // Puedes establecer una contraseña predeterminada
            ]);
        }
    }
}
```

En este ejemplo, se generan 20 usuarios de prueba con nombres y correos electrónicos falsos. Se utiliza la función **bcrypt** para cifrar una contraseña predeterminada ("password"), pero en una aplicación real, probablemente querrás generar contraseñas seguras.

3. Ejecuta el Seeder para poblar la tabla de usuarios:

```
php artisan db:seed --class=UsersSeeder
```

Este Seeder generará 20 registros de usuarios de prueba en la tabla **users** de tu base de datos. Los nombres y correos electrónicos serán ficticios, pero puedes personalizar y extender este Seeder según tus necesidades, agregando más campos y lógica si es necesario. Este es un ejemplo básico de cómo usar el Faker de Laravel para poblar una tabla con datos falsos.

4. Añadir a la class DatabaseSeeder:

```php
<?php

namespace Database\Seeders;

// use Illuminate\Database\Console\Seeds\WithoutModelEvents;
use Illuminate\Database\Seeder;

class DatabaseSeeder extends Seeder
{
    /**
     * Seed the application's database.
     */
    public function run(): void
    {
        $this->call(ColoresSeeder::class);
        $this->call(TiposSeeder::class);
        $this->call(GraduacionesSeeder::class);
        $this->call(PaisesSeeder::class);
        $this->call(CervezasSeeder::class);
        $this->call(UsersSeeder::class);
    }
}
```

BACKUP Y RESTAURACIÓN DE LA BASE DATOS

En este apartado desarrollaremos un sistema de Backups automáticos, programables y restauración. Para ello crearemos nuestros propios comandos **artisan** y aprenderemos a utilizar el **programador de tareas**.

Introducción a de los Comandos Personalizados en Laravel

Los comandos personalizados en Laravel son una característica fundamental para desarrolladores y proyectos de Laravel. Proporcionan una forma eficiente de automatizar tareas, interactuar con la aplicación y ejecutar scripts personalizados desde la línea de comandos. A continuación, destacamos la importancia de los comandos personalizados en Laravel:

1. **Automatización de Tareas**: Los comandos personalizados permiten automatizar tareas repetitivas. Puedes crear comandos que realicen tareas como la generación de informes, la limpieza de registros antiguos en la base de datos o la ejecución de procesos programados.

2. **Mejora de la Productividad**: Al automatizar tareas comunes, los desarrolladores pueden ahorrar tiempo y esfuerzo. Esto mejora la productividad general al liberar a los equipos de desarrollo de tareas manuales que consumen mucho tiempo.

3. **Flexibilidad y Personalización**: Laravel ofrece una estructura organizada para crear comandos personalizados. Esto brinda a los desarrolladores la flexibilidad para personalizar y extender la funcionalidad de su aplicación de acuerdo con las necesidades específicas del proyecto.

4. **Interacción con la Aplicación**: Los comandos personalizados pueden interactuar con la aplicación de Laravel, acceder a modelos, servicios y otras partes de la aplicación. Esto permite la manipulación de datos y la realización de operaciones avanzadas.

5. **Programación de Tareas**: Los comandos personalizados son esenciales para la programación de tareas en Laravel. Puedes programar comandos para ejecutarse automáticamente en momentos específicos, lo que es útil para la generación de informes diarios, la importación de datos periódica, entre otros.

6. **Consola de Desarrollo**: Los comandos personalizados son particularmente valiosos en entornos de desarrollo y depuración. Los desarrolladores pueden utilizar la consola de comandos para probar funciones, depurar problemas y realizar operaciones específicas sin necesidad de interactuar con la interfaz web.

7. **Integración con Otras Herramientas**: Los comandos personalizados son la base para la integración de Laravel con otras herramientas y servicios. Puedes crear comandos que se conecten a API externas, generen respuestas en formato JSON o realicen copias de seguridad automáticas.

8. **Escalabilidad**: A medida que un proyecto de Laravel crece, la automatización se vuelve aún más importante. Los comandos personalizados permiten que una aplicación siga siendo escalable al manejar tareas adicionales sin aumentar la carga manual de trabajo.

9. **Claridad y Documentación del Código**: Al encapsular tareas en comandos personalizados, el código de la aplicación se vuelve más claro y organizado. Los comandos pueden servir como una forma de documentación viva que muestra cómo se ejecutan tareas específicas.

Como conclusión, los comandos personalizados en Laravel son una herramienta poderosa para mejorar la eficiencia, la productividad y la calidad del código. Su versatilidad los hace esenciales para el desarrollo de aplicaciones web robustas y altamente funcionales. Con el conocimiento de cómo crear y utilizar comandos personalizados en Laravel, los desarrolladores pueden llevar sus proyectos al siguiente nivel.

Creación del Primer Comando

Una de las primeras y más emocionantes experiencias al trabajar con Laravel es la creación de tu propio comando personalizado. Estos comandos son fundamentales para automatizar tareas específicas de tu aplicación. Aquí te guiaremos a través del proceso de creación de tu primer comando personalizado en Laravel. En este caso crearemos el comando **backup-database** encargado de generar nuestros backups de base de datos.

Generar el Comando

Laravel facilita la creación de comandos personalizados mediante el generador de comandos. Abre una terminal y navega hasta el directorio raíz de tu proyecto Laravel. Luego, ejecuta el siguiente comando para crear un nuevo comando:
```
php artisan make:command BackupDatabase
```

Esto generará un nuevo archivo de comando en el directorio `app/Console/Commands`.

Definir la Lógica del Comando

Abre el archivo recién creado, `BackupDatabase.php`, en tu editor de código

favorito. En este archivo, verás dos métodos importantes: `signature` y `handle`.

- En el método `signature`, define el nombre y la descripción de tu comando, así como cualquier argumento o opción que pueda aceptar. Introduzca el siguiente código:

```php
protected $signature = 'app:backup-database';
```

- En el método `handle`, coloca la lógica principal de tu comando. Aquí es donde se ejecutarán las acciones específicas cuando se invoque el comando. Introduzca el siguiente código:

```php
<?php

namespace App\Console\Commands;

use Illuminate\Console\Command;
use Symfony\Component\Process\Process;

class BackupDatabase extends Command
{
    protected $signature = 'app:backup-database';

    protected $description = 'Backup the database using mysqldump';

    /**
     * Execute the console command.
     */
    public function handle()
    {
        // Genera un nombre de archivo para el respaldo basado en la fecha y hora
        $filename = 'backup-' . date('d-m-Y-His') . '.sql';

        // Crea un nuevo proceso para ejecutar mysqldump
        $process = new Process([
            'mysqldump',
        //     '--routines',
            '-h' . config('database.connections.mysql.host'),
            '-P' . config('database.connections.mysql.port'),
```

```
            '-u' . config('database.connections.mysql.username'),
            '-p' . config('database.connections.mysql.password'),
            config('database.connections.mysql.database'),
        ]);

        // Ejecuta el proceso y redirige la salida al archivo
        $process->run();

        // Verifica si el proceso fue exitoso
        if ($process->isSuccessful()) {
            $this->info('Backup creado correctamente: ' .
$filename);
        } else {
            $this->error('El backup fallo: ' . $process-
>getErrorOutput());
        }

        // Obtiene la salida del proceso
        $output = $process->getOutput();
        echo $output;
        // Obtén la ruta base de tu proyecto
        $basePath = base_path();

        // Define la ruta relativa a la carpeta de respaldo
        $relativePath = 'app/backup/' . $filename;

        // Combina la ruta base con la ruta relativa
        $file_path = $basePath . '/' . $relativePath;
        echo $file_path;

        // Guarda la salida del proceso en el archivo
        file_put_contents($file_path, $output);
    }
}
```

Veamos punto por punto que hace el código:
1. **Definición del Comando Personalizado**

```
protected $signature = 'app:backup-database';
```

   – Aquí, estamos definiendo el nombre del comando personalizado que se utilizará para invocar este script desde la línea de comandos. En este caso, el nombre del comando es `app:backup-database`.

2. **Descripción del Comando**

```
protected $description = 'Backup the database using mysqldump';
```

- Esta línea proporciona una breve descripción del propósito del comando, que se mostrará cuando los usuarios consulten la lista de comandos disponibles.

3. **Función `handle` para Ejecutar el Comando**

```
public function handle()
{
    // Lógica para realizar el respaldo de la base de datos
}
```

- La función `handle` es el corazón del comando personalizado y contiene la lógica para realizar el respaldo de la base de datos.

4. **Generación del Nombre del Archivo de Respaldo**

```
$filename = 'backup-' . date('d-m-Y-His') . '.sql';
```

- Aquí, generamos un nombre de archivo para el respaldo de la base de datos que incluye la fecha y hora actual en el formato `d-m-Y-His`. Esto asegura que cada respaldo tenga un nombre único.

5. **Creación de un Proceso para Ejecutar `mysqldump`**

```
$process = new Process([
    'mysqldump',
    '-h' . config('database.connections.mysql.host'),
    '-P' . config('database.connections.mysql.port'),
    '-u' . config('database.connections.mysql.username'),
    '-p' . config('database.connections.mysql.password'),
    config('database.connections.mysql.database'),
]);
```

- Creamos un nuevo proceso utilizando la biblioteca Symfony Process. Este proceso ejecutará el comando `mysqldump` con los argumentos necesarios para realizar el respaldo de la base de datos. Los valores de host, puerto, nombre de usuario, contraseña y nombre de la base de datos se obtienen de la configuración de Laravel.

6. **Ejecución del Proceso y Redirección de la Salida**

```
$process->run();
```

- Ejecutamos el proceso que hemos creado y capturamos la salida. En este punto, `mysqldump` se ejecuta y genera el respaldo de la base de datos.

7. **Verificación de Éxito del Proceso**

```
if ($process->isSuccessful()) {
    // Manejo en caso de éxito
} else {
    // Manejo en caso de error
}
```

- Verificamos si el proceso fue exitoso. Si todo salió bien, mostramos un mensaje de éxito. Si hubo un error, mostramos un mensaje de error junto con la salida de error del proceso.

8. **Obtención de la Salida del Proceso**

```
$output = $process->getOutput();
```

- Capturamos la salida del proceso, que contiene el contenido del respaldo de la base de datos.

9. **Generación de la Ruta del Archivo de Respaldo**

```
$basePath = base_path();
$relativePath = 'app/backup/' . $filename;
$file_path = $basePath . '/' . $relativePath;
```

- Definimos la ruta completa donde se guardará el archivo de respaldo. Esto implica obtener la ruta base del proyecto, especificar la ruta relativa a la carpeta de respaldo y combinar ambas para obtener la ruta completa del archivo.

10. **Guardado del Archivo de Respaldo**

```
file_put_contents($file_path, $output);
```

- Finalmente, guardamos el contenido del respaldo en el archivo correspondiente en la ruta que hemos definido. Esto crea el archivo de respaldo en el sistema de archivos.

Con este comando personalizado, puedes realizar fácilmente respaldos de tu base de datos desde la línea de comandos de Laravel. Cada paso del proceso se ha explicado detalladamente para que comprendas cómo funciona y puedas adaptarlo a tus necesidades específicas.

¡Ejecuta tu Comando!

Requisitos

Antes de ejecutar el comando comprueba que la variable **path** de de su sistema incluye las rutas para poder ejecutar los ficheros **mysqldump** y **php.exe**. También deberá tener creado el directorio **app/data** para realizar las preubas.

Ahora que has creado y registrado tu primer comando personalizado, puedes ejecutarlo desde la terminal. Utiliza el nombre y argumentos que definiste en la firma del comando. Por ejemplo:

```
php artisan app:backup-database
```

Después de ejecutar el comando, deberías ver el resultado en la consola.

```
C:\xampp\htdocs\cervezas>php artisan app:backup-database
Backup creado correctamente: backup-05-11-2023-005545.sql
```

¡Felicidades! Has creado y ejecutado con éxito tu primer comando personalizado en Laravel. Deberías encontrar el fichero de respaldo dentro de la carpeta **app/backup**.

Restore Database

A continuación vamos a examinar como crear nuestro comando para restaurar nuestra BB.DD.

```php
<?php

namespace App\Console\Commands;

use Illuminate\Console\Command;

class RestoreDatabase extends Command
{
    /**
     * The name and signature of the console command.
     *
     * @var string
     */
    protected $signature = 'app:restore {file : The path to the backup file}';

    /**
```

```
 * The console command description.
 *
 * @var string
 */
protected $description = 'Restore a database from a backup
file';

/**
 * Execute the console command.
 */
public function handle()
{
    $backupFile = $this->argument('file');
    $database = config('database.connections.mysql.database');
    $username = config('database.connections.mysql.username');
    $password = config('database.connections.mysql.password');
    $host = config('database.connections.mysql.host');
    $port = config('database.connections.mysql.port');
    $backupPath = base_path($backupFile);

    $command = "mysql -u $username -p$password -h $host -P $port
$database < $backupPath";

    // Usar exec para ejecutar el comando
    exec($command, $output, $returnVar);

    if ($returnVar === 0) {
        $this->info('Database restored successfully.');
    } else {
        $this->error('Database restore failed.');
    }
}
}
```

Explicación del código:

1. **Declaración de la Clase y Propiedades:**

```
namespace App\Console\Commands;

use Illuminate\Console\Command;
```

Aquí, estamos declarando un nuevo comando en el espacio de nombres **App\ Console\Commands** que extiende la clase **Command** de Laravel. Esto proporciona a la clase **RestoreDatabase** todas las funcionalidades necesarias para definir un comando de consola.

2. **Definición de la Firma del Comando:**

```
protected $signature = 'app:restore {file : The path to the
backup file}';
```

Esta propiedad **$signature** define la firma del comando. En este caso, el comando se llama **app:restore** y espera un argumento llamado **file** que representa la ruta al archivo de respaldo. La descripción entre llaves (**{}**) explica el propósito del argumento.

3. **Definición de la Descripción del Comando:**

```
protected $description = 'Restore a database from a backup
file';
```

La propiedad **$description** proporciona una descripción breve del propósito del comando.

4. **Método handle:**

```
public function handle()
{
    // ...
}
```

El método **handle** es el corazón del comando. Aquí se define la lógica que se ejecutará cuando el comando sea llamado desde la línea de comandos.

5. **Obtención de Argumentos y Configuración de Variables:**

```
$backupFile = $this->argument('file');
$database = config('database.connections.mysql.database');
$username = config('database.connections.mysql.username');
$password = config('database.connections.mysql.password');
$host = config('database.connections.mysql.host');
$port = config('database.connections.mysql.port');
```

Estas líneas obtienen el valor del argumento **file** proporcionado al comando y configuran algunas variables con los detalles de la base de datos que se utilizarán para la restauración. Esto incluye el nombre de la base de datos, el nombre de usuario, la contraseña, el host y el puerto del servidor MySQL.

6. **Creación del Comando MySQL para la Restauración:**

```
$command = "mysql -u $username -p$password -h $host -P $port
$database < $backupPath";
```

Se crea una cadena de comandos MySQL que se utilizará para realizar la restauración. Esta cadena utiliza los valores de las variables configuradas anteriormente y la ruta al archivo de respaldo.

7. **Ejecución del Comando con `exec`:**

```
exec($command, $output, $returnVar);
```

El comando se ejecuta utilizando la función **`exec`**. El resultado de la ejecución se almacena en el arreglo **`$output`**, y el valor de retorno se almacena en la variable **`$returnVar`**.

8. **Verificación del Resultado de la Ejecución:**

```
if ($returnVar === 0) {
    $this->info('Database restored successfully.');
} else {
    $this->error('Database restore failed.');
}
```

Se verifica el valor de retorno (**`$returnVar`**). Si es igual a 0, se muestra un mensaje de éxito utilizando **`$this->info()`**. Si es distinto de 0, se muestra un mensaje de error utilizando **`$this->error()`**.

En definitiva, este comando de Laravel permite restaurar una base de datos utilizando una cadena de comandos de MySQL generada dinámicamente a partir de los argumentos y la configuración de la base de datos. El resultado de la ejecución se muestra en la consola como un mensaje de éxito o de error. Esto puede ser útil para automatizar la restauración de bases de datos desde archivos de respaldo en un entorno de desarrollo o producción.

Programador de tareas

En este apartado te guiaré a través de cómo programar una tarea en el Programador de Tareas de Windows para ejecutar el comando `php artisan app:backup-database`. Esto te permitirá automatizar la creación de copias de seguridad de tu base de datos en Laravel en horarios específicos. Sigue estos pasos:

1. Abre el Programador de Tareas:

    – Presiona `Win` + `S` para abrir la búsqueda de Windows.
    – Escribe "Programador de Tareas" y selecciónalo en los resultados de búsqueda.

2. En el lado derecho de la ventana del Programador de Tareas, haz clic en "Crear tarea básica..." para iniciar el asistente de creación de tareas.

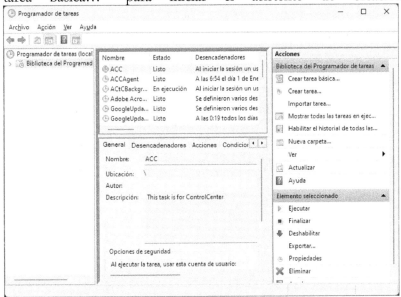

3. Selecciona un nombre y una descripción para tu tarea. Puedes proporcionar una descripción opcional. Luego, haz clic en "Siguiente".

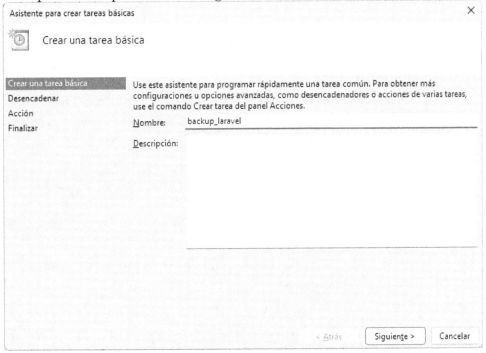

4. Elije la opción "Diariamente" o "Semanalmente", según tu preferencia, y haz clic en "Siguiente". Si deseas una programación más específica, como mensualmente,

selecciona "Mensualmente" en su lugar.

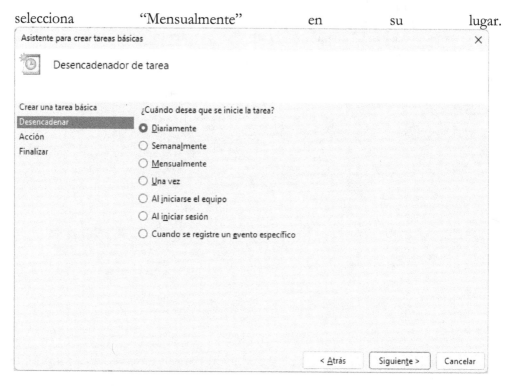

5. Configura los detalles de la tarea:

– Si eliges "Diariamente", selecciona la hora exacta a la que deseas que se ejecute la copia de seguridad diaria. Puedes configurar la hora y los minutos.

– Si eliges "Semanalmente" o "Mensualmente", puedes personalizar los días de la semana o el día del mes en el que deseas que se ejecute la tarea, junto con la hora y los minutos.

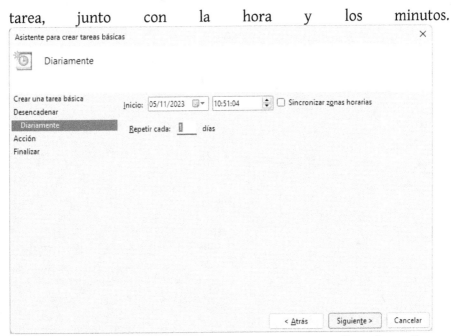

6. En la siguiente pantalla, selecciona "Iniciar un programa" y haz clic en "Siguiente".

7. En la pantalla "Iniciar un programa", debes proporcionar la ubicación del ejecutable que se utilizará para ejecutar el comando `php artisan app:backup-database`. Esto suele ser el ejecutable de PHP. Puedes encontrarlo en la carpeta de instalación de PHP. Debes proporcionar la ruta completa al ejecutable de PHP en el campo "Programa o script".

Ejemplo: `C:\Ruta\A\PHP\php.exe`

Luego, en el campo "Agregar argumentos (opcional)", ingresa la ruta completa de tu proyecto Laravel y el comando que deseas ejecutar.

Ejemplo: `C:\Ruta\A\Tu\Proyecto\Laravel\artisan` `app:backup-`

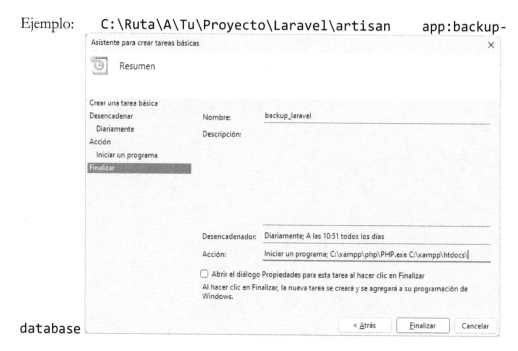

`database`

8. Asegúrate de que la opción "Iniciar en" apunte a la carpeta de tu proyecto Laravel.

Ejemplo: `C:\Ruta\A\Tu\Proyecto\Laravel`

9. Haz clic en "Siguiente" y revisa la configuración de la tarea

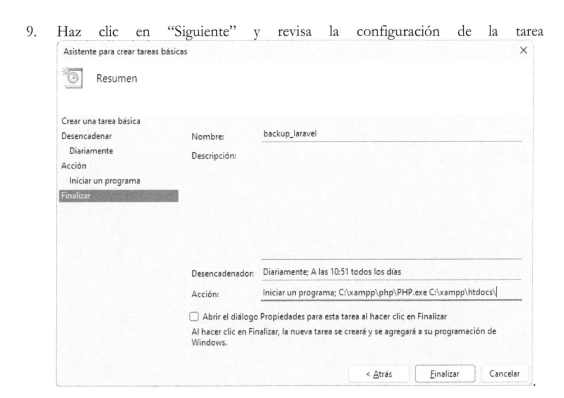

10. Marca la casilla "Abrir propiedades adicionales para esta tarea cuando finalice" y luego haz clic en "Finalizar".

11. En la ventana de propiedades adicionales que se abre, dirígete a la pestaña "Condiciones" y configura las condiciones según tus preferencias. Por ejemplo, puedes configurar la tarea para que se ejecute solo si la computadora está conectada a una fuente de alimentación o para que se ejecute incluso si la computadora está en uso.

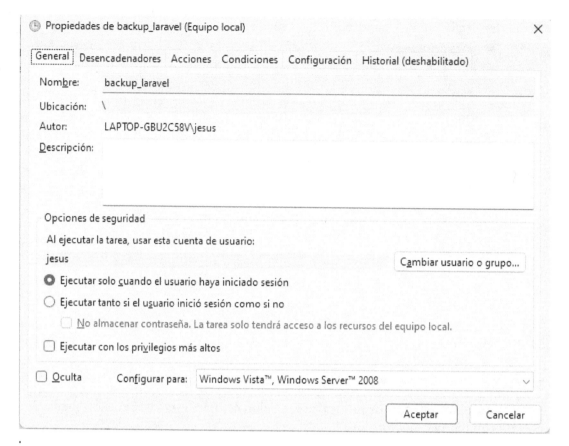

12. Luego, dirígete a la pestaña "Configuración" y asegúrate de que la tarea esté configurada según tus preferencias. Puedes habilitar o deshabilitar las opciones según lo que necesites.

13. Haz clic en "Aceptar" para guardar la tarea programada.

Ahora, la tarea está programada para ejecutar el comando `php artisan app:backup-database` en los horarios y condiciones que hayas configurado. La copia de seguridad se creará automáticamente de acuerdo con la programación que hayas establecido. Puedes verificar las tareas programadas en el Programador de Tareas de Windows para asegurarte de que esté configurada correctamente.

Ten en cuenta que debes mantener tu sistema y entorno de Laravel correctamente configurados para que esta tarea funcione sin problemas. Asegúrate de que PHP y Laravel estén instalados y configurados adecuadamente en tu servidor.

CONSULTAS ELOQUENT

¿Qué son las consultas en Eloquent?

Las consultas en Eloquent son una forma de interactuar con la base de datos mediante la recuperación, creación, actualización o eliminación de registros. Eloquent proporciona una serie de métodos y opciones para construir y ejecutar consultas de manera intuitiva y fácil de entender.

Con Eloquent, las consultas se construyen a través de la creación de instancias de la clase `Illuminate\Database\Eloquent\Builder` y el uso de sus métodos. Los métodos de consulta de Eloquent se encargan de construir la consulta SQL adecuada según los parámetros proporcionados.

Eloquent soporta una amplia variedad de operadores y cláusulas, como `where`, `orWhere`, `whereIn`, `whereBetween`, `orderBy`, `groupBy`, `having`, entre otros. Además, es posible crear consultas complejas con múltiples condiciones y subconsultas.

Las consultas en Eloquent también soportan relaciones entre modelos, lo que permite obtener registros relacionados utilizando métodos como `with`, `has`, `whereHas`, entre otros.

Cómo utilizar Eloquent para encadenar métodos y construir consultas.

En Eloquent, las consultas son utilizadas para recuperar datos de la base de datos. Una de las características más poderosas de Eloquent es su lenguaje fluido, que permite encadenar métodos para construir consultas complejas de forma muy legible y mantenible.

Para construir una consulta en Eloquent, se empieza por llamar al método `DB::table` o al método estático `Model::query` del modelo en cuestión, dependiendo de si se quiere construir una consulta para una tabla en particular o para un modelo específico. A partir de ahí, se pueden encadenar una serie de métodos para construir la consulta deseada.

Algunos ejemplos de métodos que se pueden utilizar para construir consultas en Eloquent son:

- `select`: para seleccionar las columnas que se quieren recuperar.
- `where`: para filtrar los resultados según una condición dada.
- `orWhere`: para agregar una condición "o".
- `whereIn` / `whereNotIn`: para filtrar según si el valor de una columna está en una lista de valores dada.
- `orderBy`: para ordenar los resultados por una columna dada.
- `groupBy`: para agrupar los resultados por una columna dada.
- `join`: para realizar una unión con otra tabla.
- `leftJoin`: para realizar una unión izquierda con otra tabla.
- `count`, `max`, `min`, `sum`: para obtener valores agregados de una columna.

Por ejemplo, para construir una consulta que seleccione los usuarios cuyo correo electrónico termine en "@gmail.com" y los ordene por orden alfabético, se puede utilizar el siguiente código:

```
$users = DB::table('users')
        ->select('name', 'email')
        ->where('email', 'like', '%@gmail.com')
        ->orderBy('name')
        ->get();
```

Este código primero selecciona las columnas `name` y `email` de la tabla `users`, luego filtra los resultados para seleccionar solo aquellos donde la columna `email` termina en "@gmail.com", y finalmente los ordena por la columna `name`.

El resultado de la consulta se almacena en la variable `$users`, que contendrá una colección de objetos que representan los resultados de la consulta.

métodos

Los métodos Eloquent son un conjunto de funciones proporcionadas por el ORM de Laravel, Eloquent, para interactuar con la base de datos a través de modelos. Estos métodos permiten realizar diversas operaciones en la base de datos, como recuperar datos, insertar, actualizar y eliminar registros, establecer relaciones entre tablas, entre otras. Los métodos Eloquent son llamados directamente en los modelos y se encargan de generar las consultas SQL correspondientes y manejar los resultados devueltos. Son una de las características clave que hacen de Laravel y Eloquent una combinación tan poderosa para el desarrollo de aplicaciones web.

all

El método `all` de Eloquent es utilizado para obtener todos los registros de una tabla en la base de datos. Este método devuelve una colección de objetos de modelo, que representan a cada registro en la tabla.

El uso básico del método `all` es el siguiente:
```
$users = App\Models\User::all();
```

En este ejemplo, se obtienen todos los registros de la tabla `users` en la base de datos y se almacenan en la variable `$users`. Cada registro es representado por un objeto de modelo `User`.

El método `all` también acepta una lista de columnas para seleccionar solamente aquellas columnas específicas de la tabla. Por ejemplo:
```
$users = App\Models\User::all(['id', 'name']);
```

En este ejemplo, se seleccionan solamente las columnas `id` y `name` de la tabla `users`.

Cabe mencionar que el método `all` puede no ser adecuado para tablas con grandes cantidades de registros, ya que puede consumir una gran cantidad de recursos al cargar todos los registros en memoria. En estos casos, es recomendable utilizar métodos que permitan la paginación o la limitación de resultados, como `paginate` o `take`.

avg()

El método **avg()** de Eloquent se utiliza para obtener el promedio de los valores de una columna específica en la tabla de la base de datos. Por ejemplo, si queremos obtener el promedio de la edad de todos los usuarios en una tabla de usuarios, podemos usar el método **avg()** de la siguiente manera:
```
$averageAge = User::avg('age');
```

En este ejemplo, User es el modelo de Eloquent para la tabla de usuarios, y age es el nombre de la columna que contiene la edad de cada usuario. El método avg() devuelve un valor decimal que representa el promedio de la columna especificada. Si no hay registros en la tabla que coincidan con la consulta, el método devuelve null.

También es posible utilizar el método avg() en combinación con el método groupBy() para obtener el promedio de una columna específica para cada grupo en la tabla. Por ejemplo, si queremos obtener el promedio de la edad de los usuarios para cada ciudad en la tabla de usuarios, podemos usar el siguiente código:

```
$averageAgeByCity = User::groupBy('city')
                ->selectRaw('city, AVG(age) as average_age')
                ->get();
```

En este ejemplo, el método groupBy() agrupa los resultados por la columna city, y el método selectRaw() se utiliza para seleccionar la columna city y el promedio de la columna age para cada grupo. El resultado es una colección de objetos que contienen el nombre de la ciudad y el promedio de la edad de los usuarios en esa ciudad.

chunk

El método chunk de Eloquent permite recuperar registros de la base de datos en lotes, en lugar de recuperar todos los registros de una vez. Esto es especialmente útil cuando se manejan grandes conjuntos de datos que pueden consumir mucha memoria.

El método acepta dos argumentos: el tamaño del lote y una función de retorno de llamada que se ejecutará para cada lote de registros recuperados. La función de retorno de llamada recibe como argumento una instancia de colección que contiene los registros recuperados.

Un ejemplo de uso del método chunk sería el siguiente:

```
// Recuperar todos los usuarios en lotes de 100
User::chunk(100, function ($users) {
    foreach ($users as $user) {
        // procesar cada usuario
    }
});
```

Este código recuperará los registros de la tabla `users` en lotes de 100 y ejecutará la función de retorno de llamada para cada lote. La función de retorno de llamada recibirá una colección que contiene hasta 100 registros.

count()

El método `count()` de Eloquent permite contar la cantidad de registros que hay en una tabla de la base de datos que correspondan a las condiciones especificadas en la consulta.

Se puede llamar al método sin ningún parámetro para obtener el total de registros de la tabla, o con uno o varios argumentos para obtener el total de registros que cumplan las condiciones especificadas.

Por ejemplo, si queremos obtener el total de usuarios en una tabla llamada `users`, podemos usar el método de la siguiente manera:
```
$totalUsers = User::count();
```

También podemos obtener el total de usuarios que cumplan ciertas condiciones, por ejemplo, que tengan el campo `status` igual a "activo":
```
$totalActiveUsers = User::where('status', 'activo')->count();
```

Este método puede ser útil en diversas situaciones, como para obtener estadísticas sobre la cantidad de registros que cumplen ciertas condiciones, para realizar paginación, entre otros casos.

create

El método `create` de Eloquent permite crear un nuevo registro en la base de datos a partir de un array asociativo de atributos. Es decir, podemos crear un nuevo modelo y persistirlo en la base de datos en una sola operación. La sintaxis básica es la siguiente:
```
// Creamos un nuevo modelo
$user = User::create([
    'name' => 'John Doe',
    'email' => 'johndoe@example.com',
    'password' => bcrypt('secret'),
]);
```

En este ejemplo, estamos creando un nuevo modelo de User y especificando los atributos que queremos asignarle mediante un array asociativo. Los nombres de las claves del array deben coincidir con los nombres de las columnas de la tabla en la base de datos.

El método create también devuelve una instancia del modelo recién creado, lo que nos permite encadenar métodos adicionales si lo deseamos. Además, si existe una restricción de clave única en la tabla para algún campo incluido en el array de atributos, Laravel lanzará una excepción de tipo Illuminate\Database\ QueryException si intentamos crear un registro que viole esa restricción.

Es importante tener en cuenta que el método create no valida automáticamente los datos proporcionados. Si necesitamos validar los datos antes de crear el modelo, deberíamos utilizar el método validate del objeto Illuminate\Validation\ Validator antes de llamar al método create.

```php
// Validamos los datos
$validator = Validator::make($request->all(), [
    'name' => 'required|string|max:255',
    'email' => 'required|string|email|max:255|unique:users',
    'password' => 'required|string|min:8|confirmed',
]);

if ($validator->fails()) {
    return redirect('register')
                ->withErrors($validator)
                ->withInput();
}

// Creamos un nuevo modelo
$user = User::create([
    'name' => $request->input('name'),
    'email' => $request->input('email'),
    'password' => bcrypt($request->input('password')),
]);
```

En este ejemplo, estamos utilizando el objeto **Validator** para validar los datos del formulario antes de crear el modelo. Si la validación falla, redirigimos al usuario de vuelta al formulario con los errores correspondientes. Si la validación pasa, creamos un nuevo modelo de User a partir de los datos proporcionados por el usuario.

delete

El método **delete** de Eloquent se utiliza para eliminar un registro de la base de datos. Puede ser llamado en un modelo específico, lo que eliminará la fila correspondiente en la tabla de la base de datos.

Por ejemplo, supongamos que tenemos un modelo User y queremos eliminar un usuario en particular con un ID de 1. Podemos hacerlo así:

```
$user = User::find(1);
$user->delete();
```

También se puede llamar al método **delete** directamente en una consulta, lo que eliminará todas las filas que satisfagan los criterios de la consulta.

```
User::where('active', false)->delete();
```

Este ejemplo eliminará todas las filas de la tabla "users" donde el campo "active" es falso. Cabe destacar que este método elimina directamente las filas de la base de datos sin pasar por la papelera de reciclaje, por lo que se debe tener cuidado al utilizarlo.

distinct

El método **distinct()** se utiliza para obtener un conjunto de resultados distintos y únicos de una columna específica en una consulta. Por defecto, las consultas de Eloquent devuelven todos los resultados que coinciden con los criterios de la consulta, lo que puede incluir filas duplicadas. Pero si se desea obtener solamente los valores únicos de una columna, se puede utilizar el método **distinct()**.

Este método se puede encadenar después del método select() para indicar que se desea obtener valores únicos de la columna seleccionada. Por ejemplo:

```
$uniqueResults = DB::table('users')->select('name')->distinct()->get();
```

Este código devuelve una colección de objetos de usuario, cada uno de los cuales tiene una propiedad **name**, pero sin duplicados.

Cabe mencionar que el método distinct() no puede ser utilizado junto con algunos métodos de agregación, como count(), max(), min(), avg() y sum(). En tales casos, se puede utilizar una subconsulta para obtener los resultados únicos de una columna en lugar de usar el método `distinct()`.

find

El método `find()` es utilizado para recuperar un solo modelo por su clave primaria. Toma como argumento la clave primaria del modelo que se desea recuperar y devuelve una instancia del modelo correspondiente. Si no se encuentra un modelo con la clave primaria especificada, se devuelve `null`.

Por ejemplo, para recuperar un registro de la tabla `users` por su clave primaria `id`:

```
$user = User::find(1); // devuelve el usuario con ID 1 o null si no
existe
```

También es posible pasar un array de claves primarias como argumento para recuperar varios modelos a la vez:

```
$users = User::find([1, 2, 3]); // devuelve una colección de
usuarios con IDs 1, 2 y 3
```

Es importante destacar que `find()` solo busca por clave primaria, no se pueden utilizar otros campos de la tabla como criterios de búsqueda.

first

El método `first()` es utilizado para obtener el primer registro que cumple con las condiciones especificadas en una consulta. Es similar al método `get()`, pero en lugar de devolver una colección de registros, devuelve solo el primer registro.

Por ejemplo, para obtener el primer usuario registrado en la base de datos, se puede utilizar el método `first()` de la siguiente manera:

```
$user = User::first();
```

Si se quiere obtener el primer usuario que cumpla con ciertas condiciones, se puede encadenar el método `where()` a la consulta:

```
$user = User::where('name', 'John')->first();
```

Este método es útil cuando se sabe que solo se necesita un registro específico y no es necesario recuperar todos los registros que cumplen con las condiciones especificadas.

get

El método **get()** es utilizado para recuperar todos los registros de una tabla. Este método es utilizado para ejecutar una consulta y recuperar una colección de objetos `Illuminate\Database\Eloquent\Model`.

Por defecto, `get()` devuelve todos los registros de la tabla asociada al modelo. También se puede utilizar para obtener un conjunto de registros que coincidan con una condición específica pasada como argumento en el método `where()`.

Por ejemplo, si queremos obtener todos los usuarios que tengan un nombre específico "John", podemos hacer lo siguiente:

```
$users = App\Models\User::where('name', 'John')->get();
```

Esto devolverá una colección de objetos `User` que coincidan con la condición especificada. También podemos encadenar múltiples condiciones en una consulta utilizando el lenguaje fluido:

```
$users = App\Models\User::where('name', 'John')
            ->where('email', 'like', '%example.com')
            ->get();
```

Este ejemplo devolverá una colección de objetos `User` que tengan el nombre "John" y cuyo correo electrónico termine en "example.com".

Una vez que se ha recuperado la colección de objetos, se puede iterar sobre ella y acceder a sus propiedades y métodos, como cualquier otro objeto de Eloquent.

groupBy

El método **groupBy** se utiliza para agrupar los resultados de la consulta por una columna determinada. Toma como argumento el nombre de la columna por la cual se desea agrupar los resultados.

Por ejemplo, si deseamos agrupar los registros de una tabla `users` por su país de origen, podríamos utilizar el método groupBy de la siguiente manera:

```
$usersByCountry = DB::table('users')
                ->select('country', DB::raw('count(*) as
```

```
total'))
                    ->groupBy('country')
                    ->get();
```

En este ejemplo, la consulta selecciona la columna **country** de la tabla **users**, junto con una columna calculada utilizando la función **count(*)** de SQL que cuenta el número total de registros agrupados por país. Luego, se llama al método **groupBy('country')** para agrupar los registros por país, y finalmente se obtienen los resultados con el método **get()**.

El método **groupBy** también puede tomar múltiples argumentos para agrupar los resultados por varias columnas.

has

El método **has** se utiliza para verificar si una relación específica existe para un modelo. Por ejemplo, si tenemos un modelo de **Usuario** que tiene una relación de **Posts**, podemos verificar si un usuario tiene algún post utilizando el método **has**:

```
$user = User::find(1);

if ($user->has('posts')) {
    // El usuario tiene al menos un post
} else {
    // El usuario no tiene ningún post
}
```

También es posible agregar restricciones a la consulta de la relación. Por ejemplo, para verificar si un usuario tiene al menos un post publicado, se puede utilizar:

```
$user = User::find(1);

if ($user->has('posts', '>', 0)->where('publicado', true)->exists())
{
    // El usuario tiene al menos un post publicado
} else {
    // El usuario no tiene ningún post publicado
}
```

El método **has** también puede ser utilizado en una consulta, para filtrar los resultados basados en la existencia de una relación. Por ejemplo, para obtener todos los usuarios que tienen al menos un post publicado:

```
$users = User::has('posts', '>', 0)->whereHas('posts', function
($query) {
    $query->where('publicado', true);
})->get();
```

En este ejemplo, utilizamos el método `whereHas` para agregar una restricción a la consulta de la relación. La consulta resultante incluirá únicamente los usuarios que tengan al menos un post publicado.

join

El método `join()` se utiliza para realizar una unión entre dos o más tablas en una consulta SQL. Permite especificar la relación entre las tablas mediante la cláusula `ON`.

El método acepta varios parámetros:
- La primera variable es la tabla a la que se va a unir.
- La segunda variable es la columna de la tabla base que se va a utilizar para unir la tabla especificada.
- La tercera variable es la columna de la tabla especificada que se va a utilizar para unir la tabla base.
- El cuarto parámetro es un operador lógico como `AND` o `OR`.

El método `join()` devuelve una instancia de la clase `Illuminate\Database\Query\Builder` que se puede utilizar para construir consultas más complejas.

Aquí hay un ejemplo de cómo utilizar el método `join()` para unir dos tablas:

```
$users = DB::table('users')
        ->join('orders', 'users.id', '=', 'orders.user_id')
        ->select('users.*', 'orders.price')
        ->get();
```

Este ejemplo une la tabla `users` con la tabla `orders` usando la columna `id` de la tabla `users` y la columna `user_id` de la tabla `orders`. La consulta devuelve todas las columnas de la tabla `users` y la columna `price` de la tabla `orders`.

max

El método `join()` se utiliza para realizar una unión entre dos o más tablas en una consulta SQL. Permite especificar la relación entre las tablas mediante la cláusula `ON`.

El método acepta varios parámetros:

- La primera variable es la tabla a la que se va a unir.
- La segunda variable es la columna de la tabla base que se va a utilizar para unir la tabla especificada.
- La tercera variable es la columna de la tabla especificada que se va a utilizar para unir la tabla base.
- El cuarto parámetro es un operador lógico como `AND` o `OR`.

El método `join()` devuelve una instancia de la clase `Illuminate\Database\Query\Builder` que se puede utilizar para construir consultas más complejas.

Aquí hay un ejemplo de cómo utilizar el método `join()` para unir dos tablas:

```
$users = DB::table('users')
        ->join('orders', 'users.id', '=', 'orders.user_id')
        ->select('users.*', 'orders.price')
        ->get();
```

Este ejemplo une la tabla `users` con la tabla `orders` usando la columna `id` de la tabla `users` y la columna `user_id` de la tabla `orders`. La consulta devuelve todas las columnas de la tabla `users` y la columna `price` de la tabla `orders`.

min

El método `min` de Eloquent es utilizado para obtener el valor mínimo de una columna de la tabla de la base de datos.

Para utilizar este método, se debe encadenar al objeto de consulta el método `min` y pasarle como parámetro el nombre de la columna a la que se desea aplicar el método:

```
$minPrice = DB::table('products')->min('price');
```

En este ejemplo, se obtendrá el precio mínimo de todos los productos de la tabla "products".

También se puede utilizar este método con el modelo Eloquent:
```
$minPrice = Product::min('price');
```

En este caso, se obtendrá el precio mínimo de todos los productos representados por el modelo `Product`.

Es importante mencionar que este método sólo funciona con columnas numéricas. Si se intenta utilizar con una columna de tipo cadena, se obtendrá un resultado inesperado o un error.

orderBy

El método `orderBy` se utiliza para ordenar los resultados de una consulta según una o más columnas especificadas. Se pueden encadenar múltiples llamadas a este método para ordenar por varias columnas.

La sintaxis básica del método `orderBy` es la siguiente:
```
->orderBy('columna', 'dirección');
```

Donde `'columna'` es el nombre de la columna por la que se desea ordenar, y `'dirección'` es la dirección de la ordenación (opcional). La dirección predeterminada es ascendente (`'asc'`), pero se puede especificar `'desc'` para ordenar descendente.

También se puede pasar un arreglo de columnas y direcciones de ordenación para ordenar por múltiples columnas. Por ejemplo:
```
->orderBy([
    'columna1' => 'asc',
    'columna2' => 'desc',
]);
```

Este método es muy útil para ordenar los resultados de una consulta según diferentes criterios, como por ejemplo ordenar por fecha y hora, o por un campo numérico de forma descendente.

pluck

El método `pluck` en Eloquent se utiliza para obtener un array de valores de una única columna de la tabla de la base de datos. Se proporciona el nombre de la columna de la que se desea recuperar los valores y devuelve una colección de esos valores.

La sintaxis básica del método `pluck` es la siguiente:
```
$users = DB::table('users')->pluck('name');
```

Esto recuperará todos los valores de la columna **name** de la tabla **users** y los almacenará en la variable **$users**. Si desea recuperar los valores de otra columna, simplemente cambie el nombre de la columna en el método `pluck`.

También puede especificar un segundo argumento para indicar el nombre de la columna que se utilizará como clave de la matriz resultante. Por ejemplo:
```
$users = DB::table('users')->pluck('name', 'id');
```

Esto recuperará los valores de la columna **name** y los utilizará como valores de la matriz resultante. Los valores de la columna **id** se utilizarán como claves de la matriz.

También es posible encadenar otros métodos de consulta a `pluck` para filtrar o limitar los resultados recuperados.

save

El método `save()` se utiliza para guardar un modelo en la base de datos. Si el modelo ya existe en la base de datos, se actualizará con los nuevos valores proporcionados en el modelo, de lo contrario, se creará un nuevo registro con los valores proporcionados.

Por ejemplo, si tenemos un modelo `User` con los atributos `name` y `email`, podemos crear un nuevo registro en la base de datos utilizando el método `save()` de la siguiente manera:
```
$user = new User;
$user->name = 'John Doe';
$user->email = 'john@example.com';
$user->save();
```

También podemos actualizar un registro existente utilizando el método `save()`:

```
$user = User::find(1);
$user->name = 'Jane Doe';
$user->email = 'jane@example.com';
$user->save();
```

El método `save()` automáticamente determina si se debe crear un nuevo registro o actualizar uno existente en función del valor de la clave primaria del modelo.

select

El método `select()` se utiliza para seleccionar columnas específicas de una tabla en una consulta. Toma una lista de columnas como argumento y devuelve una instancia del constructor de consultas Eloquent con la lista de columnas seleccionadas. Por ejemplo, para seleccionar las columnas 'name' y 'email' de la tabla 'users':

```
$users = DB::table('users')->select('name', 'email')->get();
```

También es posible seleccionar todas las columnas de una tabla utilizando el método `select('*')`. Además, el método `selectRaw()` permite seleccionar columnas con una expresión SQL personalizada.

Es importante tener en cuenta que el método `select()` no modifica la consulta actual sino que devuelve una nueva instancia del constructor de consultas con la selección realizada. Por lo tanto, es necesario encadenar otros métodos de consulta, como `where()` o `orderBy()`, para completar la consulta.

sum

El método `sum()` de Eloquent permite obtener la suma de un campo específico en los registros de una tabla. Su sintaxis es la siguiente:

```
$suma = MiModelo::sum('campo');
```

Donde `MiModelo` es el nombre del modelo de Eloquent asociado a la tabla, y `'campo'` es el nombre del campo del que se desea obtener la suma.

Por ejemplo, si se desea obtener la suma del campo `cantidad` de la tabla `ventas`, se puede utilizar el método de la siguiente manera:

```
$suma = Venta::sum('cantidad');
```

Este método devuelve un valor numérico con la suma de todos los registros de la tabla que contengan un valor en el campo especificado.

update

El método **update** es utilizado para actualizar uno o varios registros en la base de datos a partir de un modelo o una consulta Eloquent.

El método acepta un arreglo de datos clave-valor que representan los campos y valores que se desean actualizar en la tabla correspondiente. Por ejemplo:

```
$affectedRows = DB::table('users')
        ->where('id', 1)
        ->update(['name' => 'John']);
```

Este código actualizaría el nombre del usuario con **id** igual a 1 a "John".

También es posible utilizar el método **update** directamente desde un modelo Eloquent, lo que resulta en un código más legible. Por ejemplo:

```
$user = User::find(1);
$user->name = 'John';
$user->save();
```

Este código hace exactamente lo mismo que el ejemplo anterior, pero utilizando un modelo Eloquent. Primero se busca el usuario con **id** igual a 1 y se actualiza su atributo **name** a "John". Finalmente, se guarda el modelo para persistir los cambios en la base de datos.

where

El método **where** se utiliza para añadir una cláusula WHERE a la consulta de Eloquent. Esta cláusula permite filtrar los resultados de la consulta en función de una o varias condiciones.

El método acepta varios tipos de parámetros, como una cadena con el nombre de una columna y su valor correspondiente, un array con varias condiciones, o incluso una función de callback que permita crear condiciones más complejas.

Por ejemplo, si queremos obtener todos los usuarios cuyo nombre sea "Juan", podemos utilizar el método where de la siguiente manera:

```
$users = User::where('name', 'Juan')->get();
```

También es posible utilizar operadores lógicos para combinar varias condiciones. Por ejemplo, si queremos obtener todos los usuarios cuyo nombre sea "Juan" y su edad sea mayor que 25, podemos utilizar el método where de la siguiente manera:

```
$users = User::where('name', 'Juan')
            ->where('age', '>', 25)
            ->get();
```

En este ejemplo, se están encadenando dos métodos where, lo que indica que la consulta debe incluir usuarios que cumplan ambas condiciones. Si en su lugar queremos que se cumpla al menos una de las dos condiciones, podemos utilizar el método orWhere en lugar de where.

```
$users = User::where('name', 'Juan')
            ->orWhere('age', '>', 25)
            ->get();
```

Este ejemplo devolverá todos los usuarios cuyo nombre sea "Juan", así como aquellos cuya edad sea mayor que 25.

Otros métodos

findOrFaild

El método findOrFail de Eloquent busca un modelo por su clave primaria y lanza una excepción de tipo ModelNotFoundException si no lo encuentra. Este método es útil cuando se espera que el modelo exista en la base de datos y se quiere manejar la excepción en caso de que no sea así.

Por ejemplo, si se quiere buscar un usuario por su ID y se espera que el usuario exista, se puede usar findOrFail de la siguiente manera:

```
$user = User::findOrFail($id);
```

Si el usuario con el ID especificado no existe en la base de datos, se lanzará una excepción ModelNotFoundException.

first

El método `first` en Eloquent se utiliza para recuperar el primer registro que cumple con las condiciones especificadas. Es similar al método `get`, pero en lugar de recuperar todos los registros que cumplen con las condiciones, solamente retorna el primer registro encontrado.

Este método toma como parámetro opcional una cláusula `where` para especificar las condiciones de búsqueda. Por ejemplo, si deseas recuperar el primer usuario en la tabla de usuarios que tenga un nombre específico, podrías hacer lo siguiente:

```
$user = User::where('name', 'John')->first();
```

Si no se especifican condiciones de búsqueda, `first` retorna el primer registro de la tabla. Si no hay registros en la tabla, `first` retorna `null`.

Es importante destacar que si se desea lanzar una excepción si no se encuentra ningún registro que cumpla con las condiciones especificadas, se puede utilizar el método `firstOrFail`.

firstOrFail

El método `firstOrFail` es similar al método `first` en que devuelve el primer modelo que cumple con las condiciones de la consulta. Sin embargo, si el modelo no se encuentra, lanza una excepción `ModelNotFoundException`.

Esto puede ser útil si se espera que el modelo exista y se desea manejar explícitamente el caso en que no se encuentre en lugar de tener que verificar si el resultado es nulo después de llamar a `first`.

Por ejemplo, supongamos que tenemos una tabla `users` con un campo `email` que debe ser único. Podemos buscar un usuario por su dirección de correo electrónico utilizando el método `firstOrFail` de la siguiente manera:

```
$user = User::where('email', $email)->firstOrFail();
```

Si no hay ningún usuario con la dirección de correo electrónico especificada en la consulta, se lanzará una excepción `ModelNotFoundException`.

exist

El método `exists` en Eloquent se utiliza para verificar si existe al menos un registro que cumple con las condiciones especificadas. Devuelve `true` si existe al menos un registro, y `false` en caso contrario.

Este método puede ser útil para verificar si un registro existe antes de intentar realizar alguna acción sobre él. Por ejemplo, si se quiere actualizar un registro específico, se puede usar `exists` para verificar si existe antes de intentar actualizarlo.

Aquí hay un ejemplo de cómo se puede usar `exists`:

```
if (User::where('email', '=', 'johndoe@example.com')->exists()) {
    // hacer algo si existe al menos un usuario con el correo
electrónico especificado
} else {
    // hacer algo si no existe ningún usuario con el correo
electrónico especificado
}
```

En este ejemplo, se verifica si existe al menos un usuario en la tabla `users` con el correo electrónico `'johndoe@example.com'`. Si existe, se ejecutará el primer bloque de código, y si no existe, se ejecutará el segundo bloque de código.

orWhere

El método `orWhere` se utiliza en consultas de Eloquent para agregar una cláusula `OR` a la consulta. Esto significa que se agregarán condiciones adicionales a la consulta, pero en lugar de ser `AND`, serán `OR`.

Por ejemplo, supongamos que tenemos una tabla de usuarios y queremos buscar usuarios que tengan un nombre específico o un correo electrónico específico. Podríamos escribir una consulta usando `orWhere` de la siguiente manera:

```
$users = User::where('name', 'John')
            ->orWhere('email', 'john@example.com')
            ->get();
```

Esta consulta buscará usuarios que tengan el nombre "John" o el correo electrónico "john@example.com". Si hubiéramos utilizado where en lugar de orWhere, la consulta habría buscado usuarios que tengan tanto el nombre "John" como el correo electrónico "john@example.com", lo cual probablemente no es lo que queremos en este caso.

El método orWhere se puede encadenar con otros métodos de consulta de Eloquent, como where, whereIn, whereBetween, etc., para construir consultas más complejas.

whereIn

El método whereIn se utiliza para agregar una cláusula WHERE IN a la consulta. Toma dos parámetros: el nombre de la columna y un array de valores a buscar. La consulta resultante buscará registros en los que el valor de la columna especificada esté contenido en el array de valores.

Por ejemplo, si queremos buscar todos los usuarios cuyo id sea 1, 2 o 3, podemos hacer lo siguiente:

```
$usuarios = DB::table('users')
            ->whereIn('id', [1, 2, 3])
            ->get();
```

Este código generará la siguiente consulta SQL:

```
SELECT * FROM users WHERE id IN (1, 2, 3);
```

Y devolverá una colección con los usuarios correspondientes.

whereNotIn

El método whereNotIn agrega una cláusula WHERE NOT IN a la consulta, para buscar registros donde el valor de una columna no se encuentre en un conjunto de valores especificado.

Por ejemplo, supongamos que tenemos una tabla de usuarios y queremos buscar aquellos que no se encuentren en una lista de IDs específicos:

```
$users = DB::table('usuarios')
            ->whereNotIn('id', [1, 2, 3])
            ->get();
```

En este caso, la consulta buscará todos los usuarios cuyo ID no sea 1, 2 o 3.

El método `whereNotIn` acepta dos argumentos: el nombre de la columna que queremos buscar, y un array de valores que la columna no debe tener. También podemos pasar una subconsulta en lugar de un array de valores para hacer la búsqueda más compleja.

```
$users = DB::table('usuarios')
            ->whereNotIn('id', function($query) {
                $query->select('usuario_id')
                    ->from('registros')
                    ->where('fecha', '>', '2022-01-01');
            })
            ->get();
```

En este ejemplo, la consulta buscará todos los usuarios cuyo ID no aparezca en una subconsulta que seleccione los IDs de usuarios que hayan hecho un registro después del 1 de enero de 2022.

whereBetween

El método `whereBetween` es utilizado para agregar una cláusula `WHERE BETWEEN` a la consulta de Eloquent. Esta cláusula es utilizada para buscar registros cuyo valor en una determinada columna se encuentre dentro de un rango de valores especificado.

La sintaxis básica del método es la siguiente:
```
whereBetween(string $column, array $values, string $boolean = 'and',
bool $not = false)
```

Donde:
- `$column`: es el nombre de la columna en la que se desea buscar el rango de valores.
- `$values`: es un arreglo con dos valores que representan el rango de valores a buscar.
- `$boolean`: indica si se debe agregar una cláusula `AND` o `OR` a la consulta. Por defecto es `AND`.
- `$not`: indica si se debe negar la cláusula, es decir, buscar valores que no estén dentro del rango. Por defecto es `false`.

Por ejemplo, si se desea buscar todos los usuarios cuya edad esté entre 18 y 25 años, se puede utilizar el método de la siguiente manera:

```
$users = DB::table('users')
            ->whereBetween('age', [18, 25])
            ->get();
```

Esto generará una consulta SQL similar a la siguiente:

```
SELECT * FROM users WHERE age BETWEEN 18 AND 25;
```

whereNull

El método `whereNull` permite agregar una cláusula WHERE a la consulta para buscar registros donde el valor de una determinada columna es nulo (**NULL**).

Ejemplo de uso:

Supongamos que tenemos una tabla llamada `users` con una columna `email` que puede ser nula en algunos casos. Si queremos buscar los usuarios que no tienen correo electrónico registrado, podemos hacerlo de la siguiente manera:

```
$users = DB::table('users')
            ->whereNull('email')
            ->get();
```

Este código generará la siguiente consulta SQL:

```
SELECT * FROM users WHERE email IS NULL;
```

El método `whereNull` también acepta un segundo argumento opcional que se utilizará como operador para la cláusula WHERE. Por ejemplo, si queremos buscar los usuarios cuyo correo electrónico no está definido pero que sí tienen un nombre de usuario, podemos hacer lo siguiente:

```
$users = DB::table('users')
            ->whereNull('email', 'AND')
            ->whereNotNull('username')
            ->get();
```

Este código generará la siguiente consulta SQL:

```
SELECT * FROM users WHERE email IS NULL AND username IS NOT NULL;
```

whereNotNull

El método `whereNotNull` de Eloquent agrega una cláusula WHERE a la consulta para buscar los registros de la base de datos donde el valor de una columna específica no sea nulo. Por ejemplo, si queremos obtener todos los usuarios que tienen un correo electrónico en la base de datos, podemos hacer lo siguiente:

```
$usuarios = Usuario::whereNotNull('email')->get();
```

Esto generará una consulta SQL que buscará todos los registros de la tabla "usuarios" donde el valor de la columna "email" no sea nulo.

Es importante tener en cuenta que este método solo busca registros donde el valor de la columna es diferente de nulo. Si se necesita buscar registros donde el valor de una columna específica es igual a cero o a una cadena vacía, por ejemplo, se debe utilizar otro método como `where` o `orWhere`.

whereDate

El método `whereDate` permite agregar una cláusula WHERE a la consulta para comparar fechas. Toma dos argumentos: el nombre de la columna de fecha y la fecha a comparar en formato `YYYY-MM-DD`. Por ejemplo, si deseas obtener todos los usuarios que se registraron en un día específico, podrías hacer lo siguiente:

```
$users = User::whereDate('created_at', '2022-04-24')->get();
```

Esto buscará todos los usuarios que se registraron en el 24 de abril de 2022 y devolverá una colección de objetos de modelo correspondientes. También puedes utilizar `whereMonth`, `whereDay` y `whereYear` para comparar partes específicas de una fecha.

whereMonth

El método `whereMonth` se utiliza para agregar una cláusula `where` a una consulta Eloquent para buscar registros cuyo valor de fecha correspondiente al campo especificado tenga un mes determinado.

La sintaxis básica es la siguiente:

```
->whereMonth('campo', $mes);
```

Donde `'campo'` es el nombre del campo de fecha en la tabla y `$mes` es el número del mes (1-12) que se quiere buscar.

Por ejemplo, si queremos buscar todos los usuarios que nacieron en marzo, podemos hacer lo siguiente:

```
$usuarios = DB::table('usuarios')
                ->whereMonth('fecha_nacimiento', 3)
                ->get();
```

Este código buscará todos los registros en la tabla de usuarios donde el campo "fecha_nacimiento" tenga un valor de mes igual a 3 (marzo).

whereDay

El método `whereDay` en Eloquent permite agregar una cláusula `where` a la consulta para comparar el día de un campo de fecha con un valor específico.

Por ejemplo, para obtener todos los registros de la tabla `pedidos` donde el día de la fecha de `created_at` sea igual a 23, se puede usar el siguiente código:

```
$pedidos = Pedido::whereDay('created_at', '=', 23)->get();
```

Este método también acepta un segundo parámetro opcional que permite especificar el operador de comparación. Por ejemplo, para obtener todos los registros de la tabla `pedidos` donde el día de la fecha de `created_at` sea mayor o igual a **23**, se puede usar el siguiente código:

```
$pedidos = Pedido::whereDay('created_at', '>=', 23)->get();
```

También se puede encadenar varias cláusulas `whereDay` para agregar múltiples condiciones a la consulta.

whereYear

El método `whereYear` es un método de consulta en Eloquent que agrega una cláusula WHERE a la consulta para comparar el año de una columna de fecha o fecha y hora. Toma dos parámetros: el primero es el nombre de la columna y el segundo es el año que se utilizará para comparar. Por ejemplo:

```php
$users = DB::table('users')
        ->whereYear('created_at', '=', 2022)
        ->get();
```

En este ejemplo, se obtienen todos los usuarios cuya columna `created_at` tiene un valor de año igual a `2022`.

whereHas

El método `whereHas` se utiliza para buscar modelos que tienen una relación con otro modelo. Por ejemplo, si tienes una relación `hasMany` entre `Post` y `Comment`, puedes usar `whereHas` para buscar todos los posts que tienen al menos un comentario. Este método toma dos argumentos: el nombre de la relación y una función de cierre que define las condiciones que deben cumplir los modelos relacionados.

Aquí hay un ejemplo:
```php
$posts = Post::whereHas('comments', function($query) {
    $query->where('status', 'approved');
})->get();
```

Este código buscará todos los `Post` que tengan al menos un `Comment` con el estado `approved`.

whereDoesntHave

El método `whereDoesntHave` se utiliza para agregar una cláusula WHERE a la consulta para buscar modelos que no tienen una relación dada.

Por ejemplo, si tenemos una relación entre los modelos `User` y `Post` donde un usuario tiene muchos posts, podemos usar `whereDoesntHave` para buscar los usuarios que no tienen ningún post. La sintaxis básica del método es la siguiente:
```php
$query->whereDoesntHave('relationshipName');
```

Donde `relationshipName` es el nombre de la relación que se está buscando. También se puede proporcionar una función de cierre para agregar más condiciones a la consulta, por ejemplo:
```php
$query->whereDoesntHave('posts', function ($query) {
    $query->where('status', 'published');
});
```

117

En este caso, se buscarán los usuarios que no tienen ningún post con el estado "publicado".

Es importante tener en cuenta que el método `whereDoesntHave` sólo busca modelos que no tienen una relación en particular. Si queremos buscar modelos que no tienen una relación o que tienen una relación que no cumple con ciertas condiciones, se puede usar el método `doesntHave` en su lugar.

ARQUITECTURA REST

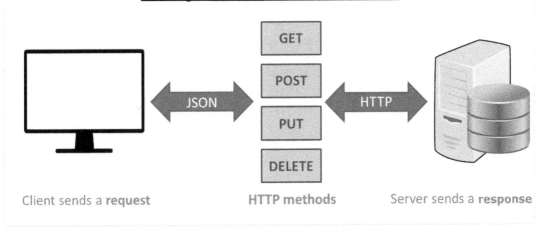

¿Qué es una API REST?

La definición de La industria en el contexto de las API REST se refiere a cómo las API REST se utilizan en diversas industrias y aplicaciones para permitir La comunicación y La integración de sistemas y servicios. Las API REST son una tecnología ampliamente utilizada en una variedad de industrias y aplicaciones debido a su simplicidad, escalabilidad y capacidad para facilitar La interoperabilidad entre sistemas. Aquí tienes algunos ejemplos de cómo las API REST se aplican en diferentes sectores:

1. Tecnología financiera (FinTech): En La industria financiera, las API REST se utilizan para permitir La integración de sistemas bancarios, plataformas de pagos en línea y aplicaciones móviles. Por ejemplo, las API REST pueden permitir a una aplicación móvil acceder a los datos de una cuenta bancaria de un usuario y realizar transacciones.

2. Comercio electrónico: En el comercio electrónico, las API REST se utilizan para conectar sitios web de comercio electrónico con sistemas de gestión de inventario, sistemas de pago y servicios de envío. Esto facilita La creación de experiencias de compra en línea fluidas y eficientes.

3. Redes sociales: Plataformas de redes sociales como Facebook, Twitter e Instagram ofrecen API REST que permiten a los desarrolladores acceder a datos y funcionalidades de estas plataformas, lo que facilita La integración de inicio de sesión social y compartir contenido en aplicaciones de terceros.

4. Internet de las cosas (IoT): En el ámbito del IoT, las API REST se utilizan para que los dispositivos conectados se comuniquen con servidores y otros

dispositivos a través de La web. Esto es fundamental para recopilar datos y controlar dispositivos a distancia.

5. Salud: En La industria de La salud, las API REST se utilizan para conectar sistemas de registro médico electrónico, aplicaciones de telemedicina y dispositivos médicos para facilitar el intercambio de información de salud y mejorar La atención al paciente.

6. Transporte y logística: Las empresas de transporte y logística utilizan API REST para rastrear envíos, gestionar rutas y optimizar La logística de entrega a través de sistemas integrados.

7. Educación: En el ámbito educativo, las API REST se utilizan para integrar sistemas de gestión del aprendizaje, aplicaciones de programación de clases y sistemas de gestión de campus, lo que facilita La administración y el acceso a los recursos educativos.

Estos son solo algunos ejemplos de cómo las API REST se aplican en diferentes industrias. En resumen, las API REST son una herramienta versátil que se utiliza en una amplia variedad de sectores para permitir La comunicación y La integración de sistemas y servicios, lo que brinda flexibilidad y eficiencia en el desarrollo de aplicaciones y La automatización de procesos empresariales.

Conceptos

Recursos: Un recurso es cualquier elemento o entidad sobre La que se realizan operaciones en una API REST. Por ejemplo, un usuario, una tarea, una publicación, etc. Cada recurso se identifica de manera única mediante una dirección URL.

Representaciones: Una representación es La forma en que un recurso se presenta al cliente. Por ejemplo, un recurso puede estar representado como un JSON o como un XML. La representación de un recurso es lo que se envía al cliente como respuesta a una petición.

Verbos HTTP: Los verbos HTTP son los comandos que se utilizan para interactuar con los recursos.

Estos son los conceptos básicos de API REST y suelen ser suficientes para crear aplicaciones simples. Sin embargo, existen otros verbos HTTP y conceptos más avanzados que también pueden ser útiles en algunos casos.

Verbos HTTP

Los **verbos HTTP** son los comandos que se utilizan para interactuar con los recursos en una API REST. Aquí está una explicación detallada de los verbos HTTP más comunes:

- **GET:** Este verbo se utiliza para obtener información de un recurso o de un conjunto de recursos. Por ejemplo, si queremos obtener La información de un usuario específico, realizaríamos una petición GET a La URL que representa ese usuario. La respuesta a esta petición sería La representación del usuario en cuestión.

- **POST**: Este verbo se utiliza para crear un nuevo recurso. Por ejemplo, si queremos crear un nuevo usuario, realizaríamos una petición POST a La URL que representa el conjunto de usuarios. La petición incluiría La información necesaria para crear el nuevo usuario, y La respuesta a La petición sería La representación del usuario recién creado.

- **PUT:** Este verbo se utiliza para actualizar un recurso existente. Por ejemplo, si queremos actualizar La información de un usuario específico, realizaríamos una petición PUT a La URL que representa ese usuario. La petición incluiría La información actualizada, y La respuesta a La petición sería La representación del usuario actualizado.

- **DELETE:** Este verbo se utiliza para eliminar un recurso existente. Por ejemplo, si queremos eliminar un usuario específico, realizaríamos una petición DELETE a La URL que representa ese usuario. La respuesta a esta petición confirmaría que el usuario ha sido eliminado.

Estos son los verbos HTTP más comunes en API REST, y en La mayoría de los casos son suficientes para implementar una API REST. Sin embargo, existen otros verbos HTTP menos utilizados que también pueden ser útiles en algunos casos. Es importante tener en cuenta que los verbos HTTP deben ser utilizados de manera coherente para garantizar La compatibilidad con los clientes y para mantener La consistencia en La API.

Peticiones Request y Response

Las peticiones **Request** y **Response** son parte integral del funcionamiento de las API REST. Una petición Request es una solicitud hecha por un cliente a un servidor para recibir algún tipo de información o realizar una acción. Por otro lado, una respuesta Response es La respuesta que el servidor le da al cliente a una petición Request.

Una petición **Request** puede incluir información adicional, como los datos que se van a enviar a un servidor, el formato en el que se quiere recibir La información (por ejemplo, JSON o XML), el método HTTP que se está utilizando (GET, POST, PUT, DELETE, entre otros) y La URL a La que se está haciendo La petición.

Por su parte, una respuesta Response puede incluir información como el código de estado HTTP (por ejemplo, 200 OK si La petición fue exitosa o 404 Not Found si La URL especificada no existe), los datos que se están enviando como respuesta, el formato de los datos (por ejemplo, JSON o XML) y cualquier cabecera HTTP adicional.

JSON es un formato de texto plano que se utiliza para transmitir información en La Web. La información se almacena como un objeto de JavaScript, que es una colección de pares clave-valor. La clave es una cadena y el valor puede ser una cadena, número, objeto, matriz u otro tipo de valor.

Ejemplo de un objeto JSON:

```json
{
  "nombre": "John Doe",
  "edad": 32,
  "email": "johndoe@ejemplo.com",
  "direccion": {
    "calle": "1ra Calle",
    "ciudad": "Ciudad de Prueba",
    "pais": "País de Prueba"
  }
}
```

JSON es ampliamente compatible con diferentes lenguajes de programación, incluidos JavaScript, PHP, Python, Ruby, Java, C# y muchos otros. Esto hace que sea fácil de leer y escribir, lo que lo hace ideal para su uso en aplicaciones web y móviles.

Además, JSON es muy similar a La sintaxis de objetos y matrices de JavaScript, lo que lo hace fácil de entender y usar para los desarrolladores de JavaScript. Esto hace que JSON sea una de las opciones más populares para La transmisión de datos en La Web.

¿Qué diferencia hay entre REST y RESTFULL?

La diferencia entre REST y RESTful radica en el grado en que una API web sigue los principios y las mejores prácticas del estilo arquitectónico REST. Aquí te explico ambas definiciones:

1. REST (Transferencia de Estado Representacional):

    –   REST, abreviatura de "Transferencia de Estado Representacional," es un estilo arquitectónico para el diseño de sistemas de software distribuidos. Fue propuesto por Roy Fielding en su tesis doctoral en 2000.

    –   REST se basa en una serie de principios y restricciones, como La representación de recursos, La comunicación sin estado, el uso de operaciones estándar de HTTP (GET, POST, PUT, DELETE), entre otros.

    –   REST establece las pautas generales para el diseño de API web, pero no especifica detalles específicos sobre cómo debe implementarse una API.

2. RESTful (API RESTful):

    –   Una API que sigue los principios y las mejores prácticas de REST se denomina "RESTful." En otras palabras, una API RESTful es una implementación concreta de una API web que adhiere a los principios de REST.

    –   Una API RESTful se caracteriza por utilizar URLs y métodos HTTP de manera coherente, representar recursos de forma adecuada y utilizar códigos de estado HTTP de manera significativa. Además, se enfoca en La simplicidad, La escalabilidad y La interoperabilidad.

    –   Una API RESTful sigue las restricciones de REST y busca crear una interfaz uniforme que sea fácil de entender y utilizar.

La principal diferencia entre REST y RESTful radica en que REST es un conjunto de principios y restricciones arquitectónicas, mientras que RESTful se refiere a una implementación específica de una API que cumple con esos principios y sigue las mejores prácticas de REST. En La práctica, muchas API web se describen como RESTful cuando están diseñadas siguiendo los principios de REST de manera coherente.

Ejemplo

Ejemplo de REST: Supongamos que se crea una API para administrar una lista de tareas. Aunque se utiliza el protocolo HTTP, no se siguen todas las mejores prácticas de REST:

- Para obtener la lista de tareas, la API utiliza la URL /getTasks.
- Para agregar una tarea, la API utiliza la URL /addTask.
- Para actualizar una tarea, la API utiliza la URL /updateTask.
- Para eliminar una tarea, la API utiliza la URL /deleteTask.

En este caso, las URLs no siguen una convención de nombres de recursos y operaciones que sería más coherente con REST. Además, no se utilizan los métodos HTTP estándar (GET, POST, PUT, DELETE) de manera adecuada.

Ejemplo de RESTful: Ahora, consideremos una API de lista de tareas que sigue los principios de REST:

- Para obtener la lista de tareas, la API utiliza la URL /tasks con el método HTTP GET.
- Para agregar una tarea, la API utiliza la URL /tasks con el método HTTP POST.
- Para actualizar una tarea, la API utiliza la URL /tasks/{id} con el método HTTP PUT.
- Para eliminar una tarea, la API utiliza la URL /tasks/{id} con el método HTTP DELETE.

En este ejemplo RESTful, las URLs son más descriptivas y siguen la convención de utilizar sustantivos en plural para los recursos y métodos HTTP estándar para las operaciones. Esto hace que la API sea más fácil de entender y utilizar, y cumple con las pautas de REST de una manera más coherente.

La diferencia entre REST y RESTful radica en cómo se diseñan las URLs y se utilizan los métodos HTTP, siguiendo las mejores prácticas y principios de REST en una implementación específica de una API web.

Buenas practicas

1. **Usar sustantivos en plural para los recursos:** Nombres de recursos como "usuarios," "tareas," o "productos" deben estar en plural, lo que facilita la comprensión y la consistencia. Por ejemplo, `/usuarios` en lugar de `/usuario`.

2. **Utilizar métodos HTTP de manera apropiada:**

    -   `GET`: Para obtener información o recursos.
    -   `POST`: Para crear un nuevo recurso.
    -   `PUT`: Para actualizar un recurso existente.
    -   `DELETE`: Para eliminar un recurso.

3. **Utilizar códigos de estado HTTP apropiados:** Utilizar códigos de estado HTTP estándar (por ejemplo, 200 OK, 201 Created, 204 No Content, 404 Not Found, 400 Bad Request, 401 Unauthorized) para indicar el resultado de una solicitud.

4. **Versionar la API:** Incluir una versión en la URL de la API (por ejemplo, `/v1/resource`) para permitir futuras actualizaciones sin afectar a los clientes existentes.

5. **Proporcionar documentación detallada:** Ofrecer documentación clara y completa que describa cómo utilizar la API, incluyendo descripciones de recursos, ejemplos de solicitud y respuesta, y ejemplos de código.

6. **Mantener la consistencia:** Mantener una estructura de URL y una nomenclatura coherentes en toda la API. Esto hace que la API sea más predecible y fácil de usar.

7. **Gestionar errores adecuadamente:** Devolver respuestas de error con información útil y coherente, incluyendo un código de estado, un mensaje de error y detalles adicionales si es necesario.

8. **Utilizar autenticación y autorización:** Implementar sistemas de autenticación y autorización para proteger los recursos y garantizar que solo los usuarios autorizados tengan acceso a ciertas partes de la API.

9. **Utilizar SSL/TLS:** Proteger las comunicaciones entre el cliente y el servidor mediante el uso de HTTPS para garantizar la seguridad de los datos transmitidos.

10. **Permitir paginación y filtrado:** Si la API devuelve grandes conjuntos de datos, permitir a los clientes paginar los resultados y filtrarlos para obtener solo la información relevante.

11. **Optimizar la latencia:** Utilizar técnicas como la compresión de datos y el almacenamiento en caché para reducir la latencia y mejorar el rendimiento.

12. **No utilizar verbos en las URL:** Evitar incluir verbos como "get" o "update" en las URL. En su lugar, utilizar los métodos HTTP para indicar la operación.

13. **Evitar rutas profundas:** Mantener las rutas de URL simples y poco profundas para evitar complicaciones innecesarias.

14. **Usar HATEOAS (Hypertext as the Engine of Application State):** Proporcionar enlaces (hipervínculos) a recursos relacionados en las respuestas para facilitar la navegación y el descubrimiento de la API.

Estas son algunas de las buenas prácticas clave para diseñar una API RESTful eficiente y fácil de usar. Seguir estas pautas puede ayudarte a crear una API que sea escalable, mantenible y que proporcione una experiencia consistente a los desarrolladores que la utilizan.

CONTROLADORES

¿Qué es un controlador?

Un **controlador** en Laravel es una clase PHP que se encarga de manejar las solicitudes HTTP y proporcionar una respuesta apropiada. Los controladores se utilizan para agrupar el lógica de negocios y proporcionar un punto de acceso central para el manejo de solicitudes **HTTP**.

Un controlador puede contener varios métodos, cada uno de los cuales se ejecutará en respuesta a una solicitud HTTP específica. Por ejemplo, puedes tener un controlador que maneje las solicitudes para ver, crear, actualizar y eliminar registros de una tabla de la base de datos.

Para crear un controlador en Laravel, debes usar el comando php artisan make:controller seguido del nombre del controlador. Por ejemplo, para crear un controlador llamado **ProductosController**, ejecutarías el siguiente comando:

```
php artisan make:controller ProductosController
```

Una vez creado el controlador, puedes agregar métodos para manejar diferentes solicitudes HTTP. Por ejemplo, puedes tener un método index que muestre una lista de productos y un método store que almacene un nuevo producto en la base de datos.

Para hacer una solicitud HTTP a un controlador, debes definir una ruta en el archivo routes/web.php o routes/api.php según corresponda que apunte a un método específico en el controlador. Por ejemplo, para hacer una solicitud GET a /productos y ejecutar el método index en el controlador ProductosController, podrías agregar la siguiente ruta:

```
Route::get('/productos', 'ProductosController@index');
```

El controlador es una parte importante de la arquitectura de Laravel y se utiliza para separar la lógica de negocios de la lógica de presentación, lo que ayuda a mantener tu aplicación limpia y organizada.

Creación de un controladores REST

ColorController

Para crear el controlador teclee el siguiente comando en su terminal:
```
php artisan make:controller Api/V1/ColorController --resource
```

La opción –resource le indica a la Laravel que cree los métodos necesarios para crear un CRUD.

Diríjase a la carpeta **App** y edite el archivo CategoriaController.

Seguidamente comentaremos paso a paso los para crear el controlador:
```php
<?php

namespace App\Http\Controllers\Api\V1;

use App\Http\Controllers\Controller;
use Illuminate\Http\Request;
use App\Models\Color; // Asegúrate de importar el modelo Color
use Illuminate\Support\Facades\Validator;


class ColorController extends Controller
{
    /**
     * Display a listing of the resource.
     *
     * Método: index
     * Ruta asociada: GET /colors
     * Descripción: Este método muestra una lista de recursos (en
este caso, colores).
     */
    public function index()
    {
        // Recuperar todos los colores desde la base de datos y
retornarlos como una respuesta JSON
        $colores = Color::orderBy('nombre')->get;
        return response()->json(['colores' => $colores]);
    }

    /**
```

```
 * Show the form for creating a new resource.
 *
 * Método: create
 * Ruta asociada: GET /colors/create
 * Descripción: Este método muestra el formulario para crear un
nuevo recurso (color).
 */

    public function store(Request $request)
    {
        // Validación de los datos del nuevo color (por ejemplo,
nombre, código de color).
        $validator = Validator::make($request->all(), [
            'nombre' => 'required|string|max:255|unique:colores'
        ]);

        if($validator->fails()){
            return response()->json($validator->errors(),422);
        }

        //Debe estar configurado fillable en el modelo para
        //utilizar inserción masiva

        $color=Color::create($request->all());

        // Retornar una respuesta JSON que confirma la creación
exitosa del color.
        return response()->json(['message' => 'Color creado con
éxito', 'color' => $color],201);
    }

    /**
     * Display the specified resource.
     *
     * Método: show
     * Ruta asociada: GET /colors/{id}
     * Descripción: Este método muestra un recurso (color)
específico identificado por su ID.
     */
    public function show(string $id)
    {
        // Buscar el color por su ID en la base de datos y
retornarlo como una respuesta JSON.
        $color = Color::find($id);

        if (!$color) {
```

```
            return response()->json(['message' => 'Color no
encontrado'], 404);
        }


        return response()->json(['color' => $color]);
    }


    /**
     * Update the specified resource in storage.
     *
     * Método: update
     * Ruta asociada: PUT/PATCH /colors/{id}
     * Descripción: Este método actualiza un recurso (color)
específico identificado por su ID en el almacenamiento.
     */
    public function update(Request $request, string $id)
    {
        // Validación de los datos actualizados del color.
        $validator = Validator::make($request->all(),[
            'nombre' => 'required|string|max:255|unique:colores'
        ]);

        if($validator->fails()){
            return response()->json($validator->errors(),422);
        }


        // Buscar el color por su ID en la base de datos.
        $color = Color::find($id);

        if (!$color) {
            return response()->json(['message' => 'Color no
encontrado'], 404);
        }

        // Actualizar los datos del color con los datos validados.
        $color->update($request->all());

        // Retornar una respuesta JSON que confirma la actualización
exitosa del color.
        return response()->json(['message' => 'Color actualizado con
éxito', 'color' => $color]);
    }

    /**
```

```
     * Remove the specified resource from storage.
     *
     * Método: destroy
     * Ruta asociada: DELETE /colors/{id}
     * Descripción: Este método elimina un recurso (color)
específico identificado por su ID del almacenamiento.
     */
    public function destroy(string $id)
    {
        // Buscar el color por su ID en la base de datos.
        $color = Color::find($id);

        if (!$color) {
            return response()->json(['message' => 'Color no
encontrado'], 404);
        }

        if ($color->cervezas()->exists()) {
            return response()->json(['message' => 'No se pudo borrar
el color, tiene cervezas relacionadas'],400);
        }
        // Eliminar el color de la base de datos.
        $color->delete();

        // Retornar una respuesta JSON que confirma la eliminación
exitosa del color.
        return response()->json(['message' => 'Color eliminado con
éxito']);
    }
}
```

1.   Hemos añadido dos clases: Color y la clase Validator.

La clase validator

La clase **Validator** en Laravel es una parte fundamental del sistema de validación de datos de Laravel. Proporciona una forma conveniente y poderosa de validar los datos de entrada de una solicitud antes de procesarlos o almacenarlos en la base de datos. Laravel utiliza esta clase para llevar a cabo la validación de datos, y es ampliamente utilizada en controladores, formularios, y en otros lugares donde es necesario garantizar la integridad de los datos.

Aquí hay algunas características y conceptos clave relacionados con la clase **Validator** en Laravel:

1. **Creación de un Validador**: Puedes crear una instancia de la clase `Validator` pasando los datos que deseas validar y las reglas de validación. Las reglas de validación se definen como un array asociativo donde las claves son los nombres de los campos y los valores son las reglas de validación que se deben aplicar.

```
$validator = Validator::make($data, [
    'nombre' => 'required|string|max:255',
    'correo' => 'required|email|unique:users',
]);
```

2. **Reglas de Validación**: Las reglas de validación son expresiones que especifican cómo se debe validar un campo. Laravel proporciona una amplia variedad de reglas de validación predefinidas, como 'required', 'numeric', 'email', 'unique', 'max', 'min', entre otras. También puedes crear tus propias reglas de validación personalizadas si es necesario.

3. **Mensajes de Error Personalizados**: Puedes personalizar los mensajes de error para cada regla de validación si deseas proporcionar mensajes más descriptivos.

```
$messages = [
    'nombre.required' => 'El nombre es obligatorio.',
    'correo.email' => 'El correo debe ser una dirección de
correo electrónico válida.',
];
```

4. **Evaluación de Validación**: Una vez que has creado una instancia del validador, puedes evaluar la validación utilizando el método `validate()`. Este método devolverá `true` si la validación es exitosa y lanzará una excepción `ValidationException` si la validación falla.

```
if ($validator->validate()) {
    // La validación fue exitosa
}
```

5. **Recuperación de Errores**: Si la validación falla, puedes recuperar los errores generados por el validador. Esto es útil para mostrar mensajes de error al usuario.

```
if ($validator->fails()) {
    $errors = $validator->errors();
    // Puedes acceder a los errores individualmente, por
ejemplo: $errors->first('nombre')
}
```

6. **Validación en Controladores**: La validación se usa comúnmente en controladores para garantizar que los datos de entrada cumplan con ciertas reglas

antes de procesarlos o almacenarlos en la base de datos. Esto ayuda a mantener la integridad de los datos y a prevenir problemas de seguridad.

7. **Middleware de Validación**: Laravel también proporciona middleware de validación que se puede utilizar para validar los datos antes de que lleguen al controlador. Esto es especialmente útil para formularios web y API.

8. **Personalización de Reglas de Validación**: Puedes personalizar las reglas de validación y crear reglas personalizadas si tus requisitos son más específicos que las reglas de validación predefinidas.

Reglas de validación más comunes

1. **required**: El campo debe estar presente y no puede estar en blanco.

```
'nombre' => 'required'
```

2. **email**: El campo debe ser una dirección de correo electrónico válida.

```
'correo' => 'email'
```

3. **numeric**: El campo debe ser un valor numérico.

```
'edad' => 'numeric'
```

4. **alpha**: El campo debe contener solo letras del alfabeto.

```
'nombre' => 'alpha'
```

5. **integer**: El campo debe ser un número entero.

```
'cantidad' => 'integer'
```

6. **min:valor**: El campo debe tener un valor numérico mayor o igual que "valor".

```
'edad' => 'min:18'
```

7. **max:valor**: El campo debe tener un valor numérico menor o igual que "valor".

```
'puntaje' => 'max:100'
```

8. **between:min,max**: El campo debe tener un valor numérico que esté dentro del rango especificado.

```
'nota' => 'between:0,10'
```

9. **in:foo,bar,...**: El campo debe estar en la lista de valores permitidos.

```
'color' => 'in:rojo,verde,azul'
```

10. **not_in:foo,bar,...**: El campo no debe estar en la lista de valores prohibidos.

```
'rol' => 'not_in:admin,superadmin'
```

11. **date**: El campo debe ser una fecha válida.
```
'fecha_nacimiento' => 'date'
```

12. **before:date**: El campo debe ser una fecha anterior a la fecha especificada.
```
'fecha_vencimiento' => 'before:2023-12-31'
```

13. **after:date**: El campo debe ser una fecha posterior a la fecha especificada.
```
'fecha_inicio' => 'after:2023-01-01'
```

Estos son solo ejemplos de algunas reglas de validación comunes en Laravel. Puedes combinar varias reglas en una sola validación y personalizar los mensajes de error según tus necesidades específicas. La validación de datos es una parte fundamental de cualquier aplicación web para garantizar la integridad de los datos recibidos.

TipoController

Para crear el controlador teclee el siguiente comando en su terminal:
```
php artisan make:controller Api/V1/TipoController
```

Diríjase al controlador creado, editelo y copie el siguiente código:
```php
<?php

namespace App\Http\Controllers\Api\V1;

use App\Http\Controllers\Controller;
use Illuminate\Http\Request;
use App\Models\Tipo;
use Illuminate\Support\Facades\DB;
use Illuminate\Support\Facades\Validator;

class TipoController extends Controller
{
    //Introducir solo si esta instalado JWT
    public function __construct()
    {
        $this->middleware('auth:api')->only(['store', 'destroy']);
    }

    public function index(Request $request)
    {
        // Recopila parámetros de consulta desde la solicitud
        $perPage = $request->input('per_page', 40);
        $page = $request->input('page', 1);
```

```php
        // Construye una consulta utilizando el Query Builder de
Laravel
        $query = DB::table('tipos as tip')
            ->select('*')
            ->orderBy('tip.nombre');

        // Realiza una paginación de los resultados
        $results = $query->paginate($perPage, ['*'], 'page', $page);

        // Devuelve una respuesta JSON con los resultados paginados
        return response()->json($results);
    }

    public function store(Request $request)
    {
        // Validación de los datos del nuevo tipo (por ejemplo,
nombre, código de tipo).
        $validator = Validator::make($request->all(), [
            'nombre' => 'required|string|max:150|unique:tipos'
        ]);

        if($validator->fails()){
            return response()->json($validator->errors(),422);
        }

        //Debe estar configurado fillable en el modelo para
        //utilizar inserción masiva
        $tipo=Tipo::create($request->all());

        // Retornar una respuesta JSON que confirma la creación
exitosa del tipo.
        return response()->json(['message' => 'Tipo creado con
éxito', 'tipo' => $tipo]);
    }

    public function show(string $id)
    {
        // Buscar el tipo por su ID en la base de datos y retornarlo
como una respuesta JSON.
        $tipo = Tipo::find($id);

        if (!$tipo) {
            return response()->json(['message' => 'Tipo no
encontrado'], 404);
        }
```

```php
        return response()->json(['Tipo' => $tipo]);
    }

    public function update(Request $request, string $id)
{
    // Validación de los datos actualizados del tipo.
    $validator = Validator::make($request->all(), [
        'nombre' => 'required|string|max:100',
        'descripcion' => 'required|string',
    ]);


    if ($validator->fails()) {
        return response()->json($validator->errors(), 422);
    }

    // Buscar el tipo por su ID en la base de datos.
    $tipo = Tipo::find($id);

    if (!$tipo) {
        return response()->json(['message' => 'tipo no encontrado'],
404);
    }

    $tipo->nombre = $request->input('nombre');
    $tipo->descripcion = $request->input('descripcion');
    $tipo->save();

    return response()->json(['message' => 'Tipo actualizado con
éxito', 'tipo' => $tipo]);
}

    public function destroy(string $id)
    {
        // Buscar el tipo por su ID en la base de datos.
        $tipo = Tipo::find($id);

        if (!$tipo) {
            return response()->json(['message' => 'Tipo no
encontrado'], 404);
        }

        if ($tipo->cervezas()->exists()) {
            return response()->json(['message' => 'No se pudo borrar
el tipo, tiene cervezas relacionadas'],400);
        }
```

```
// Eliminar el tipo de la base de datos.
$tipo->delete();

// Retornar una respuesta JSON que confirma la eliminación
exitosa del tipo.
    return response()->json(['message' => 'Tipo eliminado con
éxito']);
    }
}
```

Explicación del código

Este controlador en Laravel, denominado **TipoController**, maneja las operaciones CRUD (Crear, Leer, Actualizar, Eliminar) para el modelo **Tipo** en una API. Aquí hay una explicación paso a paso de sus métodos:

1. **Namespace y Uso de Clases:**

```
namespace App\Http\Controllers\Api\V1;

use App\Http\Controllers\Controller;
use Illuminate\Http\Request;
use App\Models\Tipo;
use Illuminate\Support\Facades\DB;
use Illuminate\Support\Facades\Validator;
```

- El controlador está en el namespace **App\Http\Controllers\Api\ V1**.
- Extiende la clase base **Controller** de Laravel.
- Utiliza el modelo **Tipo** y clases adicionales para manejar validación y consultas de base de datos.

2. **Constructor y Middleware:**

```
//Solo si esta configurado JWT
public function __construct()
{
    $this->middleware('auth:api')->only(['store', 'destroy']);
}
```

- El constructor establece un middleware para autenticación en los métodos **store** y **destroy**. Esto significa que se requiere autenticación API para realizar estas operaciones. Utilizar solo si esta configurado JWT, el cual veremos en un próximo capitulo

3. **Método index:**

```php
public function index(Request $request)
{
    // Recopila parámetros de consulta desde la solicitud
    $perPage = $request->input('per_page', 40);
    $page = $request->input('page', 1);

    // Construye una consulta utilizando el Query Builder de
    Laravel
    $query = DB::table('tipos as tip')
        ->select('*')
        ->orderBy('tip.nombre');

    // Realiza una paginación de los resultados
    $results = $query->paginate($perPage, ['*'], 'page',
    $page);

    // Devuelve una respuesta JSON con los resultados
    paginados
    return response()->json($results);
}
```

- Este método maneja la obtención paginada de todos los tipos.
- Lee parámetros de consulta para paginación.
- Utiliza el Query Builder para construir la consulta y la ordena por el nombre.
- Retorna los resultados paginados como respuesta JSON.

4. **Método store:**

```php
public function store(Request $request)
{
    // Validación de los datos del nuevo tipo (por ejemplo,
    nombre, código de tipo).
    $validator = Validator::make($request->all(), [
        'nombre' => 'required|string|max:150|unique:tipos'
    ]);

    if($validator->fails()){
        return response()->json($validator->errors(), 422);
    }

    // Debe estar configurado fillable en el modelo para
    // utilizar inserción masiva
    $tipo = Tipo::create($request->all());

    // Retornar una respuesta JSON que confirma la creación
```

```
exitosa del tipo.
    return response()->json(['message' => 'Tipo creado con
éxito', 'tipo' => $tipo]);
}
```

- Este método maneja la creación de un nuevo tipo.

- Realiza validación utilizando el componente Validator de Laravel.

- Crea un nuevo tipo utilizando inserción masiva si la validación es exitosa.

- Retorna una respuesta JSON indicando el éxito y el nuevo tipo creado.

5. **Método show:**

```
public function show(string $id)
{
    // Buscar el tipo por su ID en la base de datos y
retornarlo como una respuesta JSON.
    $tipo = Tipo::find($id);

    if (!$tipo) {
        return response()->json(['message' => 'Tipo no
encontrado'], 404);
    }

    return response()->json(['Tipo' => $tipo]);
}
```

- Maneja la obtención de un tipo por su ID.

- Retorna una respuesta JSON con el tipo si es encontrado, de lo contrario, devuelve un mensaje de error.

6. **Método update:**

```
public function update(Request $request, string $id)
{
    // Validación de los datos actualizados del tipo.
    $validator = Validator::make($request->all(), [
        'nombre' => 'required|string|max:100',
        'descripcion' => 'required|string',
    ]);

    if ($validator->fails()) {
        return response()->json($validator->errors(), 422);
    }
```

```php
    // Buscar el tipo por su ID en la base de datos.
    $tipo = Tipo::find($id);

    if (!$tipo) {
        return response()->json(['message' => 'Tipo no
encontrado'], 404);
    }

    $tipo->nombre = $request->input('nombre');
    $tipo->descripcion = $request->input('descripcion');
    $tipo->save();

    // Actualizar los datos del tipo con los datos validados.
    // $tipo->update($request->all());

    // Retornar una respuesta JSON que confirma la
actualización exitosa del tipo.
    return response()->json(['message' => 'Tipo actualizado
con éxito', 'tipo' => $tipo]);
}
```

- Maneja la actualización de un tipo por su ID.

- Realiza validación utilizando el componente Validator de Laravel.

- Busca el tipo en la base de datos y actualiza sus atributos si es encontrado.

- Retorna una respuesta JSON indicando el éxito y el tipo actualizado.

7. **Método destroy:** ```php public function destroy(string $id) { // Buscar el tipo por su ID en la base de datos. $tipo = Tipo::find($id);

```php
if (!$tipo) {
    return response()->json(['message' => 'Tipo no
encontrado'], 404);
}

if ($tipo->cervezas()->exists()) {
    return response()->json(['message' => 'No se pudo borrar
el tipo, tiene cervezas relacionadas'], 400);
}
// Eliminar el tipo de la base de datos.
$tipo->delete();

// Retornar una respuesta JSON que confirma la eliminación
exitosa del tipo.
return response()->json(['message' => 'Tipo elimin
```

ado con éxito']); } ```

- Maneja la eliminación de un tipo por su ID.
- Verifica si existen cervezas relacionadas antes de intentar la eliminación.
- Elimina el tipo de la base de datos si es encontrado.
- Retorna una respuesta JSON indicando el éxito y el mensaje de eliminación.

PaisController

Para crear el controlador teclee el siguiente comando en su terminal:
```
php artisan make:controller Api/V1/PaisController
```

Diríjase al controlador creado, editelo y copie el siguiente código:
```php
<?php

namespace App\Http\Controllers\Api\V1;

use App\Http\Controllers\Controller;
use Illuminate\Http\Request;
use App\Models\Pais;
use Illuminate\Support\Facades\DB;
use Illuminate\Support\Facades\Validator;

class PaisController extends Controller
{

    public function __construct()
    {
        $this->middleware('auth:api')->only(['store', 'destroy',
'update']);
    }


  public function index(Request $request)
  {
      // Recopila parámetros de consulta desde la solicitud
      $perPage = $request->input('per_page', 20);
      $page = $request->input('page', 1);

      // Construye una consulta utilizando el Query Builder de
Laravel
      $query = DB::table('paises as p')
          ->select('*')
          ->orderBy('p.nombre');
```

```
    // Realiza una paginación de los resultados
    $results = $query->paginate($perPage, ['*'], 'page', $page);

    // Devuelve una respuesta JSON con los resultados paginados
    return response()->json($results);
}


    public function store(Request $request)
    {
        // Validación de los datos del nuevo pais (por ejemplo,
nombre, código de pais).
        $validator = Validator::make($request->all(), [
            'nombre' => 'required|string|max:255|unique:paises'
        ]);

        if ($validator->fails()) {
            return response()->json($validator->errors(), 422);
        }

        //Debe estar configurado fillable en el modelo para
        //utilizar inserción masiva
        $tipo = Pais::create($request->all());

        // Retornar una respuesta JSON que confirma la creación
exitosa del pais.
        return response()->json(['message' => 'País creado con
éxito', 'pais' => $tipo]);
    }


    public function show(string $id)
    {
        // Buscar el pais por su ID en la base de datos y retornarlo
como una respuesta JSON.
        $pais = Pais::find($id);

        if (!$pais) {
            return response()->json(['message' => 'país no
encontrado'], 404);
        }

        return response()->json(['País' => $pais]);
    }


    public function update(Request $request, string $id)
```

```php
    {
        // Validación de los datos actualizados del tipo.
        $validator = Validator::make($request->all(), [
            'nombre' => 'required|string|max:255'
        ]);

        if ($validator->fails()) {
            return response()->json($validator->errors(), 422);
        }


        // Buscar el pais por su ID en la base de datos.
        $pais = Pais::find($id);

        if (!$pais) {
            return response()->json(['message' => 'Pais no
encontrado'], 404);
        }

        // Actualizar los datos del pais con los datos validados.
        $pais->update($request->all());

        // Retornar una respuesta JSON què confirma la actualización
exitosa del pais.
        return response()->json(['message' => 'País actualizado con
éxito', 'pais' => $pais]);
    }


    public function destroy(string $id)
    {
        // Buscar el pais por su ID en la base de datos.
        $pais = Pais::find($id);

        if (!$pais) {
            return response()->json(['message' => 'País no
encontrado'], 404);
        }

        if ($pais->cervezas()->exists()) {
            return response()->json(['message' => 'No se pudo borrar
el país, tiene cervezas relacionadas'], 400);
        }
        // Eliminar el pais de la base de datos.
        $pais->delete();

        // Retornar una respuesta JSON que confirma la eliminación
```

```
exitosa del tipo.
        return response()->json(['message' => 'País eliminado con
éxito']);
    }
}
```

GraduacionController

Para crear el controlador teclee el siguiente comando en su terminal:
```
php artisan make:controller Api/V1/GraduaciónController
```

Diríjase al controlador creado, editelo y copie el siguiente código:
```php
<?php

namespace App\Http\Controllers\Api\V1;

use App\Http\Controllers\Controller;
use Illuminate\Http\Request;
use App\Models\Graduacion;
use Illuminate\Support\Facades\Validator;


class GraduacionController extends Controller
{
    /**
     * Display a listing of the resource.
     *
     * Método: index
     * Ruta asociada: GET /tipos
     * Descripción: Este método muestra una lista de recursos (en
este caso, tipoes).
     */
    public function index()
    {
        // Recuperar todos los tipoes desde la base de datos y
retornarlos como una respuesta JSON
        $graduaciones = Graduacion::orderBy('nombre')->get();
        return response()->json(['graduaciones' => $graduaciones]);
    }


    public function store(Request $request)
    {
        // Validación de los datos del nuevo tipo (por ejemplo,
nombre, código de tipo).
```

```php
$validator = Validator::make($request->all(), [
    'nombre' => 'required|string|max:150|unique:tipos'
]);

if($validator->fails()){
    return response()->json($validator->errors(),422);
}

//Debe estar configurado fillable en el modelo para
//utilizar inserción masiva
$graduacion=Graduacion::create($request->all());

// Retornar una respuesta JSON que confirma la creación
// exitosa del tipo.
return response()->json(['message' => 'Graduación creado con
éxito', 'graduacion' => $graduacion]);
}

/**
 * Display the specified resource.
 *
 * Método: show
 * Ruta asociada: GET /tipos/{id}
 * Descripción: Este método muestra un recurso (tipo) específico
identificado por su ID.
 */
public function show(string $id)
{
    // Buscar el tipo por su ID en la base de datos y retornarlo
// como una respuesta JSON.
    $graduacion = Graduacion::find($id);

    if (!$graduacion) {
        return response()->json(['message' => 'Graduación no
encontrado'], 404);
    }


    return response()->json(['Tipo' => $graduacion]);
}

/**
 * Update the specified resource in storage.
 *
 * Método: update
 * Ruta asociada: PUT/PATCH /itposs/{id}
```

```
     * Descripción: Este método actualiza un recurso (tipo)
específico identificado por su ID en el almacenamiento.
     */
    public function update(Request $request, string $id)
    {
        // Validación de los datos actualizados del tipo.
        $validator = Validator::make($request->all(),[
            'nombre' => 'required|string|max:150|
unique:graduaciones'
        ]);

        if($validator->fails()){
            return response()->json($validator->errors(),422);
        }


        // Buscar el tipo por su ID en la base de datos.
        $graduacion = Graduacion::find($id);

        if (!$graduacion) {
            return response()->json(['message' => 'graduación no
encontrada'], 404);
        }

        // Actualizar los datos del tipo con los datos validados.
        $graduacion->update($request->all());

        // Retornar una respuesta JSON que confirma la actualización
exitosa del tipo.
        return response()->json(['message' => 'Graduación
actualizado con éxito', 'graduacion' => $graduacion]);
    }

    /**
     * Remove the specified resource from storage.
     *
     * Método: destroy
     * Ruta asociada: DELETE /tipos/{id}
     * Descripción: Este método elimina un recurso (tipo) específico
identificado por su ID del almacenamiento.
     */
    public function destroy(string $id)
    {
        // Buscar el tipo por su ID en la base de datos.

        $graduacion = Graduacion::find($id);
```

```php
    if (!$graduacion) {
        return response()->json(['message' => 'Graduación no
encontrada'], 404);
    }

    if ($graduacion->cervezas()->exists()) {
        return response()->json(['message' => 'No se pudo borrar
la graduación, tiene cervezas relacionadas'],400);
    }


    // Eliminar el tipo de la base de datos.
    $graduacion->delete();

    // Retornar una respuesta JSON que confirma la eliminación
exitosa del tipo.
    return response()->json(['message' => 'Graduación eliminado
con éxito']);
    }
}
```

ProvinciaController

Para crear el controlador teclee el siguiente comando en su terminal:
```
php artisan make:controller Api/V1/ProvinciaController
```

Diríjase al controlador creado, editelo y copie el siguiente código:
```php
<?php

namespace App\Http\Controllers\Api\V1;

use App\Http\Controllers\Controller;
use App\Models\Provincia;
use Illuminate\Http\Request;

class ProvinciaController extends Controller
{
    /**
     * Display a listing of the resource.
     *
     * @return \Illuminate\Http\Response
     */

    public function index()
    {
```

```
        // Recupera todas las provincias desde la base de datos y
las devuelve como una respuesta JSON ordenadas por nombre
        return Provincia::orderBy('nombre')->get();
    }


}
```

PoblacionController

Para crear el controlador teclee el siguiente comando en su terminal:
```
php artisan make:controller Api/V1/PoblacionController
```

Diríjase al controlador creado, editelo y copie el siguiente código:
```php
<?php

namespace App\Http\Controllers\Api\V1;

use App\Http\Controllers\Controller;
use Illuminate\Http\Request;
use App\Models\Poblacion;

class PoblacionController extends Controller
{
    /**
     * Display a listing of the resource.
     *
     * @return \Illuminate\Http\Response
     */
    public function index(Request $request)
    {
        $provincia = $request->input('provincia', ''); // Valor
predeterminado es una cadena vacía

        return Poblacion::where('provincia_cod', $provincia)-
>orderBy('nombre')->get();
    }
}
```

SystemController

Para crear el controlador teclee el siguiente comando en su terminal:
```
php artisan make:controller Api/V1/SystemController
```

Diríjase al controlador creado, editelo y copie el siguiente código:

```php
<?php

namespace App\Http\Controllers\Api\V1;

use App\Http\Controllers\Controller;
use Illuminate\Support\Facades\DB;

class SystemController extends Controller
{
    public function consultaCervezasPorPais()
    {
        $resultados = DB::select("
            SELECT COUNT(*) as value, p.nombre as name
            FROM cervezas as cer
            INNER JOIN paises AS p ON cer.pais_id = p.id
            GROUP BY cer.pais_id, p.nombre
            ORDER BY p.nombre
        ");

        return response()->json($resultados);
    }


    public function consultaCervezasPorTipo()
    {
        $resultados = DB::select("
            SELECT COUNT(*) as value, t.nombre as name
            FROM cervezas as cer
            INNER JOIN tipos AS t ON cer.tipo_id = t.id
            GROUP BY cer.tipo_id, t.nombre
            ORDER BY t.nombre
        ");

        return response()->json($resultados);
    }


    public function consultaBD()
    {
        $databaseName = env('DB_DATABASE');
        $resultados = DB::select("
            SELECT
            table_name,
            table_rows,
            data_length / (1024 * 1024) AS data_size_mb,
```

```
            index_length / (1024 * 1024) AS index_size_mb
            FROM information_schema.tables
            WHERE table_schema = '{$databaseName}'
            AND table_type = 'BASE TABLE'; -- Solo tablas, no vistas
ni tablas de sistema;
        ");

        return response()->json($resultados);
    }


    public function consultaTablas()
    {
        $databaseName = env('DB_DATABASE');

        $resultados = DB::select("
            SELECT table_name, table_rows
            FROM information_schema.tables
            WHERE table_schema = '{$databaseName}'
              AND table_type = 'BASE TABLE'; -- Solo tablas, no
vistas ni tablas de sistema
        ");

        return response()->json($resultados);
    }

};
```

Transacciones y subida de archivos

En el controlador CervezaController estudiaremos y experimentaremos con conceptos fundamentales relacionados con nuestros controladores.

¿Què es una transacción?

Una transacción en bases de datos es una secuencia de operaciones que se ejecutan como una única unidad lógica e indivisible. Estas operaciones pueden ser tanto lecturas como escrituras en la base de datos. La idea fundamental detrás de las transacciones es garantizar la consistencia y la integridad de los datos, incluso en el caso de fallos o errores.

Aquí hay algunos conceptos clave relacionados con las transacciones en bases de datos:

1. **Atomicidad:**

   – Una transacción se considera atómica, lo que significa que todas sus operaciones se realizan como una sola unidad.

   – Si alguna parte de la transacción falla, todas las operaciones realizadas hasta ese punto se deshacen, y la base de datos vuelve a su estado anterior a la transacción.

2. **Consistencia:**

   – La consistencia asegura que una transacción lleve la base de datos desde un estado válido a otro estado válido.

   – Las reglas y restricciones de la base de datos deben mantenerse después de cada transacción.

3. **Aislamiento:**

   – Cada transacción se ejecuta de manera aislada de otras transacciones concurrentes.

   – Este concepto ayuda a evitar que los resultados de una transacción sean visibles para otras transacciones hasta que se complete.

4. **Durabilidad:**

   – La durabilidad garantiza que una vez que una transacción se ha completado correctamente, sus efectos persistirán incluso en caso de fallo del sistema o reinicio.

   – Los cambios realizados por una transacción se guardan de manera permanente en la base de datos.

Ejemplo de uso de transacciones en SQL:

```sql
BEGIN TRANSACTION;

-- Operaciones de la transacción (INSERT, UPDATE, DELETE, etc.)

-- Si todo está bien, se confirma la transacción
COMMIT;

-- Si hay algún problema, se deshacen las operaciones
ROLLBACK;
```

Las transacciones son esenciales para mantener la integridad de los datos en sistemas de bases de datos, especialmente en entornos donde múltiples operaciones pueden ocurrir

simultáneamente. La implementación adecuada de transacciones contribuye a la
confiabilidad y la consistencia de las operaciones en una base de datos.

Transacciones en Laravel

En Laravel, puedes gestionar transacciones de base de datos de manera bastante sencilla
utilizando las funciones proporcionadas por Eloquent, el ORM (Object-Relational
Mapping) integrado en el framework. Aquí hay un ejemplo básico de cómo puedes
trabajar con transacciones en Laravel:

```php
use App\Models\TuModelo;

// Iniciar una transacción
DB::beginTransaction();

try {
    // Realizar operaciones de base de datos
    TuModelo::create(['campo' => 'valor']);
    OtroModelo::where('condicion', 'valor')->update(['campo' =>
'nuevo_valor']);

    // Confirmar la transacción si todo está bien
    DB::commit();
} catch (\Exception $e) {
    // Deshacer la transacción en caso de error
    DB::rollBack();

    // Manejar el error de alguna manera (registros de errores,
mensajes, etc.)
    // Puedes acceder al mensaje de error usando $e->getMessage()
}
```

En este ejemplo:
1. **DB::beginTransaction():** Inicia la transacción.

2. **Operaciones de base de datos:** Realiza las operaciones de base de datos dentro
   del bloque **try**. Si alguna de estas operaciones falla (lanza una excepción), el
   bloque **catch** se ejecutará.

3. **DB::commit():** Confirma la transacción si todas las operaciones fueron exitosas.
   Esto guarda los cambios permanentemente en la base de datos.

4. **DB::rollBack():** Si alguna operación falla, deshace la transacción para que no
   se apliquen los cambios incorrectos. Esto asegura la integridad de la base de
   datos.

Es fundamental utilizar bloques `try-catch` para capturar cualquier excepción que se produzca durante la transacción y garantizar que se realice un rollback si algo sale mal.

Este enfoque es muy útil cuando necesitas garantizar que varias operaciones en la base de datos se realicen de manera atómica. La transacción asegura que todas las operaciones se completen correctamente o que no tengan ningún efecto en la base de datos si algo falla.

CervezaController

Para crear el controlador teclee el siguiente comando en su terminal:
`php artisan make:controller Api/V1/CervezaController`

Diríjase a la carpeta **App** y edite el archivo TipoController.

Seguidamente comentaremos paso a paso los para crear el controlador:
1. De momento teclee el siguiente código

```php
<?php

namespace App\Http\Controllers\Api\V1;

use App\Http\Controllers\Controller;
use Illuminate\Http\Request;
use Illuminate\Support\Facades\DB;
use Illuminate\Support\Facades\Validator;
use App\Models\Cerveza;
use App\Models\Color;
use App\Models\Graduacion;
use App\Models\Pais;
use App\Models\Tipo;
use Exception;
use Illuminate\Support\Facades\Storage;

class CervezaController extends Controller
{

    public function __construct()
    {
        $this->middleware('auth:api')->only(['store', 'destroy',
'update', 'patch']);
    }
```

```php
public function index(Request $request)
{
    // Recopila parámetros de consulta desde la solicitud
    $perPage = $request->input('per_page', 20);
    $page = $request->input('page', 1);
    $colorId = $request->input('color_id');
    $paisId = $request->input('pais_id');
    $tipoId = $request->input('tipo_id');
    $graduacionId=$request->input('graduacion_id');
    $novedad = $request->input('novedad');
    $oferta = $request->input('oferta');
    $marca = $request->input('marca');
    $precioDesde = $request->input('precio_desde');
    $precioHasta = $request->input('precio_hasta');

    // Construye una consulta utilizando el Query Builder de
Laravel
    $query = DB::table('cervezas as cer')
        ->select('cer.id', 'cer.nombre', 'cer.descripcion',
'cer.novedad', 'cer.oferta', 'cer.precio', 'cer.foto', 'cer.marca',
'col.nombre as color', 'g.nombre as graduacion', 't.nombre as tipo',
'p.nombre as pais')
        ->join('colores as col', 'cer.color_id', '=', 'col.id')
        ->join('graduaciones as g', 'cer.graduacion_id', '=',
'g.id')
        ->join('tipos as t', 'cer.tipo_id', '=', 't.id')
        ->join('paises as p', 'cer.pais_id', '=', 'p.id')
        ->orderBy('cer.nombre');

    // Aplica condiciones según los parámetros de consulta
    if ($colorId) {
        $query->where('cer.color_id', $colorId);
    }

    if ($paisId) {
        $query->where('cer.pais_id', $paisId);
    }

    if ($graduacionId) {
        $query->where('cer.graduacion_id', $graduacionId);
    }

    if ($tipoId) {
        $query->where('cer.tipo_id', $tipoId);
    }
```

```php
        if ($novedad) {
            $query->where('cer.novedad', $novedad);
        }

        if ($oferta) {
            $query->where('cer.oferta', $oferta);
        }

        if ($marca) {
            // Realiza una búsqueda de marca insensible a mayúsculas
y minúsculas
            $query->whereRaw('LOWER(cer.marca) LIKE ?', ['%' .
strtolower($marca) . '%']);
        }

        if ($precioDesde && $precioHasta) {
            $query->whereBetween('cer.precio', [$precioDesde,
$precioHasta]);
        }

        // Realiza una paginación de los resultados
        $results = $query->paginate($perPage, ['*'], 'page', $page);
        //print_r($graduacionId);
        // Devuelve una respuesta JSON con los resultados paginados
        return response()->json($results);
    }

    public function store(Request $request)
    {
        // Comenzar una transacción de base de datos
        DB::beginTransaction();
        // return $request;

        try {
            // Define las reglas de validación para los campos
            $rules = [
                'nombre' => 'required|string|unique:cervezas|
max:150',
                'descripcion' => 'required',
                'color_id' => 'required|numeric',
                'graduacion_id' => 'required|numeric',
                'tipo_id' => 'required|numeric',
                'pais_id' => 'required|numeric',
                'novedad' => 'required|string|in:true,false',
                'oferta' => 'required|string|in:true,false',
                'precio' => 'required|numeric|between:1,1000',
```

```php
            'foto'=> 'required|string',
            'file' => 'required|image|max:2048',
            'marca' => 'required|string|max:150',
        ];

        $messages = [
            'oferta.in' => 'El campo oferta debe ser "true" o
"false".',
            'novedad.in' => 'El campo novedad debe ser "true" o
"false".',
            // Mensajes personalizados para otros campos si es
necesario...
        ];
        // Realiza la validación de la solicitud
        $validator = Validator::make($request->all(), $rules,
$messages);


        // Si la validación falla, devuelve una respuesta JSON
con los errores de validación
        if ($validator->fails()) {
            DB::rollback();
            return response()->json($validator->errors(), 400);
        }

        // Valida la existencia de valores relacionados (por
ejemplo, color, graduación, país, tipo)

        $color_id = $request->input('color_id');
        $color = Color::find($color_id);
        if (!$color) {
            DB::rollback();
            return response()->json('El color_id ' . $color_id .
' no existe', 404);
        }

        $graduacion_id = $request->input('graduacion_id');
        $graduacion = Graduacion::find($graduacion_id);
        if (!$graduacion) {
            DB::rollback();
            return response()->json('La graduacion_id ' .
$graduacion_id . ' no existe', 404);
        }

        $pais_id = $request->input('pais_id');
        $pais = Pais::find($pais_id);
```

```php
            if (!$pais) {
                DB::rollback();
                return response()->json('El pais_id ' . $pais_id . '
no existe', 404);
            }

            $tipo_id = $request->input('tipo_id');
            $tipo = Tipo::find($tipo_id);
            if (!$tipo) {
                DB::rollback();
                return response()->json('El tipo_id ' . $tipo_id . '
no existe', 404);
            }

            $cerveza = $request->all();
            $cerveza['novedad'] = filter_var($request-
>input('novedad'), FILTER_VALIDATE_BOOLEAN);
            $cerveza['oferta'] = filter_var($request-
>input('oferta'), FILTER_VALIDATE_BOOLEAN);

            //return $cerveza;
            // Procesa la imagen y guárdala en la carpeta
'storage/images'
            if ($request->hasFile('file')) {
                $path = $request->file('file')-
>store('/public/images');
                $url = url('/') . '/storage/images/' .
basename($path); // 'images' es la subcarpeta donde se almacenará la
imagen

                $cerveza['foto'] = $url; // Actualiza el campo
'foto' con la ubicación de la imagen almacenad
            }

            // Guardar la cerveza en la base de datos
            $cerveza = Cerveza::create($cerveza);

            // Confirmar la transacción si todo se completó con
éxito
            DB::commit();

            // Devuelve una respuesta JSON con la cerveza recién
creada y el código de respuesta 201 (creado)
            return response()->json($cerveza, 201);
        } catch (Exception $e) {
            // Revertir la transacción en caso de fallo
```

```php
        DB::rollback();

        // Devuelve una respuesta de error
        return response()->json('Error al procesar la
solicitud', 500);
    }
}


public function show(string $id)
{
    $cerveza = Cerveza::find($id);
    return response()->json($cerveza, 200);
}

public function update(Request $request, $id)
{
    // El código del método permanece sin cambios
}


public function patch(Request $request, $id)
{
    // Comenzar una transacción de base de datos
    DB::beginTransaction();

    try {
        // Encuentra la cerveza que deseas actualizar
        $cerveza = Cerveza::find($id);

        if (!$cerveza) {
            DB::rollback();
            return response()->json('La cerveza con ID ' . $id .
' no existe', 404);
        }

        // Valida la existencia de valores relacionados (por
ejemplo, color, graduación, país, tipo)
        // ...

        // Actualiza los campos de la cerveza solo si están
presentes en la solicitud
        // Actualiza los campos de la cerveza solo si están
presentes en la solicitud

        $cerveza->nombre = $request->json('nombre', $cerveza-
>nombre);
```

158

```php
            $cerveza->descripcion = $request->json('descripcion',
$cerveza->descripcion);
            $cerveza->color_id = $request->json('color_id',
$cerveza->color_id);
            $cerveza->graduacion_id = $request-
>json('graduacion_id', $cerveza->graduacion_id);
            $cerveza->tipo_id = $request->json('tipo_id', $cerveza-
>tipo_id);
            $cerveza->pais_id = $request->json('pais_id', $cerveza-
>pais_id);

            $cerveza->novedad = $request->json('novedad', $cerveza-
>novedad);

            $cerveza->oferta = $request->json('oferta', $cerveza-
>oferta);

            $cerveza->precio = $request->json('precio', $cerveza-
>precio);

            $cerveza->marca = $request->json('marca', $cerveza-
>marca);

            // Guarda la cerveza
            $cerveza->save();


            // Guarda la cerveza
            $cerveza->save();

            // Actualiza la imagen si se proporciona una nueva
            if ($request->hasFile('foto')) {
                $path = $request->file('foto')-
>store('/public/images');
                $url = url('/') . '/storage/images/' .
basename($path);
                $cerveza->foto = $url;
                $cerveza->save();
            }

            // Confirmar la transacción si todo se completó con
éxito
            DB::commit();

            return response()->json($cerveza, 200); // Devuelve la
cerveza actualizada
        } catch (Exception $e) {
            // Revertir la transacción en caso de fallo
            DB::rollback();
```

```php
            // Devuelve una respuesta de error
            return response()->json('Error al procesar la
solicitud', 500);
        }
    }


    public function destroy(string $id)
    {
        // Comienza una transacción de base de datos
        DB::beginTransaction();

        try {
            // Encuentra el modelo que deseas eliminar
            $cerveza = Cerveza::find($id);

            if (!$cerveza) {
                DB::rollback();
                return response()->json('El recurso con ID ' . $id .
' no existe', 404);
            }

            // Elimina la imagen asociada si existe
            if (!empty($cerveza->foto)) {
                Storage::delete('public/images/' .
basename($cerveza->foto));
            }

            // Elimina el modelo
            $cerveza->delete();

            // Confirmar la transacción si todo se completó con
éxito
            DB::commit();

            return response()->json('Recurso eliminado
correctamente', 200);
        } catch (Exception $e) {
            // Revertir la transacción en caso de fallo
            DB::rollback();

            // Devuelve una respuesta de error
            return response()->json('Error al procesar la
solicitud', 500);
        }
```

```
        }
}
```

Método Index

1. El método **index** se encarga de recuperar una lista de cervezas con la posibilidad de aplicar varios filtros y paginar los resultados.

2. Se recopilan los parámetros de consulta de la solicitud, como el número de elementos por página (**per_page**), la página actual (**page**), y varios filtros como **color_id**, **pais_id**, **tipo_id**, **novedad**, **oferta**, **marca**, **precio_desde**, y **precio_hasta**.

```
// Recopila parámetros de consulta desde la solicitud
        $perPage = $request->input('per_page', 10);
        $page = $request->input('page', 1);
        $colorId = $request->input('color_id');
        $paisId = $request->input('pais_id');
        $tipoId = $request->input('tipo_id');
        $novedad = $request->input('novedad');
        $oferta = $request->input('oferta');
        $marca = $request->input('marca');
        $precioDesde = $request->input('precio_desde');
        $precioHasta = $request->input('precio_hasta');
```

3. Se construye una consulta SQL utilizando el Query Builder de Laravel, que selecciona las columnas deseadas de la tabla **cervezas** y se une a las tablas relacionadas como **colores**, **graduaciones**, **tipos**, y **paises**. La consulta se ordena por el nombre de las cervezas.

```
// Construye una consulta utilizando el Query Builder de Laravel
        $query = DB::table('cervezas as cer')
            ->select('cer.id', 'cer.nombre', 'cer.descripcion',
'cer.novedad', 'cer.oferta', 'cer.precio', 'cer.foto', 'cer.marca',
'col.nombre as color', 'g.nombre as graduacion', 't.nombre as tipo',
'p.nombre as pais')
            ->join('colores as col', 'cer.color_id', '=', 'col.id')
            ->join('graduaciones as g', 'cer.graduacion_id', '=',
'g.id')
            ->join('tipos as t', 'cer.tipo_id', '=', 't.id')
            ->join('paises as p', 'cer.pais_id', '=', 'p.id')
            ->orderBy('cer.nombre');
```

4. Se aplican condiciones a la consulta según los filtros proporcionados en los parámetros de la solicitud. Por ejemplo, si se proporciona un valor para **color_id**, se filtra por ese color; si se proporciona un valor para **novedad**, se filtra por novedad, y así sucesivamente.

```
// Aplica condiciones según los parámetros de consulta
        if ($colorId) {
            $query->where('cer.color_id', $colorId);
        }

        if ($paisId) {
            $query->where('cer.pais_id', $paisId);
        }

        if ($tipoId) {
            $query->where('cer.tipo_id', $tipoId);
        }

        if ($novedad) {
            $query->where('cer.novedad', $novedad);
        }

        if ($oferta) {
            $query->where('cer.oferta', $oferta);
        }

        if ($marca) {
            // Realiza una búsqueda de marca insensible a mayúsculas
y minúsculas
            $query->whereRaw('LOWER(cer.marca) LIKE ?', ['%' .
strtolower($marca) . '%']);
        }

        if ($precioDesde && $precioHasta) {
            $query->whereBetween('cer.precio', [$precioDesde,
$precioHasta]);
        }
```

5. Si se proporciona un valor para **marca**, se realiza una búsqueda insensible a mayúsculas y minúsculas en la columna "marca".

6. Si se proporcionan valores para **precio_desde** y **precio_hasta**, se filtra por un rango de precios.

7. Finalmente, se aplica la paginación a los resultados de la consulta, utilizando los valores de **per_page** y **page**, y se obtiene una colección paginada de cervezas.

8. Los resultados paginados se devuelven como una respuesta JSON, lo que permite a los clientes de la API acceder a la lista de cervezas de manera estructurada y paginada, lo que facilita la navegación y la presentación de los datos.

```
return response()->json($results);
```

Método Store

A continuación revisaremos el método **Store**. Para después entrar en más detalle en el.

```php
public function store(Request $request)
    {
        // Comenzar una transacción de base de datos
        DB::beginTransaction();
        // return $request;

        try {
            // Define las reglas de validación para los campos
            $rules = [
                'nombre' => 'required|string|unique:cervezas|
max:150',
                'descripcion' => 'required',
                'color_id' => 'required|numeric',
                'graduacion_id' => 'required|numeric',
                'tipo_id' => 'required|numeric',
                'pais_id' => 'required|numeric',
                'novedad' => 'required|string|in:true,false',
                'oferta' => 'required|string|in:true,false',
                'precio' => 'required|numeric|between:1,1000',
                'foto'=> 'required|string',
                'file' => 'required|image|max:2048',
                'marca' => 'required|string|max:150',
            ];

            $messages = [
                'oferta.in' => 'El campo oferta debe ser "true" o
"false".',
                'novedad.in' => 'El campo novedad debe ser "true" o
"false".',
                // Mensajes personalizados para otros campos si es
necesario...
            ];
            // Realiza la validación de la solicitud
            $validator = Validator::make($request->all(), $rules,
$messages);

            // Si la validación falla, devuelve una respuesta JSON
con los errores de validación
            if ($validator->fails()) {
```

```php
            DB::rollback();
            return response()->json($validator->errors(), 400);
        }

        // Valida la existencia de valores relacionados (por
ejemplo, color, graduación, país, tipo)

        $color_id = $request->input('color_id');
        $color = Color::find($color_id);
        if (!$color) {
            DB::rollback();
            return response()->json('El color_id ' . $color_id .
' no existe', 404);
        }

        $graduacion_id = $request->input('graduacion_id');
        $graduacion = Graduacion::find($graduacion_id);
        if (!$graduacion) {
            DB::rollback();
            return response()->json('La graduacion_id ' .
$graduacion_id . ' no existe', 404);
        }

        $pais_id = $request->input('pais_id');
        $pais = Pais::find($pais_id);
        if (!$pais) {
            DB::rollback();
            return response()->json('El pais_id ' . $pais_id . '
no existe', 404);
        }

        $tipo_id = $request->input('tipo_id');
        $tipo = Tipo::find($tipo_id);
        if (!$tipo) {
            DB::rollback();
            return response()->json('El tipo_id ' . $tipo_id . '
no existe', 404);
        }

        $cerveza = $request->all();
        $cerveza['novedad'] = filter_var($request-
>input('novedad'), FILTER_VALIDATE_BOOLEAN);
        $cerveza['oferta'] = filter_var($request-
>input('oferta'), FILTER_VALIDATE_BOOLEAN);

        //return $cerveza;
```

```php
        // Procesa la imagen y guárdala en la carpeta
'storage/images'
        if ($request->hasFile('file')) {
            $path = $request->file('file')-
>store('/public/images');
            $url = url('/') . '/storage/images/' .
basename($path); // 'images' es la subcarpeta donde se almacenará la
imagen

            $cerveza['foto'] = $url; // Actualiza el campo
'foto' con la ubicación de la imagen almacenad
        }

        // Guardar la cerveza en la base de datos
        $cerveza = Cerveza::create($cerveza);

        // Confirmar la transacción si todo se completó con
éxito
        DB::commit();

        // Devuelve una respuesta JSON con la cerveza recién
creada y el código de respuesta 201 (creado)
        return response()->json($cerveza, 201);
    } catch (Exception $e) {
        // Revertir la transacción en caso de fallo
        DB::rollback();

        // Devuelve una respuesta de error
        return response()->json('Error al procesar la
solicitud', 500);
    }
}
```

Exploración del Método store

1. Iniciando una Transacción de Base de Datos

```php
// Inicio de la transacción de base de datos
DB::beginTransaction();
```

Inicia una transacción de base de datos para asegurar que todas las operaciones dentro de este bloque se completen exitosamente antes de confirmar la transacción.

2. Definiendo Reglas de Validación

```php
// Definición de reglas de validación
 // Define las reglas de validación para los campos
```

```
$rules = [
    'nombre' => 'required|string|unique:cervezas|max:150',
    'descripcion' => 'required',
    'color_id' => 'required|numeric',
    'graduacion_id' => 'required|numeric',
    'tipo_id' => 'required|numeric',
    'pais_id' => 'required|numeric',
    'novedad' => 'required|string|in:true,false',
    'oferta' => 'required|string|in:true,false',
    'precio' => 'required|numeric|between:1,1000',
    'foto'=> 'required|string',
    'file' => 'required|image|max:2048',
    'marca' => 'required|string|max:150',
];
```

Define reglas de validación para los campos de la cerveza. Estas reglas garantizan que los datos proporcionados en la solicitud cumplan con los requisitos antes de intentar almacenarlos en la base de datos. Hay un detalle interesante en la validación de esta solicitud. Ya que recibiremos la solicitud a través de un formData, debemos enviar el campo oferta y novedad como una cadena (string), ya que los datos tipo booleano no son bien aceptados en el fetch del cliente. Veremos más adelante cómo transformarlos en booleanos antes de grabarlos en la base de datos (BBDD)

3. Realizando la Validación de la Solicitud

```
// Realización de la validación de la solicitud
$validator = Validator::make($request->all(), $rules);

if ($validator->fails()) {
    DB::rollback();
    return response()->json($validator->errors(), 400);
}
```

Utiliza el validador de Laravel para verificar si los datos de la solicitud cumplen con las reglas establecidas. Si la validación falla, revierte la transacción y devuelve una respuesta JSON con los errores de validación y un código de estado 400.

4. Validando la Existencia de Valores Relacionados

```
$color_id = $request->input('color_id');
$color = Color::find($color_id);

if (!$color) {
    DB::rollback();
    return response()->json('El color_id ' . $color_id . ' no
```

```
existe', 404);
}
```

Verifica la existencia de valores relacionados, como el color, la graduación, el país y el tipo de cerveza, utilizando los modelos Eloquent correspondientes. Si alguno de estos valores no existe, revierte la transacción y devuelve una respuesta JSON con un código de estado 404.

5. Procesamiento y Almacenamiento de la Imagen

```
$cerveza = $request->all();

//Convertimos a valores boleanos novedad y oferta
$cerveza['novedad'] = filter_var($request->input('novedad'),
FILTER_VALIDATE_BOOLEAN);
$cerveza['oferta'] = filter_var($request->input('oferta'),
FILTER_VALIDATE_BOOLEAN);

if ($request->hasFile('foto')) {
    $path = $request->file('foto')->store('/public/images');
    $url = '/storage/images/' . basename($path);
    $cerveza['foto'] = $url;
}
```

Si se proporciona una imagen en la solicitud, la procesa y almacena utilizando el sistema de almacenamiento de Laravel. La URL resultante se asigna al campo 'foto' de la cerveza.

El comando ***php artisan storage:link*** Claro que sí. El comando `php artisan storage:link` crea un enlace simbólico (o symlink) en la carpeta `public/storage` que apunta a la carpeta `storage/app/public`. Esto permite que los archivos almacenados en la carpeta `storage/app/public` sean accesibles desde la web.

Por defecto, el sistema de archivos `public` utiliza el controlador local y almacena sus archivos en la carpeta `storage/app/public`. Para que estos archivos sean accesibles desde la web, es necesario crear un enlace simbólico desde la carpeta `public/storage` a la carpeta `storage/app/public`.

El comando `php artisan storage:link` crea este enlace simbólico automáticamente. Para ejecutarlo, simplemente ejecute el siguiente comando en la línea de comandos:

```
php artisan storage:link
```

Este comando creará un enlace simbólico llamado `storage` en la carpeta `public` que apunta a la carpeta `storage/app/public`.

Una vez que haya creado el enlace simbólico, podrá acceder a los archivos almacenados en la carpeta `storage/app/public` desde la web utilizando la ruta `/storage/[ruta_al_archivo]`. Por ejemplo, si tiene un archivo llamado `file.jpg` almacenado en la carpeta `storage/app/public/images`, puede acceder a él desde la web utilizando la ruta `/storage/images/file.jpg`.

Es importante tener en cuenta que el comando `php artisan storage:link` solo funciona en sistemas operativos que admiten enlaces simbólicos.

6. Guardando la Cerveza en la Base de Datos

```
// Guardar la cerveza en la base de datos
$cerveza = Cerveza::create($cerveza);
```

Utiliza el método **create** de Eloquent para crear una nueva instancia de la cerveza y guardarla en la base de datos.

7. Confirmando la Transacción

```
DB::commit();
```

Si todas las operaciones se han realizado con éxito, confirma la transacción, lo que significa que los cambios realizados en la base de datos son permanentes.

8. Respuesta de Éxito o Manejo de Errores

```
return response()->json($cerveza, 201);

} catch (Exception $e) {
    DB::rollback();
    return response()->json('Error al procesar la solicitud', 500);
}
```

Si todo el proceso se ha completado sin problemas, devuelve una respuesta JSON con la cerveza recién creada y un código de estado 201. En caso de algún error durante el proceso, revierte la transacción y devuelve una respuesta de error con un código de estado 500.

SystemController

En este controlador exploraremos como devolver consultas para elaborar estadísticas de nuestra base de datos y del sistema.

Para crear el controlador teclee el siguiente comando en su terminal:
```
php artisan make:controller Api/V1/SystmController
```

Diríjase a la carpeta **App** y edite el archivo TipoController.

Seguidamente comentaremos paso a paso los para crear el controlador:
1. De momento teclee el siguiente código

```php
<?php

namespace App\Http\Controllers\Api\V1;

use App\Http\Controllers\Controller;
use Illuminate\Support\Facades\DB;

class SystemController extends Controller
{
    public function consultaCervezasPorPais()
    {
        $resultados = DB::select("
            SELECT COUNT(*) as value, p.nombre as name
            FROM cervezas as cer
            INNER JOIN paises AS p ON cer.pais_id = p.id
            GROUP BY cer.pais_id, p.nombre
            ORDER BY p.nombre
        ");

        return response()->json($resultados);
    }

    public function consultaCervezasPorTipo()
    {
        $resultados = DB::select("
            SELECT COUNT(*) as value, t.nombre as name
            FROM cervezas as cer
            INNER JOIN tipos AS t ON cer.tipo_id = t.id
            GROUP BY cer.tipo_id, t.nombre
            ORDER BY t.nombre
```

```
    ");

    return response()->json($resultados);
}

public function consultaBD()
{
    $databaseName = env('DB_DATABASE');
    $resultados = DB::select("
        SELECT
        table_name,
        table_rows,
        data_length / (1024 * 1024) AS data_size_mb,
        index_length / (1024 * 1024) AS index_size_mb
        FROM information_schema.tables
        WHERE table_schema = '{$databaseName}'
        AND table_type = 'BASE TABLE'; -- Solo tablas, no vistas
ni tablas de sistema;
    ");

    return response()->json($resultados);
}

public function consultaTablas()
{
    $databaseName = env('DB_DATABASE');

    $resultados = DB::select("
        SELECT table_name, table_rows
        FROM information_schema.tables
        WHERE table_schema = '{$databaseName}'
            AND table_type = 'BASE TABLE'; -- Solo tablas, no
vistas ni tablas de sistema
    ");

    return response()->json($resultados);
}

};
```

Explicación del código

Este controlador , llamado **SystemController**, esta diseñado para realizar consultas específicas relacionadas con el sistema, como obtener información sobre cervezas por país, por tipo, detalles sobre la base de datos y la lista de tablas. A continuación, se proporciona una explicación para cada método:

1. **consultaCervezasPorPais**

```php
public function consultaCervezasPorPais()
{
    $resultados = DB::select("
        SELECT COUNT(*) as value, p.nombre as name
        FROM cervezas as cer
        INNER JOIN paises AS p ON cer.pais_id = p.id
        GROUP BY cer.pais_id, p.nombre
        ORDER BY p.nombre
    ");

    return response()->json($resultados);
}
```

   – Este método realiza una consulta para contar la cantidad de cervezas agrupadas por país.

   – Utiliza el Query Builder para construir la consulta SQL, que incluye una unión interna (INNER JOIN) entre las tablas cervezas y paises mediante las claves foráneas cer.pais_id y p.id.

   – El resultado es un conjunto de datos que incluye el nombre del país (name) y la cantidad de cervezas (value) asociadas a ese país.

   – Retorna los resultados en formato JSON.

2. **consultaCervezasPorTipo**

```php
public function consultaCervezasPorTipo()
{
    $resultados = DB::select("
        SELECT COUNT(*) as value, t.nombre as name
        FROM cervezas as cer
        INNER JOIN tipos AS t ON cer.tipo_id = t.id
        GROUP BY cer.tipo_id, t.nombre
        ORDER BY t.nombre
    ");

    return response()->json($resultados);
}
```

   – Similar al método anterior, este realiza una consulta para contar la cantidad de cervezas agrupadas por tipo.

   – Utiliza un INNER JOIN entre las tablas cervezas y tipos utilizando las claves foráneas cer.tipo_id y t.id.

- El resultado incluye el nombre del tipo (name) y la cantidad de cervezas (value) asociadas a ese tipo.
- Retorna los resultados en formato JSON.

3. **consultaBD**

```
public function consultaBD()
{
    $databaseName = env('DB_DATABASE');
    $resultados = DB::select("
        SELECT
        table_name,
        table_rows,
        data_length / (1024 * 1024) AS data_size_mb,
        index_length / (1024 * 1024) AS index_size_mb
        FROM information_schema.tables
        WHERE table_schema = '{$databaseName}'
        AND table_type = 'BASE TABLE'; -- Solo tablas, no
vistas ni tablas de sistema;
    ");

    return response()->json($resultados);
}
```

- Este método realiza una consulta para obtener información sobre las tablas de la base de datos.
- Utiliza la tabla information_schema.tables para obtener detalles como el nombre de la tabla (table_name), el número de filas (table_rows), el tamaño de datos en megabytes (data_size_mb), y el tamaño del índice en megabytes (index_size_mb).
- Filtra las tablas basándose en el nombre de la base de datos actual.
- Retorna los resultados en formato JSON.

4. **consultaTablas**

```
public function consultaTablas()
{
    $databaseName = env('DB_DATABASE');

    $resultados = DB::select("
        SELECT table_name, table_rows
        FROM information_schema.tables
        WHERE table_schema = '{$databaseName}'
            AND table_type = 'BASE TABLE'; -- Solo tablas, no
vistas ni tablas de sistema
    ");
```

```
    return response()->json($resultados);
}
```

- Similar al método anterior, este realiza una consulta para obtener información sobre las tablas de la base de datos.

- Retorna los nombres de las tablas (`table_name`) y el número de filas (`table_rows`) en formato JSON.

- Filtra las tablas basándose en el nombre de la base de datos actual.

RUTAS

Conceptos

¿Qué es una ruta?

Las rutas en Laravel 11 son la manera de establecer URLs que se corresponden con las funciones específicas en su aplicación. Cada URL se asocia con un controlador y una acción en ese controlador, que determina qué se muestra al usuario cuando accede a la URL. Las rutas en Laravel 9 se definen en el archivo "routes/web.php" o "routes/api.php" y se pueden utilizar para establecer tanto rutas para vistas como para API REST. Además, también es posible asignar rutas a grupos que compartan una serie de características comunes, como middleware, prefijos de URL o namespaces.

Creación de las rutas de nuestra API REST.

En el archivo api.php deberíamos tener el siguiente código:

```php
<?php

use Illuminate\Support\Facades\Route;
use App\Http\Controllers\AuthController;
```

```php
Route::controller(AuthController::class)->group(function () {
    Route::post('login', 'login');
    Route::post('register', 'register');
    Route::post('logout', 'logout');
    Route::post('refresh', 'refresh');
});

Route::apiResource('v1/colores', App\Http\Controllers\Api\V1\
ColorController::class);
Route::apiResource('v1/paises', App\Http\Controllers\Api\V1\
PaisController::class);
Route::apiResource('v1/tipos', App\Http\Controllers\Api\V1\
TipoController::class);
Route::apiResource('v1/graduaciones', App\Http\Controllers\Api\V1\
GraduacionController::class);
Route::apiResource('v1/poblaciones', App\Http\Controllers\Api\V1\
PoblacionController::class);
Route::apiResource('v1/provincias', App\Http\Controllers\Api\V1\
ProvinciaController::class);

Route::get('v1/cervezas',[App\Http\Controllers\Api\V1\
CervezaController::class,'index']);
Route::get('v1/cervezas/{id}',[App\Http\Controllers\Api\V1\
CervezaController::class,'show']);
Route::get('v1/consultaCervezasPorPais',[App\Http\Controllers\Api\
V1\SystemController::class,'consultaCervezasPorPais']);
Route::get('v1/consultaCervezasPorTipo',[App\Http\Controllers\Api\
V1\SystemController::class,'consultaCervezasPorTipo']);
Route::get('v1/consultaCervezasPorColores',[App\Http\Controllers\
Api\V1\SystemController::class,'consultaCervezasColores']);
Route::get('v1/consultaCervezasPorGraduaciones',[App\Http\
Controllers\Api\V1\
SystemController::class,'consultaCervezasGraduaciones']);
Route::get('v1/stockPorPais',[App\Http\Controllers\Api\V1\
SystemController::class,'stockPorPais']);
Route::get('v1/consultaTablas',[App\Http\Controllers\Api\V1\
SystemController::class,'consultaTablas']);
Route::get('v1/consultaTablas2',[App\Http\Controllers\Api\V1\
SystemController::class,'consultaTablas2']);
Route::get('v1/consultaBD',[App\Http\Controllers\Api\V1\
SystemController::class,'consultaBD']);

Route::put('v1/cervezas/{id}',[App\Http\Controllers\Api\V1\
CervezaController::class,'update']);
Route::patch('v1/cervezas/{id}',[App\Http\Controllers\Api\V1\
CervezaController::class,'patch']);
```

```
Route::post('v1/cervezas',[App\Http\Controllers\Api\V1\
CervezaController::class,'store']);
Route::delete('v1/cervezas/{id}',[App\Http\Controllers\Api\V1\
CervezaController::class,'destroy']);
```

Este código define rutas para una aplicación Laravel. Utiliza el método
Route::controller() para crear un grupo de rutas que son manejadas por un controlador
específico (AuthController en este caso). Este controlador contiene métodos para iniciar
sesión, registrarse, cerrar sesión y actualizar el token de autenticación.

El método **Route::apiResource()** se utiliza para definir rutas para los siguientes
controladores: CategoriaController, IvaController, ProductoController,
OfertaController, PoblacionController, ProveedorController, ProvinciaController,
SubcategoriaController y MarcaController. Estas rutas se asignan a los siguientes
recursos: categorías, ivas, productos, ofertas, poblaciones, proveedores, provincias,
subcategorías y marcas. Todas estas rutas se aplican el middleware 'api', que es un
grupo de middleware predefinido en Laravel que incluye la autenticación y la
protección contra ataques CSRF.

En resumen, este código define un conjunto de rutas para una aplicación Laravel,
que permiten a los usuarios interactuar con diferentes recursos a través de una API
REST.

Probando las rutas

Para probar nuestras rutas vamos a utilizar un **plugin** de **Visual Studio Code** llamado
REST client que permite almacenar todos nuestros endpoints en un archivo de texto
para uso futuro, el cual también nos puede servir documentación. Aunque puede utilizar
cualquier cliente REST que le apetezca como **POSTMAN**.

```
@accessToken =
eyJ0eXAiOiJKV1QiLCJhbGciOiJIUzI1NiJ9.eyJpc3MiOiJodHRwOi8vMTI3LjAuMC4
xOjgwMDAvYXBpL2xvZ2luIiwiaWF0IjoxNzA0NzAwNzcxLCJleHAiOjE3MDQ3MDQzNzE
sIm5iZiI6MTcwNDcwMDc3MSwianRpIjoidXlIYmtTQU5ZNlZ5Z5bkFaeSIsInN1YiI6IjE
iLCJwcnYiOiIyM2JkNWM4OTQ5ZjYwMGFkYjM5ZTcwMWM0MDA4NzJkYjdhNTk3NmY3In0
.o6pzi58w4dUUzSsJhlzBC9PWIVSqKrc2EpRqVx2WNpQ
```

```
#### Registrarse
POST  http://127.0.0.1:8000/api/register
Content-Type: application/json

{
```

```
    "name":"Jesus",
    "email":"jesquiliche@hotmail.com",
    "password":"1234678"
}

#### Login
POST  http://127.0.0.1:8000/api/login
Content-Type: application/json

{
    "email":"admin@test.com",
    "password":"admin_password"
}

#### Logout
POST  http://127.0.0.1:8000/api/logout
Authorization: Bearer {{accessToken}}

#### refresh
POST  http://127.0.0.1:8000/api/refresh
Authorization: Bearer {{accessToken}}


#### Obtener todos los colores
GET http://localhost:8000/api/v1/colores

### Crear color
POST   http://localhost:8000/api/v1/colores
Content-Type: application/json
Authorization: Bearer {{accessToken}}

{
    "nombre":"Rojo"
}

### Obtener color por Id
GET   http://localhost:8000/api/v1/colores/1


### Modificicar color
DELETE   http://localhost:8000/api/v1/colores/1
Content-Type: application/json
Authorization: Bearer {{accessToken}}

{
    "nombre":"Prueba 2"
}
```

```
#### Obtener todos los paises
GET http://localhost:8000/api/v1/paises

#### Obtener pais por su id
GET http://localhost:8000/api/v1/paises/5

### Crear país
POST   http://localhost:8000/api/v1/paises
Content-Type: application/json
Authorization: Bearer {{accessToken}}

{
    "nombre":"Peru"
}

### Modificar  país
PUT   http://localhost:8000/api/v1/paises/1
Content-Type: application/json
Authorization: Bearer {{accessToken}}

{
    "nombre":"Pais modificado"
}

### Borrando pais
DELETE   http://localhost:8000/api/v1/paises/9
Authorization: Bearer {{accessToken}}


#### Obtener todos los tipos
GET http://localhost:8000/api/v1/tipos

#### Obtener tipo por su id
GET http://localhost:8000/api/v1/tipos/1

### Crear tipo
POST   http://localhost:8000/api/v1/tipos
Content-Type: application/json
Authorization: Bearer {{accessToken}}

{
    "nombre":"Sin alcohol"
}

### Modificar tipo
PATCH    http://localhost:8000/api/v1/tipos/11
Content-Type: application/json
```

```
Authorization: Bearer {{accessToken}}

{
    "update_at":"32323323",
    "nombre":"Doble malta",
    "descripcion":"Prueba"
}

### Borrar tipo
DELETE   http://localhost:8000/api/v1/tipos/2
Authorization: Bearer {{accessToken}}

#### Obtener todas las graduaciones
GET http://localhost:8000/api/v1/graduaciones

#### Obtener graduación por su id
GET http://localhost:8000/api/v1/graduaciones/5

### Crear graduación
POST   http://localhost:8000/api/v1/tipos
Content-Type: application/json
Authorization: Bearer {{accessToken}}

{
    "nombre":"Super toxica"
}

### Obtener ripo
GET   http://localhost:8000/api/v1/tipos/1


### Modificar tipo
PUT   http://localhost:8000/api/v1/graduaciones/3
Content-Type: application/json
Authorization: Bearer {{accessToken}}

{
    "nombre":"Puro alcohol"
}

### Bor6543rar tipo
DELETE   http://localhost:8000/api/v1/graduaciones/1
Authorization: Bearer {{accessToken}}


#### Obtener las cervezas
GET http://localhost:8000/api/v1/cervezas?oferta=0
```

```
#### Obtener una cerveza
GET http://localhost:8000/api/v1/cervezas/15

#### Obtener las cervezas
GET http://localhost:8000/api/v1/cervezas?
per_page=1&novedad=0&marca=a

#### Crear cerveza
POST    http://localhost:8000/api/v1/cervezas
Content-Type: application/json
Authorization: Bearer {{accessToken}}

{
    "nombre":"Cerveza Voldamm14",
    "descripcion":"La mejor cerveza de españa",
    "color_id":4,
    "graduacion_id":2,
    "tipo_id":1,
    "pais_id":1,
    "novedad":1,
    "oferta":1,
    "precio":0,
    "foto":"imagen",
    "marca":"damm"
}

#### Modificar cerveza
PUT    http://localhost:8000/api/v1/cervezas/14
Content-Type: application/json
Authorization: Bearer {{accessToken}}

{
    "nombre":"Cerveza Voldamm Modificada",
    "descripcion":"La mejor cerveza de españa erer",
    "color_id":4,
    "graduacion_id":2,
    "tipo_id":1,
    "pais_id":1,
    "novedad":1,
    "oferta":1,
    "precio":0,
    "marca":"damm"
}

#### Modificar cerveza
```

```
PATCH   http://localhost:8000/api/v1/cervezas/15
Content-Type: application/json
Authorization: Bearer {{accessToken}}

{
    "id": 13,
    "novedad":1,
    "oferta":1,
    "tipo_id": 16,


}
#### Borrar cerveza
DELETE   http://localhost:8000/api/v1/cervezas/1
Authorization: Bearer {{accessToken}}

#### Obtener cervezas por pais
GET   http://localhost:8000/api/v1/consultaCervezasPorPais

#### Obtener cervezas por pais
GET   http://localhost:8000/api/v1/consultaCervezasPorTipo

#### Obtener cervezas por pais
GET   http://localhost:8000/api/v1/consultaTablas

#### Obtener cervezas por pais
GET   http://localhost:8000/api/v1/consultaDB
```

JSON WEB TOKEN

¿Qué es JWT?

JSON Web Token (JWT) es un estándar de internet que define una forma de transferir información segura entre partes como un token. La información puede ser verificada y confiable debido a que es firmada digitalmente.

JWT se compone de tres partes: header, payload y signature. El header describe el tipo de token y la forma en que se firma, el payload contiene la información a transferir, y la signature se utiliza para verificar que la información no ha sido alterada en tránsito.

JWT se utiliza a menudo en aplicaciones de autenticación y autorización, en las que el cliente envía una solicitud a un servidor con un token JWT y el servidor valida la autenticidad del token antes de proporcionar acceso a los recursos protegidos.

En resumen, JWT es una forma eficiente y segura de transmitir información entre partes a través de un token que puede ser verificado y confiable.

Instalación y configuración de JWT

Instalar y configurar JWT

instalaremos y configuraremos el paquete de autenticación JWT de Laravel Usaremos **php-open-source-saver/jwt-auth**, un fork de **tymondesign/jwt-auth**, ya que **tymondesign/jwt-auth** parece haber sido abandonado y no es compatible con Laravel 9.

Instale la versión más nueva del paquete usando este comando:

```
composer require php-open-source-saver/jwt-auth
```

A continuación, necesitamos hacer públicas las configuraciones del paquete. Copie el archivo de configuración de JWT desde el proveedor a confi/jwt.php con este comando:

```
php artisan vendor:publish --provider="PHPOpenSourceSaver\JWTAuth\
Providers\LaravelServiceProvider"
```

Ahora, necesitamos generar una clave secreta para manejar el cifrado del token. Para hacerlo, ejecute este comando:

```
php artisan jwt:secret
```

Esto actualizará nuestro archivo .env con algo como esto:

JWT_SECRET=xxxxxxxx Esta es la clave que se utilizará para firmar nuestros tokens.

Configuración de AuthGuard

Dentro del archivo **config/auth.php**, tendremos que hacer algunos cambios para configurar Laravel para usar el JWT AuthGuard para alimentar la autenticación de la aplicación.

Primero, haremos los siguientes cambios en el archivo:

```php
<?php

return [

    /*
    |--------------------------------------------------------------------------
    | Authentication Defaults
    |--------------------------------------------------------------------------
    |
    | This option controls the default authentication "guard" and password
    | reset options for your application. You may change these defaults
    | as required, but they're a perfect start for most applications.
    |
    */
```

```php
'defaults' => [
    'guard' => 'api',
    'passwords' => 'users',
],

/*

|-----------------------------------------------------------------
--------
| Authentication Guards

|-----------------------------------------------------------------
--------
|
| Next, you may define every authentication guard for your
application.
| Of course, a great default configuration has been defined for
you
| here which uses session storage and the Eloquent user
provider.
|
| All authentication drivers have a user provider. This defines
how the
| users are actually retrieved out of your database or other
storage
| mechanisms used by this application to persist your user's
data.
|
| Supported: "session"
|
*/

'guards' => [
    'web' => [
        'driver' => 'session',
        'provider' => 'users',
    ],

    'api' => [
        'driver' => 'jwt',
        'provider' => 'users',
    ],
],

/*
```

```
/*
    |----------------------------------------------------------------
    |
    | User Providers
    |
    |----------------------------------------------------------------
    |
    |
    | All authentication drivers have a user provider. This defines
    how the
    | users are actually retrieved out of your database or other
    storage
    | mechanisms used by this application to persist your user's
    data.
    |
    | If you have multiple user tables or models you may configure
    multiple
    | sources which represent each model / table. These sources may
    then
    | be assigned to any extra authentication guards you have
    defined.
    |
    | Supported: "database", "eloquent"
    |
    */

    'providers' => [
        'users' => [
            'driver' => 'eloquent',
            'model' => App\Models\User::class,
        ],

        // 'users' => [
        //     'driver' => 'database',
        //     'table' => 'users',
        // ],
    ],

    /*

    |----------------------------------------------------------------
    |
    | Resetting Passwords
    |
    |----------------------------------------------------------------
    |
    |
```

```
    | You may specify multiple password reset configurations if you
have more
    | than one user table or model in the application and you want
to have
    | separate password reset settings based on the specific user
types.
    |
    | The expiry time is the number of minutes that each reset token
will be
    | considered valid. This security feature keeps tokens short-
lived so
    | they have less time to be guessed. You may change this as
needed.
    |
    | The throttle setting is the number of seconds a user must wait
before
    | generating more password reset tokens. This prevents the user
from
    | quickly generating a very large amount of password reset
tokens.
    |
    */

    'passwords' => [
        'users' => [
            'provider' => 'users',
            'table' => 'password_reset_tokens',
            'expire' => 60,
            'throttle' => 60,
        ],
    ],

    /*
    |--------------------------------------------------------------
    -------
    | Password Confirmation Timeout
    |--------------------------------------------------------------
    -------
    |
    | Here you may define the amount of seconds before a password
confirmation
    | times out and the user is prompted to re-enter their password
via the
    | confirmation screen. By default, the timeout lasts for three
```

```
hours.
  |
  */

    'password_timeout' => 10800,

];
```

En este código, estamos diciendo al guardián API que use el controlador JWT y que haga del guardián API el predeterminado.

¡Ahora, podemos usar el mecanismo de autenticación integrado de Laravel, con jwt-auth manejando el trabajo pesado!

Modificar el modelo User

Para implementar el contrato PHPOpenSourceSaverJWTAuthContractsJWTSubject en nuestro modelo de Usuario, usaremos dos métodos: getJWTCustomClaims() y getJWTIdentifier().

Reemplaza el código en el archivo app/Models/User.php con lo siguiente:

```php
<?php

namespace App\Models;

use Laravel\Sanctum\HasApiTokens;
use Illuminate\Notifications\Notifiable;
use Illuminate\Contracts\Auth\MustVerifyEmail;
use PHPOpenSourceSaver\JWTAuth\Contracts\JWTSubject;
use Illuminate\Database\Eloquent\Factories\HasFactory;
use Illuminate\Foundation\Auth\User as Authenticatable;

class User extends Authenticatable implements JWTSubject
{
    use HasApiTokens, HasFactory, Notifiable;

    /**
     * The attributes that are mass assignable.
     *
     * @var array<int, string>
     */
    protected $fillable = [
        'name',
```

```php
        'email',
        'password',
    ];

    /**
     * The attributes that should be hidden for serialization.
     *
     * @var array<int, string>
     */
    protected $hidden = [
        'password',
        'remember_token',
    ];

    /**
     * The attributes that should be cast.
     *
     * @var array<string, string>
     */
    protected $casts = [
        'email_verified_at' => 'datetime',
    ];

    /**
     * Get the identifier that will be stored in the subject claim
of the JWT.
     *
     * @return mixed
     */
    public function getJWTIdentifier()
    {
        return $this->getKey();
    }

    /**
     * Return a key value array, containing any custom claims to be
added to the JWT.
     *
     * @return array
     */
    public function getJWTCustomClaims()
    {
        return [];
    }
}
```

¡Eso es todo para nuestra configuración de modelos!

Crear la ruta

A continuación crearemos las rutas.

```php
<?php

use Illuminate\Support\Facades\Route;
use App\Http\Controllers\API\AuthController;

Route::controller(AuthController::class)->group(function () {
    Route::post('login', 'login');
    Route::post('register', 'register');
    Route::post('logout', 'logout');
    Route::post('refresh', 'refresh');
});
```

Crear el controlador Auth

Ahora, crearemos un controlador para manejar la lógica central del proceso de autenticación.

Primero, ejecutaremos este comando para generar el controlador:

```
php artisan make:controller API/AuthController
```

Luego, reemplazaremos el contenido del controlador con el siguiente fragmento de código:

```php
<?php
namespace App\Http\Controllers;

use App\Models\User;
use Illuminate\Http\Request;
use App\Http\Controllers\Controller;
use Illuminate\Support\Facades\Auth;
use Illuminate\Support\Facades\Hash;
use Illuminate\Support\Facades\Validator;

class AuthController extends Controller
{
    public function __construct()
    {
        $this->middleware('auth:api', ['except' => ['login',
```

```php
'register']]);
    }

    public function login(Request $request)
    {
        $validator = Validator::make($request->all(), [
            'email' => 'required|string|email',
            'password' => 'required|string',
        ]);

        if ($validator->fails()) {
            return response()->json($validator->errors(), 422);
        }

        $credentials = $request->only('email', 'password');
        $token = Auth::attempt($credentials);

        if (!$token) {
            return response()->json([
                'message' => 'Unauthorized',
            ], 401);
        }

        $user = Auth::user();
        return response()->json([
            'user' => $user,
            'authorization' => [
                'token' => $token,
                'type' => 'bearer',
            ]
        ]);
    }

    public function register(Request $request)
    {
        $validator = Validator::make($request->all(), [
            'name' => 'required|string|max:255',
            'email' => 'required|string|email|max:255|unique:users',
            'password' => 'required|string|min:6',
        ]);

        if ($validator->fails()) {
            return response()->json($validator->errors(), 422);
        }

        $user = User::create([
```

```
        'name' => $request->name,
        'email' => $request->email,
        'password' => Hash::make($request->password),
    ]);

    $token = Auth::login($user);
    return response()->json([
        'status' => 'success',
        'message' => 'User created successfully',
        'user' => $user,
        'authorization' => [
            'token' => $token,
            'type' => 'bearer',
        ]
    ]);
}

public function logout()
{
    Auth::logout();
    return response()->json([
        'message' => 'Successfully logged out',
    ]);
}

public function refresh()
{
    return response()->json([
        'user' => Auth::user(),
        'authorization' => [
            'token' => Auth::refresh(),
            'type' => 'bearer',
        ]
    ]);
}
}
```

Este es un rápido resumen de las funciones públicas en el AuthController:

- **constructor:** Establecemos esta función en nuestra clase controladora para que podamos usar el middleware auth:api dentro de ella para bloquear el acceso no autenticado a ciertos métodos dentro del controlador.

- **login:** Este método autentica a un usuario con su correo electrónico y contraseña. Cuando un usuario es autenticado con éxito, el método attempt() de la fachada Auth devuelve el token JWT. El token generado se recupera y se devuelve como JSON con el objeto usuario. register: Este método crea el registro de usuario y inicia sesión en el usuario con la generación de tokens.

- **logout:** Este método invalida el token de Auth de usuario.
- **refresh:** Este método invalida el token de Auth de usuario y genera un nuevo token.

Quedara por incluir el siguiente constructor a todos nuestros controladores:

```php
public function __construct()
    {
        $this->middleware('auth:api');
    }
```

¡Hemos terminado de configurar nuestra autenticación JWT!

Rutas protegidas

En el contexto de APIs, la autenticación y protección de rutas son igualmente cruciales para asegurarse de que solo usuarios autorizados puedan acceder a los recursos protegidos. Laravel ofrece varias opciones para implementar rutas protegidas en el contexto de APIs.

Introducción a Rutas Protegidas en APIs con Laravel:

1. Autenticación API:

En una API, la autenticación suele realizarse mediante tokens de acceso. Laravel proporciona una autenticación API incorporada que se puede lograr a través de Passport o utilizando el middleware **auth:api** predeterminado.

2. Cómo se Aplica el Middleware auth:api:

- Aplica el middleware **auth:api** directamente a una ruta específica:

```php
use App\Http\Controllers\ProfileController;
Route::get('/profile', [ProfileController::class, 'show'])->middleware('auth:api');
```

- O agrúpalo en un grupo de rutas protegidas:

```php
Route::middleware(['auth:api'])->group(function () {
    // Rutas protegidas para la API
```

```
    Route::get('/profile', 'ProfileController@show');
    // Otras rutas...
});
```

3. Personalización del Middleware:

Puedes personalizar el middleware `auth:api` para incluir lógica específica para tu aplicación, como verificación de roles o permisos.

4. Tokens de Acceso:

Para acceder a rutas protegidas en una API, los clientes deben incluir un token de acceso válido en la solicitud. Este token se obtiene generalmente mediante el proceso de autenticación (login) y se incluye en el encabezado `Authorization` de las solicitudes subsiguientes.

5. Gestión de Tokens:

Si estás utilizando Passport, Laravel proporciona un sistema completo para gestionar tokens de acceso, incluida la revocación de tokens.

6. Protección contra Ataques CSRF:

Cuando trabajas con APIs, no hay CSRF (Cross-Site Request Forgery) ya que no hay sesiones de navegador involucradas. Sin embargo, aún es esencial proteger contra otros tipos de ataques, como SQL injection.

7. Pruebas en Entornos de Desarrollo:

Utiliza herramientas como Postman o cURL para probar tus rutas protegidas durante el desarrollo. Asegúrate de incluir el token de acceso válido en las solicitudes.

En resumen, las rutas protegidas en APIs se centran en la autenticación mediante tokens de acceso. Laravel facilita la implementación de este concepto a través del middleware `auth:api` y proporciona herramientas adicionales para gestionar la autenticación y autorización de manera eficiente en el contexto de APIs.

Puesta en practica

Vamos a ver como implementar las rutas protegidas en nuestro contralador
CervezaController:

```
public function __construct()
    {
        $this->middleware('auth:api')->only(['store',
'destroy','update','patch']);
    }
```

Con este código le estamos indicando al constructor de nuestra clase **CervezaController** que solo los métodos **store,delete,update** y **patch** necesitan de autenticación. También podríamos hacer al reves como en el caso del controlador **AuthController**.

```
public function __construct()
    {
        $this->middleware('auth:api', ['except' => ['login',
'register']]);
    }
```

En este caso le estamos indicando a nuestro controlador AuthController que todos los métodos de la clase a excepción de los métodos **login** y **register** están protegidos por el middleware `auth:api`. Puede replicar este mismo constructor para el resto de controladores.

Probando las rutas

Para probar nuestras rutas protegidas podemos utilizar el mismo archivo de rutas que hemos utilizado en apartados anteriores, añadiendo unos pocas modificaciones.

1.- Introduciremos una variable en nuestro archivo que nos permitirá guardar nuestro **token**, el cual obtendremos haciendo login.

```
@accessToken = Su token
```

En todas las rutas que necesiten autenticación introduciremos el siguiente texto en el header.

```
Authorization: Bearer {{accessToken}}
```

A continuación le mostramos como debería quedar este archivo de rutas.

```
@accessToken =
eyJ0eXAiOiJKV1QiLCJhbGciOiJIUzI1NiJ
9.eyJpc3MiOiJodHRwOi8vMTI3LjAuMC4xOjgwMDAvYXBpL2xvZ2luIiwiaWF0IjoxNz
AwMjE5NzcwLCJleHAiOjE3MDAyMjMzNzAsIm5iZiI6MTcwMDIxOTc3MCwianRpIjoiMl
NBNHU3dmtDenZZTkZyaCIsInN1YiI6IjIyIiwicHJ2IjoiMjI2ZDVjODk0OWY2MDBhZG
IzOWU3MDFjNDAwODcyZGI3YTU5NzZmNyJ9.P8ufvwBKvOj6hS86FI-
5e57iA_Y7eLu42mzvawM7l6g
```

Registrarse
POST http://127.0.0.1:8000/api/register
Content-Type: application/json

```
{
    "name":"Jesus",
    "email":"jesquiliche@hotmail.com",
    "password":"1234678"
}
```

Login
POST http://127.0.0.1:8000/api/login
Content-Type: application/json

```
{
    "email":"jesquiliche@hotmail.com",
    "password":"1234678"
}
```

Logout
POST http://127.0.0.1:8000/api/logout
Authorization: Bearer {{accessToken}}

refresh
POST http://127.0.0.1:8000/api/refresh
Authorization: Bearer {{accessToken}}

Obtener todos los colores
GET http://localhost:8000/api/v1/colores

Crear color
POST   http://localhost:8000/api/v1/colores
Content-Type: application/json
Authorization: Bearer {{accessToken}}

```
{
    "nombre":"Rojo"
}
```

```
### Obtener color por Id
GET   http://localhost:8000/api/v1/colores/1


### Modificicar color
DELETE   http://localhost:8000/api/v1/colores/1
Content-Type: application/json
Authorization: Bearer {{accessToken}}

{
    "nombre":"Prueba 2"
}

#### Obtener todos los paises
GET http://localhost:8000/api/v1/paises

#### Obtener pais por su id
GET http://localhost:8000/api/v1/paises/5

### Crear país
POST    http://localhost:8000/api/v1/paises
Content-Type: application/json
Authorization: Bearer {{accessToken}}

{
    "nombre":"Peru"
}

### Modificar  país
PUT    http://localhost:8000/api/v1/paises/1
Content-Type: application/json
Authorization: Bearer {{accessToken}}

{
    "nombre":"Pais modificado"
}

### Borrando pais
DELETE    http://localhost:8000/api/v1/paises/9
Authorization: Bearer {{accessToken}}


#### Obtener todos los tipos
GET http://localhost:8000/api/v1/tipos

#### Obtener tipo por su id
GET http://localhost:8000/api/v1/tipos/5
```

```
### Crear tipo
POST    http://localhost:8000/api/v1/tipos
Content-Type: application/json
Authorization: Bearer {{accessToken}}

{
    "nombre":"Sin alcohol"
}

### Modificar tipo
PUT    http://localhost:8000/api/v1/tipos/1
Content-Type: application/json
Authorization: Bearer {{accessToken}}

{
    "nombre":"Doble malta"
}

### Borrar tipo
DELETE    http://localhost:8000/api/v1/tipos/2
Authorization: Bearer {{accessToken}}

#### Obtener todas las graduaciones
GET http://localhost:8000/api/v1/graduaciones

#### Obtener graduación por su id
GET http://localhost:8000/api/v1/graduaciones/5

### Crear graduación
POST    http://localhost:8000/api/v1/tipos
Content-Type: application/json
Authorization: Bearer {{accessToken}}

{
    "nombre":"Super toxica"
}

### Modificar tipo
PUT    http://localhost:8000/api/v1/graduaciones/3
Content-Type: application/json
Authorization: Bearer {{accessToken}}

{
    "nombre":"Puro alcohol"
}
```

```
### Bor6543rar tipo
DELETE   http://localhost:8000/api/v1/graduaciones/1
Authorization: Bearer {{accessToken}}


#### Obtener las cervezas
GET http://localhost:8000/api/v1/cervezas

#### Obtener las cervezas
GET http://localhost:8000/api/v1/cervezas?
per_page=1&novedad=0&marca=a

#### Crear cerveza
POST   http://localhost:8000/api/v1/cervezas
Content-Type: application/json
Authorization: Bearer {{accessToken}}

{
    "nombre":"Cerveza Voldamm14",
    "descripcion":"La mejor cerveza de españa",
    "color_id":4,
    "graduacion_id":2,
    "tipo_id":1,
    "pais_id":1,
    "novedad":1,
    "oferta":1,
    "precio":0,
    "foto":"imagen",
    "marca":"damm"
}

#### Modificar cerveza
PUT   http://localhost:8000/api/v1/cervezas/14
Content-Type: application/json
Authorization: Bearer {{accessToken}}

{
    "nombre":"Cerveza Voldamm Modificada",
    "descripcion":"La mejor cerveza de españa erer",
    "color_id":4,
    "graduacion_id":2,
    "tipo_id":1,
    "pais_id":1,
    "novedad":1,
    "oferta":1,
    "precio":0,
```

```
    "marca":"damm"
}

#### Modificar cerveza
PATCH  http://localhost:8000/api/v1/cervezas/14
Content-Type: application/json
Authorization: Bearer {{accessToken}}

{
    "nombre":"Cerveza Voldamm Modif 2",
    "descripcion":"La mejor cerveza de españa erer",
    "color_id":4,
    "graduacion_id":2,
    "marca":"damm"
}

#### Borrar cerveza
DELETE  http://localhost:8000/api/v1/cervezas/15
Authorization: Bearer {{accessToken}}
```

SWAGGER

¿Qué es Swagger?

Swagger es un conjunto de herramientas para diseñar, construir, documentar y consumir servicios web RESTful. La especificación Swagger define un estándar para la documentación de servicios web RESTful, que permite a los desarrolladores entender rápidamente la funcionalidad de un servicio sin acceder a su código fuente o comprender su lógica interna. La documentación Swagger se presenta en un formato fácil de leer, y también puede ser utilizada para generar automáticamente interfaces de usuario y código cliente para consumir los servicios.

Swagger proporciona una manera estándar de describir, documentar y consumir servicios web RESTful, facilitando la interoperabilidad entre servicios desarrollados por diferentes equipos y en diferentes plataformas. La especificación Swagger utiliza un formato JSON o YAML para describir la API REST, y las herramientas de Swagger pueden generar documentación interactiva, clientes de prueba y otras utilidades basadas en esta especificación.

Instalación y configuración

La documentación del paquete de instalación puede encontrarla en el siguiente enlace:

https://github.com/DarkaOnLine/L5-Swagger/wiki/Installation-&-Configuration

Instalación

Instalar Swagger en Laravel 11 generalmente implica el uso de una herramienta llamada "L5-Swagger", que es un paquete de Laravel que facilita la integración de Swagger en una aplicación Laravel. Aquí hay una guía básica de los pasos a seguir:

1. **Instalar el paquete L5-Swagger:** Puedes instalar el paquete utilizando Composer. Abre una terminal en el directorio de tu proyecto Laravel y ejecuta el siguiente comando:

```
composer require darkaonline/l5-swagger
```

2. Diríjase al archivo **config/app.php** y añada a la sección de providers el siguiente código:

```
L5Swagger\L5SwaggerServiceProvider::class,
```

Si va a instalar **swagger** en la versión 11, esta configuración cambia. Deberá editar el archivo **bootstrap/providers.php** e introducir este mismo proveedor de la siguiente forma:

```php
<?php

return [
    App\Providers\AppServiceProvider::class,
    L5Swagger\L5SwaggerServiceProvider::class
];
```

3. **Publicar la configuración:** Después de instalar el paquete, necesitas publicar su configuración. Esto se puede hacer con el siguiente comando:

```
php artisan vendor:publish --provider "L5Swagger\
L5SwaggerServiceProvider"
```

Este comando copiará la configuración de Swagger al directorio `config` de tu aplicación Laravel.

4. **Configurar Swagger:** Abre el archivo de configuración `config/l5-swagger.php` y ajusta la configuración según tus necesidades. Puedes configurar aspectos como la ruta de la documentación Swagger y otras opciones.

5. **Generar la documentación:** Después de configurar L5-Swagger, puedes generar la documentación Swagger ejecutando el siguiente comando Artisan:

```
php artisan l5-swagger:generate
```

Si este comando da error, vuelve a ejecutarlo después de documentar el primer controlador, como veremos en este mismo capítulo.

Puedes hacer que la documentación se genere automáticamente cada vez que haya un cambio, introduciendo la siguiente línea en tu archivo **.env**:

```
L5_SWAGGER_GENERATE_ALWAYS=true
```

Esto generará los archivos necesarios para la documentación de Swagger.

6. **Acceder a la documentación:** Puedes acceder a la interfaz de Swagger visitando la URL especificada en tu configuración. Por defecto, podría ser algo como

`http://tudominio.com/api/documentation`. No se preocupe si se produce un error, pues todavía queda documentar nuestros **Endpoints**.

Recuerda que la configuración puede variar según tu aplicación y tus necesidades específicas. Asegúrate de revisar la documentación oficial del paquete L5-Swagger para obtener información detallada y posiblemente actualizaciones. Además, ten en cuenta que Laravel 11 puede tener cambios que no estén reflejados en esta sección, por lo que siempre es recomendable consultar la documentación oficial de Laravel y de los paquetes específicos que estás utilizando.

Documentación controladores

AuthController

Empezaremos documentado el controlador **AuthController**, el encargado de manejar la autenticación.

Anotaciones generales

Introduzca el siguiente código antes de la definición de la clase.

`@OA\SecurityScheme`

Definición de la seguridad **JWT**.

```
/**
 * @OA\SecurityScheme(
 *      securityScheme="bearerAuth",
 *      type="http",
 *      scheme="bearer",
 *      bearerFormat="JWT",
 * )
 */
```

- **securityScheme="bearerAuth"**: Define un esquema de seguridad llamado "bearerAuth". Este esquema se utiliza para indicar que los endpoints asociados requieren un token de tipo Bearer para la autenticación.

- **type="http"**: Indica que el esquema de seguridad se basa en un mecanismo HTTP.

- **scheme="bearer"**: Especifica que se utiliza el esquema de autenticación Bearer. En la autenticación Bearer, el token se incluye en el encabezado de autorización de la solicitud HTTP.

- **bearerFormat="JWT"**: Indica que se espera que el token sea un token JWT (JSON Web Token).

@OA\Tag

Definición de tag

```
/**
 *      @OA(
 *      name="Autenticación",
 *      description="Endpoints relacionados con la autenticación de
 *      usuarios"
 *      )*/
```

- **`name="Autenticación"`**: Asigna un nombre a la etiqueta, en este caso, "Autenticación". Las etiquetas se utilizan para organizar y categorizar los endpoints.

- **`description="Endpoints relacionados con la autenticación de usuarios"`**: Proporciona una descripción de la etiqueta. En este caso, indica que la etiqueta "Autenticación" se utiliza para endpoints relacionados con la autenticación de usuarios.

Estas anotaciones ayudan a documentar y organizar los endpoints relacionados con la autenticación en la especificación OpenAPI/Swagger. Al generar la documentación, estas anotaciones se traducirán en una sección clara que describe cómo se deben autenticar las solicitudes a los endpoints y cómo están agrupados bajo la etiqueta "Autenticación".

POST Login

```js
/**
 * @OA\Post(
 *      path="/api/login",
 *      operationId="login",
 *      tags={"Authentication"},
```

```
*        summary="Iniciar sesión de un usuario existente",
*        description="Inicia sesión de un usuario existente y
devuelve un token de autorización",
*        @OA\RequestBody(
*            required=true,
*            @OA\MediaType(
*                mediaType="application/json",
*                @OA\Schema(
*                    @OA\Property(property="email", type="string",
example="user@example.com"),
*                    @OA\Property(property="password", type="string",
example="password"),
*                )
*            )
*        ),
*        @OA\Response(
*            response=200,
*            description="Inicio de sesión exitoso",
*            @OA\JsonContent(
*                @OA\Property(property="usuario", type="object"),
*                @OA\Property(property="autorizacion", type="object",
*                    @OA\Property(property="token", type="string"),
*                    @OA\Property(property="tipo", type="string",
example="bearer"),
*                ),
*            )
*        ),
*        @OA\Response(
*            response=401,
*            description="No autorizado",
*            @OA\JsonContent(
*                @OA\Property(property="mensaje", type="string"),
*            )
*        ),
*        @OA\Response(
*            response=422,
*            description="Error de validación",
*            @OA\JsonContent(
*                @OA\Property(property="errores", type="object"),
*            )
*        ),
* )
*/
```

- **@OA\Post**: Indica que se trata de un endpoint HTTP de tipo POST.

- **path="/api/login"**: Especifica la ruta del endpoint.

- **operationId="login"**: Identificador único para la operación.

- **tags={"Authentication"}**: Asigna la operación a la etiqueta "Authentication" para agruparla en la documentación.

- **summary="Iniciar sesión de un usuario existente"**: Breve descripción del propósito de la operación.

- **description="Inicia sesión de un usuario existente y devuelve un token de autorización"**: Descripción más detallada de la operación.

- **@OA\RequestBody**: Define el cuerpo de la solicitud.

  - **required=true**: Indica que el cuerpo de la solicitud es obligatorio.

  - **@OA\MediaType**: Define el tipo de medio de la solicitud como JSON.

    - **mediaType="application/json"**: Especifica que el tipo de medio es JSON.

    - **@OA\Schema**: Define la estructura del cuerpo de la solicitud.

- **@OA\Response**: Define las posibles respuestas de la operación.

  - **response=200**: Respuesta exitosa.

    - **description="Inicio de sesión exitoso"**: Descripción de la respuesta.

    - **@OA\JsonContent**: Define el contenido de la respuesta en formato JSON.

      - **@OA\Property(property="usuario", type="object")**: Propiedad "usuario" de tipo objeto en la respuesta JSON.

      - **@OA\Property(property="autorizacion", type="object")**: Propiedad "autorizacion" de tipo objeto en la respuesta JSON.

        - **@OA\Property(property="token", type="string")**: Propiedad "token" de tipo cadena en el objeto de autorización.

        - **@OA\Property(property="tipo", type="string", example="bearer")**:

206

Propiedad "tipo" de tipo cadena en el objeto de autorización, con ejemplo "bearer".

- **response=401**: Respuesta para el caso de no autorización.

  - **description="No autorizado"**: Descripción de la respuesta.

  - **@OA\JsonContent(property="mensaje", type="string")**: Propiedad "mensaje" de tipo cadena en la respuesta JSON.

- **response=422**: Respuesta para el caso de error de validación.

  - **description="Error de validación"**: Descripción de la respuesta.

  - **@OA\JsonContent(property="errores", type="object")**: Propiedad "errores" de tipo objeto en la respuesta JSON.

Estas anotaciones de Swagger proporcionan información detallada sobre cómo se debe utilizar y qué esperar al interactuar con el endpoint de inicio de sesión en la API. Al generar la documentación, esta información se presenta de manera organizada para que los desarrolladores comprendan cómo utilizar este endpoint.

POST Logout

```
/**
 * @OA\Post(
 *      path="/api/v1/logout",
 *      operationId="Logout",
 *      tags={"Authentication"},
 *      summary="Cerrar sesión del usuario autenticado",
 *      description="Cierra la sesión del usuario autenticado",
 *      security={{"bearerAuth": {}}},
 *      @OA\Response(
 *          response=200,
 *          description="Cierre de sesión exitoso",
 *          @OA\JsonContent(
 *              @OA\Property(property="message", type="string"),
 *          )
 *      ),
 * )
 */
```

- **@OA\Post**: Indica que esta anotación está asociada a una operación HTTP de tipo POST.

- **path="/api/v1/logout"**: Especifica la ruta del endpoint para el cierre de sesión.

- **operationId="logout"**: Identificador único para la operación. Ayuda a distinguir entre operaciones en la documentación.

- **tags={"Authentication"}**: Asigna la operación a la etiqueta "Authentication", indicando que está relacionada con la autenticación y agrupándola en la documentación.

- **summary="Cerrar sesión del usuario autenticado"**: Proporciona un resumen breve de la operación, indicando que es para cerrar la sesión de un usuario autenticado.

- **description="Cierra la sesión del usuario autenticado"**: Proporciona una descripción más detallada de la operación, explicando que su propósito es cerrar la sesión de un usuario autenticado.

- **security={{"bearerAuth": {}}}**: Especifica que esta operación requiere autenticación mediante un token Bearer. Indica que el usuario debe estar autenticado para realizar esta operación.

- **@OA\Response**: Define las posibles respuestas de la operación.

  - **response=200**: Respuesta exitosa para el cierre de sesión.

    - **description="Cierre de sesión exitoso"**: Descripción de la respuesta.

    - **@OA\JsonContent**: Define el contenido de la respuesta en formato JSON.

      - **@OA\Property(property="message", type="string")**: Propiedad "message" de tipo cadena en la respuesta JSON. En este caso, se espera que contenga un mensaje indicando que el cierre de sesión fue exitoso.

Esta anotación documenta claramente cómo realizar el cierre de sesión en la API, qué esperar como respuesta exitosa y qué seguridad se requiere para realizar esta operación. Al generar la documentación, esta información se presentará de manera organizada para los desarrolladores que utilicen tu API.

POST Refresh

```
/**
 * @OA\Post(
 *     path="/api/v1/refresh",
 *     operationId="refresh",
 *     tags={"Authentication"},
 *     summary="Actualizar el token de autenticación",
 *     description="Actualiza el token de autenticación para el
usuario autenticado",
 *     security={{"bearerAuth": {}}},
 *     @OA\Response(
 *         response=200,
 *         description="Token de autenticación actualizado
exitosamente",
 *         @OA\JsonContent(
 *             @OA\Property(property="user", type="object"),
 *             @OA\Property(property="authorization",
type="object",
 *                 @OA\Property(property="token", type="string"),
 *                 @OA\Property(property="type", type="string",
example="bearer"),
 *             ),
 *         )
 *     ),
 * )
 */
```

- **@OA\Post**: Indica que esta anotación está asociada a una operación HTTP de tipo POST.

- **path="/api/v1/refresh"**: Especifica la ruta del endpoint para la actualización del token de autenticación.

- **operationId="refresh"**: Identificador único para la operación. Ayuda a distinguir entre operaciones en la documentación.

- **tags={"Authentication"}**: Asigna la operación a la etiqueta "Authentication", indicando que está relacionada con la autenticación y agrupándola en la documentación.

- **summary="Actualizar el token de autenticación"**: Proporciona un resumen breve de la operación, indicando que es para actualizar el token de autenticación.

- **description="Actualiza el token de autenticación para el usuario autenticado"**: Proporciona una descripción más detallada de la operación, explicando que su propósito es actualizar el token de autenticación para el usuario autenticado.

- **security={{"bearerAuth": {}}}**: Especifica que esta operación requiere autenticación mediante un token Bearer. Indica que el usuario debe estar autenticado para realizar esta operación.

- **@OA\Response**: Define las posibles respuestas de la operación.

  - **response=200**: Respuesta exitosa para la actualización del token de autenticación.

    - **description="Token de autenticación actualizado exitosamente"**: Descripción de la respuesta.

    - **@OA\JsonContent**: Define el contenido de la respuesta en formato JSON.

      - **@OA\Property(property="user", type="object")**: Propiedad "user" de tipo objeto en la respuesta JSON. Indica que se espera información del usuario en la respuesta.

      - **@OA\Property(property="authorization", type="object"**: Propiedad "authorization" de tipo objeto en la respuesta JSON.

        - **@OA\Property(property="token", type="string")**: Propiedad "token" de tipo cadena en la respuesta JSON. Indica que se espera un nuevo token de autenticación.

        - **@OA\Property(property="type", type="string", example="bearer")**: Propiedad "type" de tipo cadena en la respuesta JSON. Indica el tipo de token, que en este caso es "bearer".

Esta anotación documenta claramente cómo realizar la actualización del token de autenticación en la API, qué esperar como respuesta exitosa y qué seguridad se requiere para realizar esta operación.

CervezaController

```
/**
 * @OA\Info(
```

```
*      title="Cervezas de Importación e-commerce",
*      version="1.0",
*      description="Descripcion"
* )
*
* @OA\Server(url="http://localhost:8000")
*
* @OA\Schema(
*      schema="Cerveza",
*      @OA\Property(property="id", type="integer"),
*      @OA\Property(property="nombre", type="string"),
*      @OA\Property(property="descripcion", type="string"),
*      @OA\Property(property="color", type="string"),
*      @OA\Property(property="graduacion", type="string"),
*      @OA\Property(property="tipo", type="string"),
*      @OA\Property(property="pais", type="string"),
*      @OA\Property(property="novedad", type="boolean"),
*      @OA\Property(property="oferta", type="boolean"),
*      @OA\Property(property="precio", type="number"),
*      @OA\Property(property="foto", type="string"),
*      @OA\Property(property="marca", type="string"),
* )
*/
```

Significado de las anotaciones
1. @OA\Info: Esta anotación define información general sobre la API.

    -   title: Especifica el título de la API ("Cervezas de Importación e-commerce").
    -   version: Indica la versión de la API ("1.0").
    -   description: Proporciona una descripción general de la API ("Descripcion").
2. @OA\Server: Define el servidor base para la API.

    -   url: Establece la URL base del servidor ("http://localhost:8000").
3. @OA\Schema: Define un esquema de datos llamado "Cerveza" que describe la estructura de los objetos de tipo cerveza en la API.

    -   @OA\Property: Especifica las propiedades de un objeto "Cerveza", cada una con su nombre y tipo. - id: Tipo entero. - nombre: Tipo cadena de texto. - descripcion: Tipo cadena de texto. - color: Tipo cadena de texto. - graduacion: Tipo cadena de texto. - tipo: Tipo cadena de texto. - pais: Tipo cadena de texto. - novedad: Tipo booleano. - `oferta`: Tipo booleano. - `precio`: Tipo número. - `foto`: Tipo cadena de texto. - `marca`: Tipo cadena de texto.

Código completo del controlador

```php
<?php

namespace App\Http\Controllers\Api\V1;

use App\Http\Controllers\Controller;
use Illuminate\Http\Request;
use Illuminate\Support\Facades\DB;
use Illuminate\Support\Facades\Validator;
use App\Models\Cerveza;
use App\Models\Color;
use App\Models\Graduacion;
use App\Models\Pais;
use App\Models\Tipo;
use Exception;
use Illuminate\Support\Facades\Storage;

/**
 * @OA\Info(
 *     title="Cervezas de Importación e-commerce",
 *     version="1.0",
 *     description="Descripcion"
 * )
 *
 * @OA\Server(url="http://localhost:8000")
 *
 * @OA\Schema(
 *     schema="Cerveza",
 *     @OA\Property(property="id", type="integer"),
 *     @OA\Property(property="nombre", type="string"),
 *     @OA\Property(property="descripcion", type="string"),
 *     @OA\Property(property="color", type="string"),
 *     @OA\Property(property="graduacion", type="string"),
 *     @OA\Property(property="tipo", type="string"),
 *     @OA\Property(property="pais", type="string"),
 *     @OA\Property(property="novedad", type="boolean"),
 *     @OA\Property(property="oferta", type="boolean"),
 *     @OA\Property(property="precio", type="number"),
 *     @OA\Property(property="foto", type="string"),
 *     @OA\Property(property="marca", type="string"),
 * )
 */
```

```php
class CervezaController extends Controller
{
    /**
     * @OA\SecurityScheme(
     *      type="http",
     *      description="Autenticación Bearer JWT",
     *      scheme="bearer",
     *      securityScheme="bearerAuth"
     * )
     */

    public function __construct()
    {
        $this->middleware('auth:api')->only(['store', 'destroy',
'update', 'patch']);
    }
    /**
     * Display a listing of the resource.
     */
    /**
     * @OA\Get(
     *      path="/api/v1/cervezas",
     *      operationId="getCervezasList",
     *      tags={"Cervezas"},
     *      summary="Obtener la lista de cervezas",
     *      description="Devuelve la lista de cervezas",
     *      @OA\Parameter(
     *          name="per_page",
     *          description="Number of items per page",
     *          required=false,
     *          in="query",
     *          @OA\Schema(type="integer")
     *      ),
     *      @OA\Parameter(
     *          name="page",
     *          description="Page number",
     *          required=false,
     *          in="query",
     *          @OA\Schema(type="integer")
     *      ),
     *      @OA\Parameter(
     *          name="color_id",
     *          description="Filter by color ID",
     *          required=false,
     *          in="query",
```

```
 *              @OA\Schema(type="integer")
 *          ),
 *          @OA\Parameter(
 *              name="pais_id",
 *              description="Filter by pais ID",
 *              required=false,
 *              in="query",
 *              @OA\Schema(type="integer")
 *          ),
 *          @OA\Parameter(
 *              name="tipo_id",
 *              description="Filter by tipo ID",
 *              required=false,
 *              in="query",
 *              @OA\Schema(type="integer")
 *          ),
 *          @OA\Parameter(
 *              name="novedad",
 *              description="Filter by novedad",
 *              required=false,
 *              in="query",
 *              @OA\Schema(type="boolean")
 *          ),
 *          @OA\Parameter(
 *              name="oferta",
 *              description="Filter by oferta",
 *              required=false,
 *              in="query",
 *              @OA\Schema(type="boolean")
 *          ),
 *          @OA\Parameter(
 *              name="marca",
 *              description="Filter by marca",
 *              required=false,
 *              in="query",
 *              @OA\Schema(type="string")
 *          ),
 *          @OA\Parameter(
 *              name="precio_desde",
 *              description="Filter by minimum price",
 *              required=false,
 *              in="query",
 *              @OA\Schema(type="numeric")
 *          ),
 *          @OA\Parameter(
```

```
 *          name="precio_hasta",
 *          description="Filter by maximum price",
 *          required=false,
 *          in="query",
 *          @OA\Schema(type="numeric")
 *      ),
 *      @OA\Response(
 *          response=200,
 *          description="Successful operation",
 *          @OA\JsonContent(
 *              type="array",
 *              @OA\Items(ref="#/components/schemas/Cerveza")
 *          )
 *      ),
 *      @OA\Response(
 *          response=400,
 *          description="Bad request"
 *      )
 * )
 */
public function index(Request $request)
{
    // Recopila parámetros de consulta desde la solicitud
    $perPage = $request->input('per_page', 10);
    $page = $request->input('page', 1);
    $colorId = $request->input('color_id');
    $paisId = $request->input('pais_id');
    $tipoId = $request->input('tipo_id');
    $novedad = $request->input('novedad');
    $oferta = $request->input('oferta');
    $marca = $request->input('marca');
    $precioDesde = $request->input('precio_desde');
    $precioHasta = $request->input('precio_hasta');

    // Construye una consulta utilizando el Query Builder de
Laravel
    $query = DB::table('cervezas as cer')
        ->select('cer.id', 'cer.nombre', 'cer.descripcion',
'cer.novedad', 'cer.oferta', 'cer.precio', 'cer.foto', 'cer.marca',
'col.nombre as color', 'g.nombre as graduacion', 't.nombre as tipo',
'p.nombre as pais')
        ->join('colores as col', 'cer.color_id', '=', 'col.id')
        ->join('graduaciones as g', 'cer.graduacion_id', '=',
'g.id')
        ->join('tipos as t', 'cer.tipo_id', '=', 't.id')
```

```
            ->join('paises as p', 'cer.pais_id', '=', 'p.id')
            ->orderBy('cer.nombre');

        // Aplica condiciones según los parámetros de consulta
        if ($colorId) {
            $query->where('cer.color_id', $colorId);
        }

        if ($paisId) {
            $query->where('cer.pais_id', $paisId);
        }

        if ($tipoId) {
            $query->where('cer.tipo_id', $tipoId);
        }

        if ($novedad) {
            $query->where('cer.novedad', $novedad);
        }

        if ($oferta) {
            $query->where('cer.oferta', $oferta);
        }

        if ($marca) {
            // Realiza una búsqueda de marca insensible a mayúsculas
y minúsculas
            $query->whereRaw('LOWER(cer.marca) LIKE ?', ['%' .
strtolower($marca) . '%']);
        }

        if ($precioDesde && $precioHasta) {
            $query->whereBetween('cer.precio', [$precioDesde,
$precioHasta]);
        }

        // Realiza una paginación de los resultados
        $results = $query->paginate($perPage, ['*'], 'page', $page);

        // Devuelve una respuesta JSON con los resultados paginados
        return response()->json($results);
    }

    /**
     * Store a newly created resource in storage.
     */
    /**
```

```
 *  @OA\Post(
 *      path="/api/v1/cervezas",
 *      operationId="storeCerveza",
 *      tags={"Cervezas"},
 *      summary="Create a new cerveza",
 *      description="Creates a new cerveza and stores it in the
database",
 *      security={{"bearerAuth": {}}},
 *      @OA\RequestBody(
 *          required=true,
 *          @OA\MediaType(
 *              mediaType="application/json",
 *              @OA\Schema(
 *                  @OA\Property(property="nombre",
type="string"),
 *                  @OA\Property(property="descripcion",
type="string"),
 *                  @OA\Property(property="color_id",
type="integer"),
 *                  @OA\Property(property="graduacion_id",
type="integer"),
 *                  @OA\Property(property="tipo_id",
type="integer"),
 *                  @OA\Property(property="pais_id",
type="integer"),
 *                  @OA\Property(property="novedad",
type="boolean"),
 *                  @OA\Property(property="oferta",
type="boolean"),
 *                  @OA\Property(property="precio",
type="number"),
 *                  @OA\Property(property="foto", type="string",
format="binary"),
 *                  @OA\Property(property="marca",
type="string"),
 *              ),
 *          ),
 *      ),
 *      @OA\Response(
 *          response=201,
 *          description="Cerveza created successfully",
 *          @OA\JsonContent(
 *              @OA\Property(property="id", type="integer"),
 *              @OA\Property(property="nombre", type="string"),
 *              @OA\Property(property="descripcion",
```

```
type="string"),
 *              @OA\Property(property="color_id",
type="integer"),
 *              @OA\Property(property="graduacion_id",
type="integer"),
 *              @OA\Property(property="tipo_id",
type="integer"),
 *              @OA\Property(property="pais_id",
type="integer"),
 *              @OA\Property(property="novedad",
type="boolean"),
 *              @OA\Property(property="oferta", type="boolean"),
 *              @OA\Property(property="precio", type="number"),
 *              @OA\Property(property="foto", type="string"),
 *              @OA\Property(property="marca", type="string"),
 *          )
 *      ),
 *      @OA\Response(
 *          response=400,
 *          description="Bad request",
 *          @OA\JsonContent(
 *              @OA\Property(property="message", type="string")
 *          )
 *      ),
 *      @OA\Response(
 *          response=401,
 *          description="Unauthorized",
 *          @OA\JsonContent(
 *              @OA\Property(property="message", type="string")
 *          )
 *      ),
 *      @OA\Response(
 *          response=500,
 *          description="Internal Server Error",
 *          @OA\JsonContent(
 *              @OA\Property(property="message", type="string")
 *          )
 *      ),
 * )
 */
    public function store(Request $request)
    {
        // Comenzar una transacción de base de datos
        DB::beginTransaction();
```

```php
        try {
            // Define las reglas de validación para los campos
            $rules = [
                'nombre' => 'required|unique:cervezas',
                'descripcion' => 'required',
                'color_id' => 'required|numeric',
                'graduacion_id' => 'required|numeric',
                'tipo_id' => 'required|numeric',
                'pais_id' => 'required|numeric',
                'novedad' => 'required|boolean',
                'oferta' => 'required|boolean',
                'precio' => 'required|numeric',
                'foto' => 'required|image|max:2048',
                'marca' => 'required',
            ];

            // Realiza la validación de la solicitud
            $validator = Validator::make($request->all(), $rules);

            // Si la validación falla, devuelve una respuesta JSON
            // con los errores de validación
            if ($validator->fails()) {
                DB::rollback();
                return response()->json($validator->errors(), 400);
            }

            // Valida la existencia de valores relacionados (por
            // ejemplo, color, graduación, país, tipo)

            $color_id = $request->input('color_id');
            $color = Color::find($color_id);
            if (!$color) {
                DB::rollback();
                return response()->json('El color_id ' . $color_id .
            ' no existe', 404);
            }

            $graduacion_id = $request->input('graduacion_id');
            $graduacion = Graduacion::find($graduacion_id);
            if (!$graduacion) {
                DB::rollback();
                return response()->json('La graduacion_id ' .
            $graduacion_id . ' no existe', 404);
            }

            $pais_id = $request->input('pais_id');
```

```php
            $pais = Pais::find($pais_id);
            if (!$pais) {
                DB::rollback();
                return response()->json('El pais_id ' . $pais_id . '
no existe', 404);
            }

            $tipo_id = $request->input('tipo_id');
            $tipo = Tipo::find($tipo_id);
            if (!$tipo) {
                DB::rollback();
                return response()->json('El tipo_id ' . $tipo_id . '
no existe', 404);
            }

            $cerveza = $request->all();
            // Procesa la imagen y guárdala en la carpeta
'storage/images'
            if ($request->hasFile('foto')) {
                $path = $request->file('foto')-
>store('/public/images');
                $url = url('/') . '/storage/images/' .
basename($path); // 'images' es la subcarpeta donde se almacenará la
imagen

                $cerveza['foto'] = $url; // Actualiza el campo
'foto' con la ubicación de la imagen almacenad
            }

            // Guardar la cerveza en la base de datos
            $cerveza = Cerveza::create($cerveza);

            // Confirmar la transacción si todo se completó con
éxito
            DB::commit();

            // Devuelve una respuesta JSON con la cerveza recién
creada y el código de respuesta 201 (creado)
            return response()->json($cerveza, 201);
        } catch (Exception $e) {
            // Revertir la transacción en caso de fallo
            DB::rollback();

            // Devuelve una respuesta de error
            return response()->json('Error al procesar la
solicitud', 500);
```

```
        }
    }

    /**
     * Display the specified resource.
     */
    /**
     * @OA\Get(
     *      path="/api/v1/cervezas/{id}",
     *      operationId="getCervezaById",
     *      tags={"Cervezas"},
     *      summary="Get cerveza details by ID",
     *      description="Returns details of a cerveza based on its
ID",
     *      @OA\Parameter(
     *          name="id",
     *          description="ID of the cerveza",
     *          required=true,
     *          in="path",
     *          @OA\Schema(type="string")
     *      ),
     *      @OA\Response(
     *          response=200,
     *          description="Successful operation",
     *          @OA\JsonContent(
     *              @OA\Property(property="id", type="integer"),
     *              @OA\Property(property="nombre", type="string"),
     *              @OA\Property(property="descripcion",
type="string"),
     *              @OA\Property(property="color_id",
type="integer"),
     *              @OA\Property(property="graduacion_id",
type="integer"),
     *              @OA\Property(property="tipo_id",
type="integer"),
     *              @OA\Property(property="pais_id",
type="integer"),
     *              @OA\Property(property="novedad",
type="boolean"),
     *              @OA\Property(property="oferta", type="boolean"),
     *              @OA\Property(property="precio", type="number"),
     *              @OA\Property(property="foto", type="string"),
     *              @OA\Property(property="marca", type="string"),
     *          )
     *      ),
```

```
*          @OA\Response(
*              response=404,
*              description="Cerveza not found",
*              @OA\JsonContent(
*                  @OA\Property(property="message", type="string")
*              )
*          ),
*          @OA\Response(
*              response=401,
*              description="Unauthorized",
*              @OA\JsonContent(
*                  @OA\Property(property="message", type="string")
*              )
*          ),
*          @OA\Response(
*              response=500,
*              description="Internal Server Error",
*              @OA\JsonContent(
*                  @OA\Property(property="message", type="string")
*              )
*          ),
* )
*/

public function show(string $id)
{
    $cerveza = Cerveza::find($id);
    return response()->json($cerveza, 200);
}

/**
* @OA\Put(
*      path="/api/v1/cervezas/{id}",
*      operationId="updateCerveza",
*      tags={"Cervezas"},
*      summary="Update cerveza details by ID",
*      description="Updates details of a cerveza based on its
ID",
*      security={{"bearerAuth": {}}},
*      @OA\Parameter(
*          name="id",
*          description="ID of the cerveza",
*          required=true,
*          in="path",
*          @OA\Schema(type="string")
*      ),
```

```
 *          @OA\RequestBody(
 *              required=true,
 *              description="Cerveza details to be updated",
 *              @OA\JsonContent(
 *                  @OA\Property(property="nombre", type="string"),
 *                  @OA\Property(property="descripcion",
type="string"),
 *                  @OA\Property(property="color_id",
type="integer"),
 *                  @OA\Property(property="graduacion_id",
type="integer"),
 *                  @OA\Property(property="tipo_id",
type="integer"),
 *                  @OA\Property(property="pais_id",
type="integer"),
 *                  @OA\Property(property="novedad",
type="boolean"),
 *                  @OA\Property(property="oferta", type="boolean"),
 *                  @OA\Property(property="precio", type="number"),
 *                  @OA\Property(property="foto", type="string"),
 *                  @OA\Property(property="marca", type="string"),
 *              )
 *          ),
 *          @OA\Response(
 *              response=200,
 *              description="Successful operation",
 *              @OA\JsonContent(
 *                  @OA\Property(property="id", type="integer"),
 *                  @OA\Property(property="nombre", type="string"),
 *                  @OA\Property(property="descripcion",
type="string"),
 *                  @OA\Property(property="color_id",
type="integer"),
 *                  @OA\Property(property="graduacion_id",
type="integer"),
 *                  @OA\Property(property="tipo_id",
type="integer"),
 *                  @OA\Property(property="pais_id",
type="integer"),
 *                  @OA\Property(property="novedad",
type="boolean"),
 *                  @OA\Property(property="oferta", type="boolean"),
 *                  @OA\Property(property="precio", type="number"),
 *                  @OA\Property(property="foto", type="string"),
 *                  @OA\Property(property="marca", type="string"),
```

```
 *            )
 *        ),
 *        @OA\Response(
 *            response=400,
 *            description="Bad request",
 *            @OA\JsonContent(
 *                @OA\Property(property="message", type="string")
 *            )
 *        ),
 *        @OA\Response(
 *            response=401,
 *            description="Unauthorized",
 *            @OA\JsonContent(
 *                @OA\Property(property="message", type="string")
 *            )
 *        ),
 *        @OA\Response(
 *            response=404,
 *            description="Cerveza not found",
 *            @OA\JsonContent(
 *                @OA\Property(property="message", type="string")
 *            )
 *        ),
 *        @OA\Response(
 *            response=500,
 *            description="Internal Server Error",
 *            @OA\JsonContent(
 *                @OA\Property(property="message", type="string")
 *            )
 *        ),
 *    )
 */
public function update(Request $request, $id)
{
    // El código del método permanece sin cambios
}

/**
 * @OA\Patch(
 *        path="/api/v1/cervezas/{id}",
 *        operationId="patchCerveza",
 *        tags={"Cervezas"},
 *        summary="Patch cerveza details by ID",
 *        description="Partially updates details of a cerveza
based on its ID",
```

```
 *          security={{"bearerAuth": {}}},
 *          @OA\Parameter(
 *              name="id",
 *              description="ID of the cerveza",
 *              required=true,
 *              in="path",
 *              @OA\Schema(type="string")
 *          ),
 *          @OA\RequestBody(
 *              required=true,
 *              description="Cerveza details to be partially
updated",
 *              @OA\JsonContent(
 *                  @OA\Property(property="nombre", type="string"),
 *                  @OA\Property(property="descripcion",
type="string"),
 *                  @OA\Property(property="color_id",
type="integer"),
 *                  @OA\Property(property="graduacion_id",
type="integer"),
 *                  @OA\Property(property="tipo_id",
type="integer"),
 *                  @OA\Property(property="pais_id",
type="integer"),
 *                  @OA\Property(property="novedad",
type="boolean"),
 *                  @OA\Property(property="oferta", type="boolean"),
 *                  @OA\Property(property="precio", type="number"),
 *                  @OA\Property(property="foto", type="string"),
 *                  @OA\Property(property="marca", type="string"),
 *              )
 *          ),
 *          @OA\Response(
 *              response=200,
 *              description="Successful operation",
 *              @OA\JsonContent(
 *                  @OA\Property(property="id", type="integer"),
 *                  @OA\Property(property="nombre", type="string"),
 *                  @OA\Property(property="descripcion",
type="string"),
 *                  @OA\Property(property="color_id",
type="integer"),
 *                  @OA\Property(property="graduacion_id",
type="integer"),
 *                  @OA\Property(property="tipo_id",
```

```
type="integer"),
 *                  @OA\Property(property="pais_id",
type="integer"),
 *                  @OA\Property(property="novedad",
type="boolean"),
 *                  @OA\Property(property="oferta", type="boolean"),
 *                  @OA\Property(property="precio", type="number"),
 *                  @OA\Property(property="foto", type="string"),
 *                  @OA\Property(property="marca", type="string"),
 *              )
 *          ),
 *          @OA\Response(
 *              response=400,
 *              description="Bad request",
 *              @OA\JsonContent(
 *                  @OA\Property(property="message", type="string")
 *              )
 *          ),
 *          @OA\Response(
 *              response=401,
 *              description="Unauthorized",
 *              @OA\JsonContent(
 *                  @OA\Property(property="message", type="string")
 *              )
 *          ),
 *          @OA\Response(
 *              response=404,
 *              description="Cerveza not found",
 *              @OA\JsonContent(
 *                  @OA\Property(property="message", type="string")
 *              )
 *          ),
 *          @OA\Response(
 *              response=500,
 *              description="Internal Server Error",
 *              @OA\JsonContent(
 *                  @OA\Property(property="message", type="string")
 *              )
 *          ),
 *      )
 */
    public function patch(Request $request, $id)
    {
        // Comenzar una transacción de base de datos
        DB::beginTransaction();
```

```php
    try {
        // Encuentra la cerveza que deseas actualizar
        $cerveza = Cerveza::find($id);

        if (!$cerveza) {
            DB::rollback();
            return response()->json('La cerveza con ID ' . $id .
' no existe', 404);
        }

        // Valida la existencia de valores relacionados (por
ejemplo, color, graduación, país, tipo)
        // ...

        // Actualiza los campos de la cerveza solo si están
presentes en la solicitud
        // Actualiza los campos de la cerveza solo si están
presentes en la solicitud

        $cerveza->nombre = $request->json('nombre', $cerveza-
>nombre);
        $cerveza->descripcion = $request->json('descripcion',
$cerveza->descripcion);
        $cerveza->color_id = $request->json('color_id',
$cerveza->color_id);
        $cerveza->graduacion_id = $request-
>json('graduacion_id', $cerveza->graduacion_id);
        $cerveza->tipo_id = $request->json('tipo_id', $cerveza-
>tipo_id);
        $cerveza->pais_id = $request->json('pais_id', $cerveza-
>pais_id);
        $cerveza->novedad = $request->json('novedad', $cerveza-
>novedad);
        $cerveza->oferta = $request->json('oferta', $cerveza-
>oferta);
        $cerveza->precio = $request->json('precio', $cerveza-
>precio);
        $cerveza->marca = $request->json('marca', $cerveza-
>marca);

        // Guarda la cerveza
        $cerveza->save();

        // Guarda la cerveza
        $cerveza->save();
```

```php
            // Actualiza la imagen si se proporciona una nueva
            if ($request->hasFile('foto')) {
                $path = $request->file('foto')-
>store('/public/images');
                $url = url('/') . '/storage/images/' .
basename($path);
                $cerveza->foto = $url;
                $cerveza->save();
            }

            // Confirmar la transacción si todo se completó con
éxito
            DB::commit();

            return response()->json($cerveza, 200); // Devuelve la
cerveza actualizada
        } catch (Exception $e) {
            // Revertir la transacción en caso de fallo
            DB::rollback();

            // Devuelve una respuesta de error
            return response()->json('Error al procesar la
solicitud', 500);
        }
    }


    /**
 * @OA\Delete(
 *      path="/api/v1/cervezas/{id}",
 *      operationId="deleteCerveza",
 *      tags={"Cervezas"},
 *      summary="Delete a cerveza by ID",
 *      description="Deletes a cerveza based on its ID",
 *      security={{"bearerAuth": {}}},
 *      @OA\Parameter(
 *          name="id",
 *          description="ID of the cerveza",
 *          required=true,
 *          in="path",
 *          @OA\Schema(type="string")
 *      ),
 *      @OA\Response(
 *          response=200,
 *          description="Successful operation",
```

```
*          @OA\JsonContent(
*              @OA\Property(property="message", type="string")
*          )
*      ),
*      @OA\Response(
*          response=404,
*          description="Cerveza not found",
*          @OA\JsonContent(
*              @OA\Property(property="message", type="string")
*          )
*      ),
*      @OA\Response(
*          response=500,
*          description="Internal Server Error",
*          @OA\JsonContent(
*              @OA\Property(property="message", type="string")
*          )
*      ),
* )
*/

    public function destroy(string $id)
    {
        // Comienza una transacción de base de datos
        DB::beginTransaction();

        try {
            // Encuentra el modelo que deseas eliminar
            $cerveza = Cerveza::find($id);

            if (!$cerveza) {
                DB::rollback();
                return response()->json('El recurso con ID ' . $id .
' no existe', 404);
            }

            // Elimina la imagen asociada si existe
            if (!empty($cerveza->foto)) {
                Storage::delete('public/images/' .
basename($cerveza->foto));
            }

            // Elimina el modelo
            $cerveza->delete();

            // Confirmar la transacción si todo se completó con
```

```
éxito
            DB::commit();

            return response()->json('Recurso eliminado
correctamente', 200);
        } catch (Exception $e) {
            // Revertir la transacción en caso de fallo
            DB::rollback();

            // Devuelve una respuesta de error
            return response()->json('Error al procesar la
solicitud', 500);
        }
    }
}
```

ColorController

```php
<?php

namespace App\Http\Controllers\Api\V1;

use App\Http\Controllers\Controller;
use Illuminate\Http\Request;
use App\Models\Color; // Asegúrate de importar el modelo Color
use Illuminate\Support\Facades\Validator;


class ColorController extends Controller
{

    public function __construct()
    {
        $this->middleware('auth:api')->only(['store', 'destroy',
'update']);
    }

    /**
     * Display a listing of the resource.
     *
     * Método: index
     * Ruta asociada: GET /colors
     * Descripción: Este método muestra una lista de recursos (en
este caso, colores).
     */
    /**
     * @OA\Get(
     *      path="/api/v1/colores",
```

```
 *          operationId="getColores",
 *          tags={"Colores"},
 *          summary="Obtener todos los colores",
 *          description="Recupera todos los colores de la base de
datos y los devuelve como una respuesta JSON",
 *          @OA\Response(
 *              response=200,
 *              description="Lista de colores",
 *              @OA\JsonContent(
 *                  @OA\Property(property="colores", type="array",
 *                      @OA\Items(
 *                          @OA\Property(property="id",
type="integer", example=1),
 *                          @OA\Property(property="nombre",
type="string", example="Rojo"),
 *                          @OA\Property(property="codigo",
type="string", example="#FF0000"),
 *                      ),
 *                  ),
 *              ),
 *          ),
 *      )
 */

    public function index()
    {
        // Recupera todos los colores desde la base de datos y los
devuelve como una respuesta JSON
        $colores = Color::all();
        return response()->json(['colores' => $colores]);
    }

    /**
     * Show the form for creating a new resource.
     *
     * Método: create
     * Ruta asociada: GET /colors/create
     * Descripción: Este método muestra el formulario para crear un
nuevo recurso (color).
     */
    /**
     * @OA\Post(
     *          path="/api/v1/colores",
     *          operationId="createColor",
     *          tags={"Colores"},
     *          summary="Crear un nuevo color",
```
231

```
 *          description="Crea un nuevo color utilizando los datos
proporcionados en la solicitud y lo devuelve como una respuesta
JSON",
 *          security={{"bearerAuth": {}}},
 *       @OA\RequestBody(
 *           required=true,
 *           description="Datos del nuevo color",
 *           @OA\JsonContent(
 *               @OA\Property(property="nombre", type="string",
example="Azul"),
 *           ),
 *       ),
 *       @OA\Response(
 *           response=201,
 *           description="Color creado con éxito",
 *           @OA\JsonContent(
 *               @OA\Property(property="message", type="string",
example="Color creado con éxito"),
 *               @OA\Property(property="color", type="object",
 *                   @OA\Property(property="id", type="integer",
example=2),
 *                   @OA\Property(property="nombre",
type="string", example="Azul"),
 *                   @OA\Property(property="created_at",
type="string", format="date-time"),
 *                   @OA\Property(property="updated_at",
type="string", format="date-time"),
 *               ),
 *           ),
 *       ),
 *       @OA\Response(
 *           response=422,
 *           description="Error de validación",
 *           @OA\JsonContent(
 *               @OA\Property(property="message", type="string",
example="Los datos proporcionados no son válidos"),
 *               @OA\Property(property="errors", type="object",
 *                   @OA\Property(property="nombre",
type="array", @OA\Items(type="string")),
 *               ),
 *           ),
 *       ),
 *   )
 */
```

```php
    public function store(Request $request)
    {
        // Validación de los datos del nuevo color (por ejemplo,
nombre, código de color).
        $validator = Validator::make($request->all(), [
            'nombre' => 'required|string|max:255|unique:colores'
        ]);

        if ($validator->fails()) {
            return response()->json($validator->errors(), 422);
        }

        //Debe estar configurado fillable en el modelo para
        //utilizar inserción masiva

        $color = Color::create($request->all());

        // Retornar una respuesta JSON que confirma la creación
exitosa del color.
        return response()->json(['message' => 'Color creado con
éxito', 'color' => $color], 201);
    }

    /**
     * Display the specified resource.
     *
     * Método: show
     * Ruta asociada: GET /colors/{id}
     * Descripción: Este método muestra un recurso (color)
específico identificado por su ID.
     */
    public function show(string $id)
    {
        // Buscar el color por su ID en la base de datos y
retornarlo como una respuesta JSON.
        $color = Color::find($id);

        if (!$color) {
            return response()->json(['message' => 'Color no
encontrado'], 404);
        }

        return response()->json(['color' => $color]);
    }
```

233

```
    /**
     * Update the specified resource in storage.
     *
     * Método: update
     * Ruta asociada: PUT/PATCH /colors/{id}
     * Descripción: Este método actualiza un recurso (color)
específico identificado por su ID en el almacenamiento.
     */
    /**
     * @OA\Put(
     *      path="/api/v1/colores/{id}",
     *      operationId="updateColor",
     *      tags={"Colores"},
     *      summary="Actualizar un color existente",
     *      description="Actualiza un color existente utilizando los
datos proporcionados en la solicitud y lo devuelve como una
respuesta JSON",
     *      security={{"bearerAuth": {}}},
     *      @OA\Parameter(
     *          name="id",
     *          description="ID del color a actualizar",
     *          required=true,
     *          in="path",
     *          @OA\Schema(type="string"),
     *      ),
     *      @OA\RequestBody(
     *          required=true,
     *          description="Datos actualizados del color",
     *          @OA\JsonContent(
     *              @OA\Property(property="nombre", type="string",
example="Verde"),
     *          ),
     *      ),
     *      @OA\Response(
     *          response=200,
     *          description="Color actualizado con éxito",
     *          @OA\JsonContent(
     *              @OA\Property(property="message", type="string",
example="Color actualizado con éxito"),
     *              @OA\Property(property="color", type="object",
     *                  @OA\Property(property="id", type="integer",
example=2),
     *                  @OA\Property(property="nombre",
type="string", example="Verde"),
     *                  @OA\Property(property="created_at",
```

```
type="string", format="date-time"),
 *                      @OA\Property(property="updated_at",
type="string", format="date-time"),
 *                  ),
 *              ),
 *          ),
 *          @OA\Response(
 *              response=404,
 *              description="Color no encontrado",
 *              @OA\JsonContent(
 *                  @OA\Property(property="message", type="string",
example="Color no encontrado"),
 *              ),
 *          ),
 *          @OA\Response(
 *              response=422,
 *              description="Error de validación",
 *              @OA\JsonContent(
 *                  @OA\Property(property="message", type="string",
example="Los datos proporcionados no son válidos"),
 *                  @OA\Property(property="errors", type="object",
 *                      @OA\Property(property="nombre",
type="array", @OA\Items(type="string")),
 *                  ),
 *              ),
 *          ),
 *      )
 */

    public function update(Request $request, string $id)
    {
        // Validación de los datos actualizados del color.
        $validator = Validator::make($request->all(), [
            'nombre' => 'required|string|max:255|unique:colores'
        ]);

        if ($validator->fails()) {
            return response()->json(['message' => 'Los datos
proporcionados no son válidos', 'errors' => $validator->errors()],
422);
        }

        // Buscar el color por su ID en la base de datos.
        $color = Color::find($id);

        if (!$color) {
```

```
        return response()->json(['message' => 'Color no
encontrado'], 404);
    }

    // Actualizar los datos del color con los datos validados.
    $color->update($request->all());

    // Retornar una respuesta JSON que confirma la actualización
exitosa del color.
    return response()->json(['message' => 'Color actualizado con
éxito', 'color' => $color]);
}

/**
 * Remove the specified resource from storage.
 *
 * Método: destroy
 * Ruta asociada: DELETE /colors/{id}
 * Descripción: Este método elimina un recurso (color)
específico identificado por su ID del almacenamiento.
 */
/**
 * @OA\Delete(
 *     path="/api/v1/colores/{id}",
 *     operationId="deleteColor",
 *     tags={"Colores"},
 *     summary="Eliminar un color existente",
 *     description="Elimina un color existente por su ID y lo
devuelve como una respuesta JSON",
 *     security={{"bearerAuth": {}}},
 *     @OA\Parameter(
 *         name="id",
 *         description="ID del color a eliminar",
 *         required=true,
 *         in="path",
 *         @OA\Schema(type="string"),
 *     ),
 *     @OA\Response(
 *         response=200,
 *         description="Color eliminado con éxito",
 *         @OA\JsonContent(
 *             @OA\Property(property="message", type="string",
example="Color eliminado con éxito"),
 *         ),
 *     ),
 *     @OA\Response(
```

236

```
 *           response=404,
 *           description="Color no encontrado",
 *           @OA\JsonContent(
 *               @OA\Property(property="message", type="string",
example="Color no encontrado"),
 *           ),
 *       ),
 *       @OA\Response(
 *           response=400,
 *           description="No se pudo borrar el color, tiene
cervezas relacionadas",
 *           @OA\JsonContent(
 *               @OA\Property(property="message", type="string",
example="No se pudo borrar el color, tiene cervezas relacionadas"),
 *           ),
 *       ),
 * )
 */

    public function destroy(string $id)
    {
        // Buscar el color por su ID en la base de datos.
        $color = Color::find($id);

        if (!$color) {
            return response()->json(['message' => 'Color no
encontrado'], 404);
        }

        if ($color->cervezas()->exists()) {
            return response()->json(['message' => 'No se pudo borrar
el color, tiene cervezas relacionadas'], 400);
        }

        // Eliminar el color de la base de datos.
        $color->delete();

        // Retornar una respuesta JSON que confirma la eliminación
exitosa del color.
        return response()->json(['message' => 'Color eliminado con
éxito']);
    }
}
```

GraduacionController

```php
<?php

namespace App\Http\Controllers\Api\V1;

use App\Http\Controllers\Controller;
use Illuminate\Http\Request;
use App\Models\Graduacion;
use Illuminate\Support\Facades\Validator;


/**
 * @OA\Schema(
 *      schema="Graduacion",
 *      type="object",
 *      title="Graduacion",
 *      properties={
 *          @OA\Property(property="id", type="integer",
format="int64"),
 *          @OA\Property(property="nombre", type="string"),
 *      }
 * )
 */


class GraduacionController extends Controller
{

    public function __construct()
    {
        $this->middleware('auth:api')->only(['store', 'destroy',
'update']);
    }
    /**
     * Display a listing of the resource.
     *
     * Método: index
     * Ruta asociada: GET /tipos
     * Descripción: Este método muestra una lista de recursos (en
este caso, tipoes).
     */

    /**
     * @OA\Get(
     *          path="/api/v1/graduaciones",
     *          operationId="getGraduaciones",
```

```
 *          tags={"Graduaciones"},
 *          summary="Obtener todas las graduaciones",
 *          description="Recupera todas las graduaciones desde la
base de datos y las retorna como una respuesta JSON.",
 *          @OA\Response(
 *              response=200,
 *              description="Lista de graduaciones",
 *              @OA\JsonContent(
 *                  @OA\Property(property="graduaciones",
type="array", @OA\Items(ref="#/components/schemas/Graduacion")),
 *              ),
 *          ),
 *      )
 */
```

```php
    public function index()
    {
        // Recuperar todos los tipos desde la base de datos y
retornarlos como una respuesta JSON
        $graduaciones = Graduacion::all();
        return response()->json(['graduaciones' => $graduaciones]);
    }
```

```
/**
 * @OA\Post(
 *      path="/api/v1/graduaciones",
 *      operationId="storeGraduacion",
 *      summary="Crear una nueva graduación",
 *      tags={"Graduaciones"},
 *      description="Crea una nueva graduación con los datos
proporcionados en la solicitud y la retorna como una respuesta
JSON.",
 *          @OA\RequestBody(
 *              required=true,
 *              description="Datos de la nueva graduación",
 *              @OA\JsonContent(
 *                  required={"nombre"},
 *                  @OA\Property(property="nombre", type="string",
maxLength=150, description="Nombre de la nueva graduación"),
 *              ),
 *          ),
 *          @OA\Response(
 *              response=201,
 *              description="Graduación creada con éxito",
```

```
 *              @OA\JsonContent(
 *                  @OA\Property(property="message", type="string",
example="Graduación creado con éxito"),
 *                  @OA\Property(property="graduacion",
type="object", ref="#/components/schemas/Graduacion"),
 *              ),
 *          ),
 *          @OA\Response(
 *              response=422,
 *              description="Error de validación",
 *              @OA\JsonContent(
 *                  @OA\Property(property="message", type="string",
example="El nombre ya está en uso."),
 *              ),
 *          ),
 *          security={{"bearerAuth": {}}}
 *      )
 */
    public function store(Request $request)
    {
        // Validación de los datos del nuevo tipo (por ejemplo,
nombre, código de tipo).
        $validator = Validator::make($request->all(), [
            'nombre' => 'required|string|max:150|
unique:graduaciones'
        ]);

        if ($validator->fails()) {
            return response()->json($validator->errors(), 422);
        }

        //Debe estar configurado fillable en el modelo para
        //utilizar inserción masiva
        $graduacion = Graduacion::create($request->all());

        // Retornar una respuesta JSON que confirma la creación
exitosa del tipo.
        return response()->json(['message' => 'Graduación creada con
éxito', 'graduacion' => $graduacion], 201);
    }

    /**
     * @OA\Get(
     *      path="/api/v1/graduaciones/{id}",
     *      operationId="getGraduacionById",
     *      tags={"Graduaciones"},
```

240

```
 *          summary="Obtener información de una graduación
específica",
 *          description="Recupera la información de una graduación
específica identificada por su ID y la retorna como una respuesta
JSON.",
 *          @OA\Parameter(
 *              name="id",
 *              required=true,
 *              in="path",
 *              description="ID de la graduación",
 *              @OA\Schema(type="string")
 *          ),
 *          @OA\Response(
 *              response=200,
 *              description="Información de la graduación",
 *              @OA\JsonContent(
 *                  @OA\Property(property="Graduacion",
ref="#/components/schemas/Graduacion"),
 *              ),
 *          ),
 *          @OA\Response(
 *              response=404,
 *              description="Graduación no encontrada",
 *              @OA\JsonContent(
 *                  @OA\Property(property="message", type="string",
example="Graduación no encontrado"),
 *              ),
 *          ),
 *      )
 */

    public function show(string $id)
    {
        // Buscar el tipo por su ID en la base de datos y retornarlo
como una respuesta JSON.
        $graduacion = Graduacion::find($id);

        if (!$graduacion) {
            return response()->json(['message' => 'Graduación no
encontrado'], 404);
        }


        return response()->json(['Graducación' => $graduacion]);
    }
```

```
/**
 * @OA\Put(
 *     path="/api/v1/graduaciones/{id}",
 *     operationId="updateGraduacion",
 *     tags={"Graduaciones"},
 *     summary="Actualizar una graduación existente",
 *     description="Actualiza una graduación existente
identificada por su ID con los datos proporcionados en la solicitud
y la retorna como una respuesta JSON.",
 *     @OA\Parameter(
 *         name="id",
 *         required=true,
 *         in="path",
 *         description="ID de la graduación a actualizar",
 *         @OA\Schema(type="string")
 *     ),
 *     @OA\RequestBody(
 *         required=true,
 *         description="Datos actualizados de la graduación",
 *         @OA\JsonContent(
 *             required={"nombre"},
 *             @OA\Property(property="nombre", type="string",
maxLength=150, description="Nuevo nombre de la graduación"),
 *         ),
 *     ),
 *     @OA\Response(
 *         response=200,
 *         description="Graduación actualizada con éxito",
 *         @OA\JsonContent(
 *             @OA\Property(property="message", type="string",
example="Graduación actualizado con éxito"),
 *             @OA\Property(property="graduacion",
ref="#/components/schemas/Graduacion"),
 *         ),
 *     ),
 *     @OA\Response(
 *         response=404,
 *         description="Graduación no encontrada",
 *         @OA\JsonContent(
 *             @OA\Property(property="message", type="string",
example="Graduación no encontrado"),
 *         ),
 *     ),
 *     @OA\Response(
 *         response=422,
```

```
 *          description="Error de validación",
 *          @OA\JsonContent(
 *              @OA\Property(property="message", type="string",
example="El nombre ya está en uso."),
 *          ),
 *      ),
 *      security={{"bearerAuth": {}}}
 * )
 */

    public function update(Request $request, string $id)
    {
        // Validación de los datos actualizados del tipo.
        $validator = Validator::make($request->all(), [
            'nombre' => 'required|string|max:150|
unique:graduaciones'
        ]);

        if ($validator->fails()) {
            return response()->json($validator->errors(), 422);
        }


        // Buscar el tipo por su ID en la base de datos.
        $graduacion = Graduacion::find($id);

        if (!$graduacion) {
            return response()->json(['message' => 'graduación no
encontrada'], 404);
        }

        // Actualizar los datos del tipo con los datos validados.
        $graduacion->update($request->all());

        // Retornar una respuesta JSON que confirma la actualización
exitosa del tipo.
        return response()->json(['message' => 'Graduación
actualizado con éxito', 'graduacion' => $graduacion]);
    }

    /**
     * @OA\Delete(
     *      path="/api/v1/graduaciones/{id}",
     *      operationId="destroyGraduacion",
     *      tags={"Graduaciones"},
     *      summary="Eliminar una graduación existente",
     *      description="Elimina una graduación existente
```

```
identificada por su ID y la retorna como una respuesta JSON.",
 *          @OA\Parameter(
 *              name="id",
 *              required=true,
 *              in="path",
 *              description="ID de la graduación a eliminar",
 *              @OA\Schema(type="string")
 *          ),
 *          @OA\Response(
 *              response=200,
 *              description="Graduación eliminada con éxito",
 *              @OA\JsonContent(
 *                  @OA\Property(property="message", type="string",
example="Graduación eliminado con éxito"),
 *              ),
 *          ),
 *          @OA\Response(
 *              response=404,
 *              description="Graduación no encontrada",
 *              @OA\JsonContent(
 *                  @OA\Property(property="message", type="string",
example="Graduación no encontrado"),
 *              ),
 *          ),
 *          @OA\Response(
 *              response=400,
 *              description="No se pudo borrar la graduación, tiene
cervezas relacionadas",
 *              @OA\JsonContent(
 *                  @OA\Property(property="message", type="string",
example="No se pudo borrar la graduación, tiene cervezas
relacionadas"),
 *              ),
 *          ),
 *          security={{"bearerAuth": {}}}
 * )
 */

    public function destroy(string $id)
    {
        // Buscar el tipo por su ID en la base de datos.

        $graduacion = Graduacion::find($id);

        if (!$graduacion) {
            return response()->json(['message' => 'Graduación no
```

```php
encontrada'], 404);
        }

        if ($graduacion->cervezas()->exists()) {
            return response()->json(['message' => 'No se pudo borrar
la graduación, tiene cervezas relacionadas'], 400);
        }

        // Eliminar el tipo de la base de datos.
        $graduacion->delete();

        // Retornar una respuesta JSON que confirma la eliminación
exitosa del tipo.
        return response()->json(['message' => 'Graduación eliminado
con éxito']);
    }
}
```

PaisController

```php
<<?php

namespace App\Http\Controllers\Api\V1;

use App\Http\Controllers\Controller;
use Illuminate\Http\Request;
use App\Models\Pais;
use Illuminate\Support\Facades\Validator;

/**
 * @OA\Schema(
 *      schema="Pais",
 *      type="object",
 *      title="Paises",
 *      properties={
 *          @OA\Property(property="id", type="integer",
format="int64"),
 *          @OA\Property(property="nombre", type="string"),
 *      }
 * )
 */

class PaisController extends Controller
{

    public function __construct()
    {
        $this->middleware('auth:api')->only(['store', 'destroy',
```

```
'update']);
    }

    /**
     * @OA\Get(
     *      path="/api/v1/paises",
     *      operationId="indexPais",
     *      tags={"Paises"},
     *      summary="Listar todos los países",
     *      description="Muestra una lista de todos los países en
una respuesta JSON.",
     *      @OA\Response(
     *          response=200,
     *          description="Lista de países",
     *          @OA\JsonContent(
     *              @OA\Property(property="paises", type="array",
@OA\Items(ref="#/components/schemas/Pais")),
     *          ),
     *      ),
     * )
     */

    public function index()
    {
        // Recuperar todos los paises desde la base de datos y
retornarlos como una respuesta JSON
        $paises = Pais::all();
        return response()->json(['paises' => $paises]);
    }

    /**
     * @OA\Post(
     *      path="/api/v1/paises",
     *      operationId="storePais",
     *      tags={"Paises"},
     *      summary="Crear un nuevo país",
     *      description="Crea un nuevo país con los datos
proporcionados en la solicitud y lo retorna como una respuesta
JSON.",
     *      @OA\RequestBody(
     *          required=true,
     *          description="Datos del nuevo país",
     *          @OA\JsonContent(
     *              required={"nombre"},
     *              @OA\Property(property="nombre", type="string",
maxLength=255, description="Nombre del nuevo país"),
```

```
 *              ),
 *          ),
 *          @OA\Response(
 *              response=201,
 *              description="País creado con éxito",
 *              @OA\JsonContent(
 *                  @OA\Property(property="message", type="string",
example="País creado con éxito"),
 *                  @OA\Property(property="pais", type="object",
ref="#/components/schemas/Pais"),
 *              ),
 *          ),
 *          @OA\Response(
 *              response=422,
 *              description="Error de validación",
 *              @OA\JsonContent(
 *                  @OA\Property(property="message", type="string",
example="El nombre ya está en uso."),
 *              ),
 *          ),
 *          security={{"bearerAuth": {}}}
 *  )
 */
    public function store(Request $request)
    {
        // Validación de los datos del nuevo pais (por ejemplo,
nombre, código de pais).
        $validator = Validator::make($request->all(), [
            'nombre' => 'required|string|max:255|unique:paises'
        ]);

        if ($validator->fails()) {
            return response()->json($validator->errors(), 422);
        }

        //Debe estar configurado fillable en el modelo para
        //utilizar inserción masiva
        $tipo = Pais::create($request->all());

        // Retornar una respuesta JSON que confirma la creación
exitosa del pais.
        return response()->json(['message' => 'País creado con
éxito', 'pais' => $tipo]);
    }

    /**
```

```
 * @OA\Get(
 *       path="/api/v1/paises/{id}",
 *       operationId="showPais",
 *       tags={"Paises"},
 *       summary="Mostrar un país específico",
 *       description="Muestra un país específico identificado por
su ID en una respuesta JSON.",
 *       @OA\Parameter(
 *           name="id",
 *           required=true,
 *           in="path",
 *           description="ID del país a mostrar",
 *           @OA\Schema(type="string")
 *       ),
 *       @OA\Response(
 *           response=200,
 *           description="País encontrado",
 *           @OA\JsonContent(
 *               @OA\Property(property="País", type="object",
ref="#/components/schemas/Pais"),
 *           ),
 *       ),
 *       @OA\Response(
 *           response=404,
 *           description="País no encontrado",
 *           @OA\JsonContent(
 *               @OA\Property(property="message", type="string",
example="País no encontrado"),
 *           ),
 *       ),
 * )
 */

    public function show(string $id)
    {
        // Buscar el país por su ID en la base de datos y retornarlo
como una respuesta JSON.
        $pais = Pais::find($id);

        if (!$pais) {
            return response()->json(['message' => 'país no
encontrado'], 404);
        }

        return response()->json(['País' => $pais]);
    }
```

```
    /**
     * @OA\Put(
     *       path="/api/v1/paises/{id}",
     *       operationId="updatePais",
     *       tags={"Paises"},
     *       summary="Actualizar un país existente",
     *       description="Actualiza un país existente identificado
por su ID con los datos proporcionados en la solicitud y lo retorna
como una respuesta JSON.",
     *       @OA\Parameter(
     *           name="id",
     *           required=true,
     *           in="path",
     *           description="ID del país a actualizar",
     *           @OA\Schema(type="string")
     *       ),
     *       @OA\RequestBody(
     *           required=true,
     *           description="Datos actualizados del país",
     *           @OA\JsonContent(
     *               required={"nombre"},
     *               @OA\Property(property="nombre", type="string",
maxLength=255, description="Nombre actualizado del país"),
     *           ),
     *       ),
     *       @OA\Response(
     *           response=200,
     *           description="País actualizado con éxito",
     *           @OA\JsonContent(
     *               @OA\Property(property="message", type="string",
example="País actualizado con éxito"),
     *               @OA\Property(property="pais", type="object",
ref="#/components/schemas/Pais"),
     *           ),
     *       ),
     *       @OA\Response(
     *           response=404,
     *           description="País no encontrado",
     *           @OA\JsonContent(
     *               @OA\Property(property="message", type="string",
example="País no encontrado"),
     *           ),
     *       ),
     *       @OA\Response(
```

249

```
 *          response=422,
 *          description="Error de validación",
 *          @OA\JsonContent(
 *              @OA\Property(property="message", type="string",
example="El nombre ya está en uso."),
 *          ),
 *      ),
 *      security={{"bearerAuth": {}}})
 * )
 */

public function update(Request $request, string $id)
{
    // Validación de los datos actualizados del tipo.
    $validator = Validator::make($request->all(), [
        'nombre' => 'required|string|max:255'
    ]);

    if ($validator->fails()) {
        return response()->json($validator->errors(), 422);
    }


    // Buscar el pais por su ID en la base de datos.
    $pais = Pais::find($id);

    if (!$pais) {
        return response()->json(['message' => 'Pais no
encontrado'], 404);
    }

    // Actualizar los datos del pais con los datos validados.
    $pais->update($request->all());

    // Retornar una respuesta JSON que confirma la actualización
exitosa del pais.
    return response()->json(['message' => 'País actualizado con
éxito', 'pais' => $pais]);
}

/**
 * @OA\Delete(
 *      path="/api/v1/paises/{id}",
 *      operationId="destroyPais",
 *      tags={"Paises"},
 *      summary="Eliminar un país existente",
 *      description="Elimina un país existente identificado por
```

```
su ID y lo retorna como una respuesta JSON.",
 *       @OA\Parameter(
 *           name="id",
 *           required=true,
 *           in="path",
 *           description="ID del país a eliminar",
 *           @OA\Schema(type="string")
 *       ),
 *       @OA\Response(
 *           response=200,
 *           description="País eliminado con éxito",
 *           @OA\JsonContent(
 *               @OA\Property(property="message", type="string",
example="País eliminado con éxito"),
 *           ),
 *       ),
 *       @OA\Response(
 *           response=404,
 *           description="País no encontrado",
 *           @OA\JsonContent(
 *               @OA\Property(property="message", type="string",
example="País no encontrado"),
 *           ),
 *       ),
 *       @OA\Response(
 *           response=400,
 *           description="No se pudo borrar el país, tiene
cervezas relacionadas",
 *           @OA\JsonContent(
 *               @OA\Property(property="message", type="string",
example="No se pudo borrar el país, tiene cervezas relacionadas"),
 *           ),
 *       ),
 *       security={{"bearerAuth": {}}}
 * )
 */

    public function destroy(string $id)
    {
        // Buscar el pais por su ID en la base de datos.
        $pais = Pais::find($id);

        if (!$pais) {
            return response()->json(['message' => 'País no
encontrado'], 404);
        }
```

```php
        if ($pais->cervezas()->exists()) {
            return response()->json(['message' => 'No se pudo borrar
el país, tiene cervezas relacionadas'], 400);
        }
        // Eliminar el pais de la base de datos.
        $pais->delete();

        // Retornar una respuesta JSON que confirma la eliminación
exitosa del tipo.
        return response()->json(['message' => 'País eliminado con
éxito']);
    }
}
```

TipoController

```php
<?php

namespace App\Http\Controllers\Api\V1;

use App\Http\Controllers\Controller;
use Illuminate\Http\Request;
use App\Models\Tipo;
use Illuminate\Support\Facades\Validator;

/**
 * @OA\Schema(
 *      schema="Tipo",
 *      type="object",
 *      title="Tipos",
 *      properties={
 *          @OA\Property(property="id", type="integer",
format="int64"),
 *          @OA\Property(property="nombre", type="string"),
 *      }
 * )
 */


class TipoController extends Controller
{

    public function __construct()
    {
        $this->middleware('auth:api')->only(['store',
'destroy','update']);
```

```
    }
    /**
     * @OA\Get(
     *        path="/api/v1/tipos",
     *        operationId="indexTipo",
     *        tags={"Tipos"},
     *        summary="Listar todos los tipos",
     *        description="Muestra una lista de todos los tipos en una
respuesta JSON.",
     *        @OA\Response(
     *            response=200,
     *            description="Lista de tipos",
     *            @OA\JsonContent(
     *                @OA\Property(property="tipos", type="array",
@OA\Items(ref="#/components/schemas/Tipo")),
     *            ),
     *        ),
     * )
     */

    public function index()
    {
        // Recuperar todos los tipoes desde la base de datos y
retornarlos como una respuesta JSON
        $tipos = Tipo::all();
        return response()->json(['tipos' => $tipos]);
    }

    /**
     * @OA\Post(
     *        path="/api/v1/tipos",
     *        operationId="storeTipo",
     *        tags={"Tipos"},
     *        summary="Crear un nuevo tipo",
     *        description="Crea un nuevo tipo con los datos
proporcionados en la solicitud y lo retorna como una respuesta
JSON.",
     *        @OA\RequestBody(
     *            required=true,
     *            description="Datos del nuevo tipo",
     *            @OA\JsonContent(
     *                required={"nombre"},
     *                @OA\Property(property="nombre", type="string",
maxLength=150, description="Nombre del nuevo tipo"),
     *            ),
     *        ),
```

```
 *          @OA\Response(
 *              response=201,
 *              description="Tipo creado con éxito",
 *              @OA\JsonContent(
 *                  @OA\Property(property="message", type="string",
example="Tipo creado con éxito"),
 *                  @OA\Property(property="tipo", type="object",
ref="#/components/schemas/Tipo"),
 *              ),
 *          ),
 *          @OA\Response(
 *              response=422,
 *              description="Error de validación",
 *              @OA\JsonContent(
 *                  @OA\Property(property="message", type="string",
example="El nombre ya está en uso."),
 *              ),
 *          ),
 *          security={{"bearerAuth": {}}}
 *  )
 */
    public function store(Request $request)
    {
        // Validación de los datos del nuevo tipo (por ejemplo,
nombre, código de tipo).
        $validator = Validator::make($request->all(), [
            'nombre' => 'required|string|max:150|unique:tipos'
        ]);

        if($validator->fails()){
            return response()->json($validator->errors(),422);
        }

        //Debe estar configurado fillable en el modelo para
        //utilizar inserción masiva
        $tipo=Tipo::create($request->all());

        // Retornar una respuesta JSON que confirma la creación
exitosa del tipo.
        return response()->json(['message' => 'Tipo creado con
éxito', 'tipo' => $tipo]);
    }

    /**
     * @OA\Get(
     *          path="/api/v1/tipos/{id}",
```

```
 *        operationId="showTipo",
 *        tags={"Tipos"},
 *        summary="Mostrar un tipo específico",
 *        description="Muestra un tipo específico identificado por
su ID en una respuesta JSON.",
 *        @OA\Parameter(
 *            name="id",
 *            required=true,
 *            in="path",
 *            description="ID del tipo a mostrar",
 *            @OA\Schema(type="string")
 *        ),
 *        @OA\Response(
 *            response=200,
 *            description="Tipo encontrado",
 *            @OA\JsonContent(
 *                @OA\Property(property="Tipo", type="object",
ref="#/components/schemas/Tipo"),
 *            ),
 *        ),
 *        @OA\Response(
 *            response=404,
 *            description="Tipo no encontrado",
 *            @OA\JsonContent(
 *                @OA\Property(property="message", type="string",
example="Tipo no encontrado"),
 *            ),
 *        ),
 *  )
 */
    public function show(string $id)
    {
        // Buscar el tipo por su ID en la base de datos y retornarlo
como una respuesta JSON.
        $tipo = Tipo::find($id);

        if (!$tipo) {
            return response()->json(['message' => 'Tipo no
encontrado'], 404);
        }


        return response()->json(['Tipo' => $tipo]);
    }
```

```
/**
 * @OA\Put(
 *      path="/api/v1/tipos/{id}",
 *      operationId="updateTipo",
 *      tags={"Tipos"},
 *      summary="Actualizar un tipo existente",
 *      description="Actualiza un tipo existente identificado
por su ID con los datos proporcionados en la solicitud y lo retorna
como una respuesta JSON.",
 *      @OA\Parameter(
 *          name="id",
 *          required=true,
 *          in="path",
 *          description="ID del tipo a actualizar",
 *          @OA\Schema(type="string")
 *      ),
 *      @OA\RequestBody(
 *          required=true,
 *          description="Datos actualizados del tipo",
 *          @OA\JsonContent(
 *              required={"nombre"},
 *              @OA\Property(property="nombre", type="string",
maxLength=150, description="Nombre actualizado del tipo"),
 *          ),
 *      ),
 *      @OA\Response(
 *          response=200,
 *          description="Tipo actualizado con éxito",
 *          @OA\JsonContent(
 *              @OA\Property(property="message", type="string",
example="Tipo actualizado con éxito"),
 *              @OA\Property(property="tipo", type="object",
ref="#/components/schemas/Tipo"),
 *          ),
 *      ),
 *      @OA\Response(
 *          response=404,
 *          description="Tipo no encontrado",
 *          @OA\JsonContent(
 *              @OA\Property(property="message", type="string",
example="Tipo no encontrado"),
 *          ),
 *      ),
 *      @OA\Response(
 *          response=422,
```

```
 *            description="Error de validación",
 *            @OA\JsonContent(
 *                @OA\Property(property="message", type="string",
example="El nombre ya está en uso."),
 *            ),
 *        ),
 *        security={{"bearerAuth": {}}}
 * )
 */
    public function update(Request $request, string $id)
    {
        // Validación de los datos actualizados del tipo.
        $validator = Validator::make($request->all(),[
            'nombre' => 'required|string|max:150|unique:tipos'
        ]);

        if($validator->fails()){
            return response()->json($validator->errors(),422);
        }


        // Buscar el tipo por su ID en la base de datos.
        $tipo = Tipo::find($id);

        if (!$tipo) {
            return response()->json(['message' => 'tipo no
encontrado'], 404);
        }

        // Actualizar los datos del tipo con los datos validados.
        $tipo->update($request->all());

        // Retornar una respuesta JSON que confirma la actualización
exitosa del tipo.
        return response()->json(['message' => 'Tipo actualizado con
éxito', 'tipo' => $tipo]);
    }

    /**
     * @OA\Delete(
     *        path="/api/v1/tipos/{id}",
     *        operationId="destroyTipo",
     *        tags={"Tipos"},
     *        summary="Eliminar un tipo existente",
     *        description="Elimina un tipo existente identificado por
su ID y lo retorna como una respuesta JSON.",
```

```
 *          @OA\Parameter(
 *              name="id",
 *              required=true,
 *              in="path",
 *              description="ID del tipo a eliminar",
 *              @OA\Schema(type="string")
 *          ),
 *          @OA\Response(
 *              response=200,
 *              description="Tipo eliminado con éxito",
 *              @OA\JsonContent(
 *                  @OA\Property(property="message", type="string",
example="Tipo eliminado con éxito"),
 *              ),
 *          ),
 *          @OA\Response(
 *              response=404,
 *              description="Tipo no encontrado",
 *              @OA\JsonContent(
 *                  @OA\Property(property="message", type="string",
example="Tipo no encontrado"),
 *              ),
 *          ),
 *          @OA\Response(
 *              response=400,
 *              description="No se pudo borrar el tipo, tiene
cervezas relacionadas",
 *              @OA\JsonContent(
 *                  @OA\Property(property="message", type="string",
example="No se pudo borrar el tipo, tiene cervezas relacionadas"),
 *              ),
 *          ),
 *          security={{"bearerAuth": {}}}
 * )
 */

    public function destroy(string $id)
    {
        // Buscar el tipo por su ID en la base de datos.
        $tipo = Tipo::find($id);

        if (!$tipo) {
            return response()->json(['message' => 'Tipo no
encontrado'], 404);
        }
```

```php
        if ($tipo->cervezas()->exists()) {
            return response()->json(['message' => 'No se pudo borrar
el tipo, tiene cervezas relacionadas'],400);
        }
        // Eliminar el tipo de la base de datos.
        $tipo->delete();

        // Retornar una respuesta JSON que confirma la eliminación
exitosa del tipo.
        return response()->json(['message' => 'Tipo eliminado con
éxito']);
    }
}
```

ProvinciaController

```php
<?php

namespace App\Http\Controllers\Api\V1;

use App\Http\Controllers\Controller;
use App\Models\Provincia;
use Illuminate\Http\Request;

class ProvinciaController extends Controller
{
    /**
     * Display a listing of the resource.
     *
     * @return \Illuminate\Http\Response
     */

    /*public function __construct()
    {
        $this->middleware('auth:api');
    }*/

    /**
     * @OA\Get(
     *      path="/api/v1/provincias",
     *      operationId="getProvincias",
     *      tags={"Provincias"},
     *      summary="Obtener todas las provincias",
     *      description="Recupera todas las provincias de la base de
datos y las devuelve como una respuesta JSON ordenadas por nombre.",
     *      @OA\Response(
     *          response=200,
```

```
 *              description="Lista de provincias ordenadas por
nombre",
 *              @OA\JsonContent(
 *                  @OA\Property(property="provincias",
type="array",
 *                      @OA\Items(
 *                          @OA\Property(property="id",
type="integer", example=1),
 *                          @OA\Property(property="nombre",
type="string", example="Provincia A"),
 *                          @OA\Property(property="created_at",
type="string", format="date-time"),
 *                          @OA\Property(property="updated_at",
type="string", format="date-time"),
 *                      ),
 *                  ),
 *              ),
 *          ),
 *      )
 */
    public function index()
    {
        // Recupera todas las provincias desde la base de datos y
las devuelve como una respuesta JSON ordenadas por nombre
        return Provincia::orderBy('nombre')->get();
    }


}
```

PoblacionControler

```php
<?php

namespace App\Http\Controllers\Api\V1;

use App\Http\Controllers\Controller;
use Illuminate\Http\Request;
use App\Models\Poblacion;

class PoblacionController extends Controller
{
    /**
     * Display a listing of the resource.
     *
     * @return \Illuminate\Http\Response
     */
```

```
/**
 * @OA\Get(
 *      path="/api/v1/poblaciones",
 *      operationId="index",
 *      tags={"Poblaciones"},
 *      summary="Obtener todas las poblaciones",
 *      description="Devuelve todas las poblaciones ordenadas por
nombre o filtradas por provincia si se proporciona.",
 *      @OA\Parameter(
 *          name="provincia",
 *          in="query",
 *          description="Código de la provincia para filtrar las
poblaciones.",
 *          required=false,
 *          @OA\Schema(type="string")
 *      ),
 *      @OA\Response(
 *          response=200,
 *          description="Devuelve todas las poblaciones ordenadas
por nombre o filtradas por provincia si se proporciona.",
 *      )
 * )
 */

    public function index(Request $request)
    {
        $provincia = $request->input('provincia', ''); // Valor
predeterminado es una cadena vacía

        return Poblacion::where('provincia_cod', $provincia)-
>orderBy('nombre')->get();
    }
}
```

SystemController

```
<?php

namespace App\Http\Controllers\Api\V1;

use App\Http\Controllers\Controller;
use Illuminate\Support\Facades\DB;

class SystemController extends Controller
{
    /**
     * @OA\Get(
```

261

```
 *          path="/api/v1/consultaCervezasPorPais",
 *          operationId="consultaCervezasPorPais",
 *          tags={"System"},
 *          summary="Consulta la cantidad de cervezas por país",
 *          description="Devuelve la cantidad de cervezas agrupadas
por país",
 *          @OA\Response(
 *              response=200,
 *              description="Operación exitosa",
 *              @OA\JsonContent(
 *                  type="array",
 *                  @OA\Items(
 *                      @OA\Property(property="cantidad",
type="integer"),
 *                      @OA\Property(property="nombre",
type="string"),
 *                  )
 *              )
 *          ),
 *          @OA\Response(
 *              response=500,
 *              description="Error interno del servidor",
 *              @OA\JsonContent(
 *                  @OA\Property(property="message", type="string")
 *              )
 *          ),
 *      )
 */
    public function consultaCervezasPorPais()
    {
        $resultados = DB::select("
            SELECT COUNT(*) as value, p.nombre as name
            FROM cervezas as cer
            INNER JOIN paises AS p ON cer.pais_id = p.id
            GROUP BY cer.pais_id, p.nombre
            ORDER BY p.nombre
        ");

        return response()->json($resultados);
    }

    /**
     * @OA\Get(
     *          path="/api/v1/consultaCervezasPorTipo",
     *          operationId="consultaCervezasPorTipo",
     *          tags={"System"},
```

```
 *       summary="Consulta la cantidad de cervezas por tipo",
 *       description="Devuelve la cantidad de cervezas agrupadas
por tipo",
 *       @OA\Response(
 *           response=200,
 *           description="Operación exitosa",
 *           @OA\JsonContent(
 *               type="array",
 *               @OA\Items(
 *                   @OA\Property(property="cantidad",
type="integer"),
 *                   @OA\Property(property="nombre",
type="string"),
 *               )
 *           )
 *       ),
 *       @OA\Response(
 *           response=500,
 *           description="Error interno del servidor",
 *           @OA\JsonContent(
 *               @OA\Property(property="message", type="string")
 *           )
 *       ),
 * )
 */
    public function consultaCervezasPorTipo()
    {
        $resultados = DB::select("
            SELECT COUNT(*) as value, t.nombre as name
            FROM cervezas as cer
            INNER JOIN tipos AS t ON cer.tipo_id = t.id
            GROUP BY cer.tipo_id, t.nombre
            ORDER BY t.nombre
        ");

        return response()->json($resultados);
    }

    /**
     * @OA\Get(
     *       path="/api/v1/consultaBD",
     *       operationId="consultaBD",
     *       tags={"System"},
     *       summary="Consulta el tamaño de las tablas de la base de
datos",
     *       description="Devuelve el tamaño de las tablas de la base
```

```
de datos en megabytes",
 *          @OA\Response(
 *              response=200,
 *              description="Operación exitosa",
 *              @OA\JsonContent(
 *                  type="array",
 *                  @OA\Items(
 *                      @OA\Property(property="table_name",
type="string"),
 *                      @OA\Property(property="table_rows",
type="integer"),
 *                      @OA\Property(property="data_size_mb",
type="number"),
 *                      @OA\Property(property="index_size_mb",
type="number"),
 *                  )
 *              )
 *          ),
 *          @OA\Response(
 *              response=500,
 *              description="Error interno del servidor",
 *              @OA\JsonContent(
 *                  @OA\Property(property="message", type="string")
 *              )
 *          ),
 *      )
 */
    public function consultaBD()
    {
        $databaseName = env('DB_DATABASE');
        $resultados = DB::select("
            SELECT
            table_name,
            table_rows,
            data_length / (1024 * 1024) AS data_size_mb,
            index_length / (1024 * 1024) AS index_size_mb
            FROM information_schema.tables
            WHERE table_schema = '{$databaseName}'
            AND table_type = 'BASE TABLE'; -- Solo tablas, no vistas
ni tablas de sistema;
        ");

        return response()->json($resultados);
    }

    /**
```

```
     * @OA\Get(
     *         path="/api/v1/consultaTablas",
     *         operationId="consultaTablas",
     *         tags={"System"},
     *         summary="Consulta las tablas de la base de datos",
     *         description="Devuelve las tablas de la base de datos",
     *         @OA\Response(
     *             response=200,
     *             description="Operación exitosa",
     *             @OA\JsonContent(
     *                 type="array",
     *                 @OA\Items(
     *                     @OA\Property(property="table_name",
type="string"),
     *                     @OA\Property(property="table_rows",
type="integer"),
     *                 )
     *             )
     *         ),
     *         @OA\Response(
     *             response=500,
     *             description="Error interno del servidor",
     *             @OA\JsonContent(
     *                 @OA\Property(property="message", type="string")
     *             )
     *         ),
     * )
     */
    public function consultaTablas()
    {
        $databaseName = env('DB_DATABASE');

        $resultados = DB::select("
            SELECT table_name, table_rows
            FROM information_schema.tables
            WHERE table_schema = '{$databaseName}'
              AND table_type = 'BASE TABLE'; -- Solo tablas, no
vistas ni tablas de sistema
        ");

        return response()->json($resultados);
    }

};
```

DESPLIEGUE

Introducción

En el presente capítulo veremos cómo efectuar un despliegue de nuestro proyecto en Internet, para que pueda ser visible por todo el mundo. Para poder llevar a cabo este proceso con éxito, deberemos contemplar varios requisitos. Para nuestro ejemplo, utilizaremos el proveedor de servicios **Railway**, que, si bien no es gratuito a fecha de hoy **(marzo 2024)**, cuenta con planes a partir de 5 €, suficiente para desplegar nuestros proyectos de prueba. Para más información, consulte al proveedor. Siéntase libre de escoger otros planes o proveedores que sean de su agrado. También deberá contar con una cuenta en **GitHub** y un repositorio. Además, asegúrese de que su proveedor cuente con la versión **PHP 8.2** o superior y, por supuesto, con una base de datos relacional **MySQL** para este ejemplo. Aunque Laravel permite la conexión con otras bases de datos relacionales, como *PostgreSQL, SQL Server y SQLite*, para más detalles consulte la documentación oficial de **Laravel**.

Procedimiento

Creación de la base de datos

1. Una vez dado de alta como uauario e inicida sessión, pule en el botón **Start New Project**.

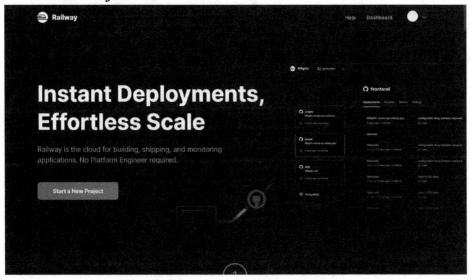

Railway

2. Una vez pulsado el botón deberá aparecerle la siguinente pantalla. En el desplegable que aparece en pantalla, deberá escoger la opción **Provision MySQL**. Esta opción nos permitirá crear y montar nuestra base de datos.

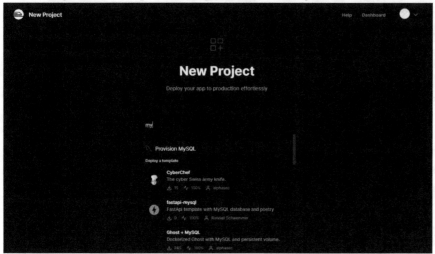

3.- Una vez creada la BBDD, pulse sobre el enlace de la ficha y deberá aparecerle una ficha, a continuación seleccione la pestaña **variables**. Una vez seleccionada la pestaña, deberá copiar el contenio de las siguientes variables:

```
MYSQLDATABASE
MYSQLHOST
MYSQLPASSWORD
MYSQLPORT
MYSQL_DATABASE
```

Guarde estas variables, en cualquier lugar accesible pues haremos uso de ellas más tarde.

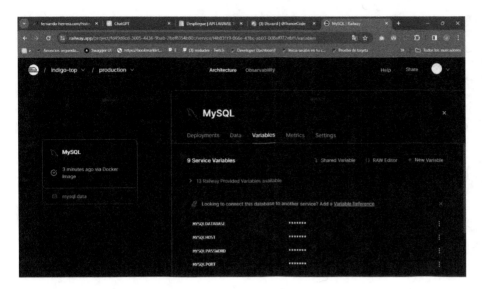

Creación de la aplicación

Antes de continuar, deberá de disponer de un repositorio en **Github**, si usted no conoce **git** y **gitub** le recomiendo seguir uno de los muchos tutoriales que existen en Internet.

Pulse sobre el icono del tren y deberá aparecerle un pantalla similar a la siguiente:

Pulse el botón **New Project** deberá aparecerse una página como la siguiente:

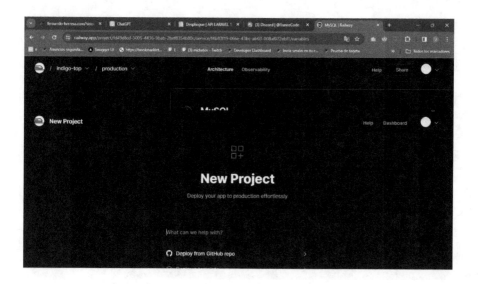

Selecciona **Deploy from GitHub repo**. Suponiendo que es tu primer despliegue en **RailWay**, deberás seleccionar la opción **Configured GitHub**. Esta opción es muy útil, ya que no solo desplegará nuestra aplicación por primera vez, sino que también se volverá a desplegar automáticamente cada vez que hagamos cambios en nuestro repositorio. A esto se le llama integración continua. Se nos pedirá nuestra contraseña de acceso a **GitHub** y que le demos permisos de acceso a **Railway** a nuestro repositorio

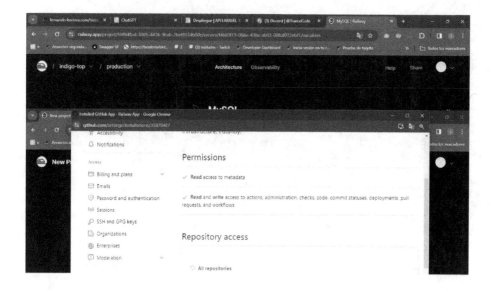

A continuación se nos pedirá que selccionemos un repositorio. Existen dos opciones, o seleccionarlos o todos o uno concreto. Escoja su proyecto.

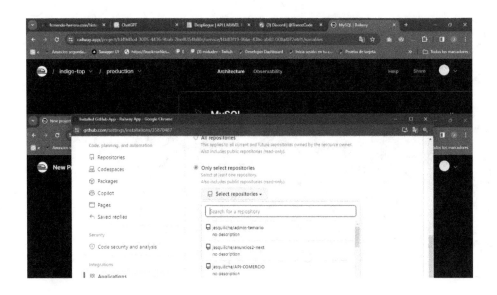

Una vez seccionada la opción adecuada, nos aparecerá la siguiente pantalla:

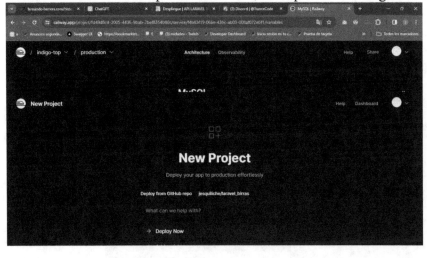

Railway

Aún no vamos a desplegar la aplicación; todavía necesitamos especificar las variables de entorno. Selecciona **Add Variables**. En la siguiente pantalla, haz clic en **cancelar**, porque de lo contrario tendríamos que introducirlas una por una. En la siguiente pantalla escoja la pestaña **variables**.

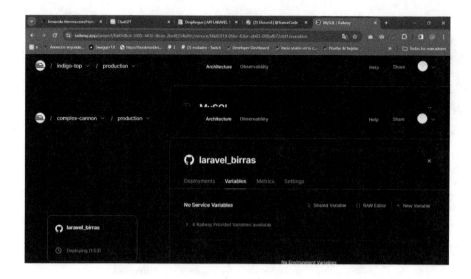

Escoja la opción **RAW Editor**.

En la ventana modal emergente, copie el contenido de su archivo .env que se encuentra en la raíz del proyecto y péguelo.

Railway

A continuación debemos cambiar el contenido de ciertas variables:

variables de entorno

APP_NAME=**Nombre de su aplicación**

APP_ENV=production

APP_DEBUG=false

APP_URL=**Poner después del despliegue**

Los valores en negrita indican que estos valores deben ser especificados por usted según sus necesidades. El **APP_URL** debe ser rellanado una vez conozcamos el dominio asignado por **RailWay**. Recuerda que unos pasos atrás le indique que guardara los valores de ciertas valores de valores de entorno, estos se verían algo así:

Variables de conexión BBDD

MYSQLDATABASE=**xxxxxxxxxxxxx**

MYSQLHOST=**xxxxxxx**

MYSQLPASSWORD=**xxxx**

MYSQLPORT=**xxxxxxxxx**

MYSQLUSER=**xxxx**

A continuación debe cambiar las siguientes variables con el valor de las variables de conexión antes expuestas:

:ariables de conexión de la app

DB_CONNECTION=mysql

DB_HOST==>MYSQLHOST

DB_PORT=>MYSQLPORT

DB_DATABASE=>MYSQLDATABASE

DB_USERNAME=>MYSQLUSER

DB_PASSWORD=>M**YSQLPASSWORD**

A continuación y al final del **Raw edito4** debajo de todas las variables debe introducir el siguiente código literal:

```
NIXPACKS_BUILD_CMD=composer install && npm i && npm run build && php
artisan optimize && php artisan config:cache &&  php artisan
route:cache && php artisan view:cache && php artisan migrate:fresh
--seed --force
```

Si observas atentamente estas instrucciones, notarás que son las mismas que utilizarías para iniciar el proyecto. La instrucción php artisan migrate:fresh –seed –force inicializa la base de datos, ejecuta las migraciones y los seeders. Por lo tanto, deberás modificarla en despliegues posteriores si ya tienes datos. Modifícala en ese caso si no quieres que la base de datos se inicialice en cada nuevo despliegue.

Una vez ya definidas las variables de entorno, ya puede comenzar a realizar el despliegue. Pulse sobre el boton **Deploy**. Justo en este momento comenzara el despliegue esta proceso, pude tardar varios minutos.

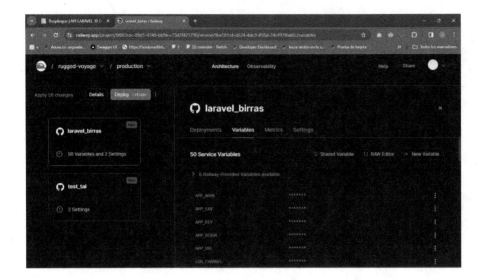

Si todo ha ido bien en la pestaña **Deploy** nos deberá aparecer una pantalla similar a la siguiente:

Ya casi hemos terminado, solo quedan un par de pasos. Vaya a la pestaña **Settings** y en la opción **Public networking** pulse el botón **Generate Domain**.

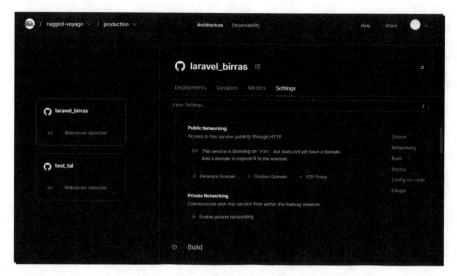

Railway

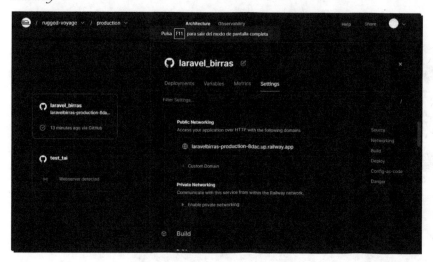

Railway

Vuelva a la pestaña de **Deployments** y pulse sobre el enlace. Debería aparecer la pantalla de presentación Laravel.

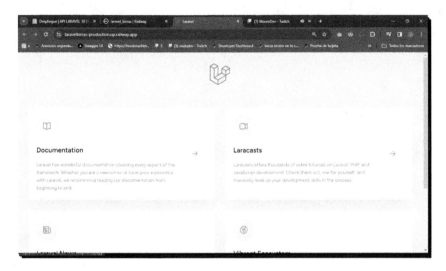

Railway

FRONTEND

NEXT

PRIMEROS PASOS CON NEXT

Introducción

En esta sección y las siguientes, vamos a ver cómo consumir nuestra API desde el frontend. Para ello, utilizaremos el framework Next.js 14.

Instalación y configuración

Requisitos del sistema:

Node.js 18.17 o posterior. Se admiten macOS, Windows (incluido WSL) y Linux.

Instalación

Recomendamos comenzar una nueva aplicación Next.js usando create-next-app, que configura todo automáticamente para ti. Para crear un proyecto, ejecuta:

```
npx create-next-app@latest
```

Durante la instalación, verás los siguientes mensajes:

```
PS C:\Users\jesus\Desktop\next> npx create-next-app@latest frontend
√ Would you like to use TypeScript? ... No / Yes
√ Would you like to use ESLint? ... No / Yes
√ Would you like to use Tailwind CSS? ... No / Yes
√ Would you like to use `src/` directory? ... No / Yes
? Would you like to use App Router? (recommended) » No / Yes
```

Next 14

traducción

¿Cómo se llama tu proyecto? (nombre de proyecto)

¿Te gustaría usar TypeScript? No / Sí (escoja Sí)

¿Te gustaría usar ESLint? No / Sí (escoja Sí)

¿Te gustaría usar Tailwind CSS? No / Sí (escoja Sí)

¿Te gustaría usar el directorio `src/`? No / Sí (escoja Sí)

¿Te gustaría usar App Router? (recomendado) No / Sí (escoja Sí)

¿Te gustaría personalizar el alias de importación predeterminado (@/*)? No / (escoja No)

Después de los mensajes, create-next-app creará una carpeta con el nombre de tu proyecto e instalará las dependencias necesarias.

Si eres nuevo en Next.js, consulta la documentación de la estructura del proyecto para obtener una descripción general de todos los archivos y carpetas posibles en tu aplicación.

Next.js ahora incluye configuraciones de TypeScript, ESLint y Tailwind CSS de forma predeterminada. Opcionalmente, puedes usar un directorio src en la raíz de tu proyecto para separar el código de tu aplicación de los archivos de configuración.

Estructura del Proyecto Next.js

Esta página proporciona una visión general de la estructura del proyecto de una aplicación Next.js. Cubre archivos y carpetas de nivel superior, archivos de configuración y convenciones de enrutamiento dentro de los directorios de la aplicación y páginas.

Carpetas de nivel superior

Las carpetas de nivel superior se utilizan para organizar el código de tu aplicación y los archivos estáticos.

- **app:** Enrutador de la Aplicación
- **pages:** Enrutador de Páginas
- **public:** Ficheros estáticos que se servirán
- **src:** Carpeta opcional de origen de la aplicación

Directorio App

¿Qué es el directorio de aplicaciones?

- Es una carpeta específica dentro de tu proyecto Next.js dedicada a crear componentes y definir las rutas de la aplicación.
- Aprovecha características de React 18 como los Server Components y Suspense, habilitando funcionalidades avanzadas.

Ventajas de usar el directorio de aplicaciones:

- **Rutas dinámicas:** Crea rutas que se adapten según el estado de la aplicación o los datos del usuario.
- **Rutas anidadas:** Organiza tu aplicación con una estructura jerárquica usando carpetas anidadas dentro del directorio de aplicaciones. Cada carpeta actúa como un segmento de la ruta.
- **SEO mejorado:** El directorio de aplicaciones permite renderizado del lado del servidor, lo que puede mejorar el SEO de tu aplicación.
- **Flexibilidad:** Separa la estructura lógica y de diseño de tu aplicación de la estructura de rutas.

Conclusión:

El directorio de aplicaciones en Next.js te brinda una forma moderna de estructurar y enrutar tus aplicaciones, ofreciendo ventajas en términos de flexibilidad, SEO y aprovechamiento de las funciones más recientes de React.

Pages

Es la forma de crear rutas de la las versiones anteriores a la 13. En esta proyecto no aplica.

Archivos de nivel superior

Los archivos de nivel superior se utilizan para configurar tu aplicación, gestionar dependencias, ejecutar middleware, integrar herramientas de monitoreo y definir variables de entorno.

- **Next.js:** Instalación de Next.js
- **next.config.js:** Archivo de configuración para Next.js
- **package.json:** Dependencias y scripts del proyecto
- **instrumentation.ts:** Archivo de OpenTelemetry e Instrumentación
- **middleware.ts:** Middleware de solicitud de Next.js
- **.env:** Variables de entorno
- **.env.local:** Variables de entorno locales
- **.env.production:** Variables de entorno de producción
- **.env.development:** Variables de entorno de desarrollo
- **.eslintrc.json:** Archivo de configuración para ESLint
- **.gitignore:** Archivos y carpetas de Git a ignorar
- **next-env.d.ts:** Archivo de declaración de TypeScript para Next.js
- **tsconfig.json:** Archivo de configuración para TypeScript
- **jsconfig.json:** Archivo de configuración para JavaScript

Convenciones de Enrutamiento de la Aplicación

A continuación, se presentan las convenciones de archivos utilizadas para definir rutas y manejar metadatos en el enrutador de la aplicación.

Archivos de Enrutamiento:
- **layout:** Archivos con extensiones .js, .jsx, .tsx: Diseño de la página.
- **page:** Archivos con extensiones .js, .jsx, .tsx: Página principal.
- **loading:** Archivos con extensiones .js, .jsx, .tsx: Interfaz de usuario para la carga.

- **not-found:** Archivos con extensiones .js, .jsx, .tsx: Interfaz de usuario para página no encontrada.

- **error:** Archivos con extensiones .js, .jsx, .tsx: Interfaz de usuario para errores.

- **global-error:** Archivos con extensiones .js, .jsx, .tsx: Interfaz de usuario para errores globales.

- **route:** Archivos con extensiones .js, .ts: Punto final de la API.

- **template:** Archivos con extensiones .js, .jsx, .tsx: Plantilla para el diseño re-renderizado.

- **default:** Archivos con extensiones .js, .jsx, .tsx: Página de respaldo para rutas paralelas.

COMPONENTES DE SERVIDOR Y DE CLIENTE

Componentes de servidor y cliente

En **Next.js 14**, los **componentes de servidor** y los **componentes de cliente** desempeñan roles distintos en el proceso de renderizado. Permíteme explicarte las diferencias:

1. **Componentes de Servidor:**
   - Se renderizan **exclusivamente en el servidor**.
   - Son **estáticos**, lo que significa que su contenido no cambia después de la renderización inicial.
   - Su resultado se utiliza para generar el HTML en el servidor.
   - Ideal para contenido que no requiere interacción dinámica o actualizaciones frecuentes.
   - Reduce la cantidad de código JavaScript enviado al cliente.
   - Ejemplo: información estática en una página de inicio.

2. **Componentes de Cliente:**
   - Pueden renderizarse tanto en el servidor como en el cliente.
   - Pueden ser **dinámicos**, lo que permite interacción y actualizaciones en tiempo real.
   - Los componentes de cliente se prerrenderizan y se almacenan en caché en el servidor.
   - El resultado se envía al navegador para la hidratación de la aplicación.
   - Ejemplo: formularios interactivos, elementos que requieren datos en tiempo real.

Como conclusión, los componentes de servidor son estáticos y se renderizan solo en el servidor, mientras que los componentes de cliente pueden ser dinámicos y renderizarse tanto en el servidor como en el cliente[124]. Esta separación de responsabilidades entre lógica del cliente y del servidor permite una mejor optimización y control sobre el rendimiento de la aplicación.

¿Cuándo Utilizar Componentes de Servidor?

- Los componentes de servidor son ideales para situaciones en las que deseas renderizar contenido estático en el servidor y enviarlo al cliente.

- Algunos casos comunes para usar componentes de servidor son:
    - **Contenido Estático**: Páginas que muestran información que no cambia con frecuencia, como páginas de inicio, páginas de contacto o páginas de "Acerca de nosotros".
    - **SEO**: Si buscas una buena optimización para motores de búsqueda (SEO), los componentes de servidor son útiles para prerrenderizar contenido y mejorar la indexación.
    - **Mejora del Rendimiento**: Al renderizar en el servidor, reduces la cantidad de JavaScript que se envía al cliente, lo que puede mejorar el tiempo de carga inicial.
    - **Contenido Personalizado**: Puedes usar datos dinámicos en componentes de servidor, como datos de una API o una base de datos, para generar contenido personalizado.

2. **Ejemplo de Uso:**
    - Imagina que tienes una página de blog. La lista de publicaciones podría ser un componente de servidor, ya que rara vez cambia y no requiere interacción del usuario.
    - Sin embargo, los comentarios en cada publicación podrían ser componentes de cliente, ya que pueden actualizarse en tiempo real y requieren interacción del usuario.

¿Cuándo usar Componentes de Cliente?

Los Componentes de Cliente en Next 14 son una herramienta poderosa para optimizar el rendimiento y la experiencia del usuario, pero no son la solución para todo. Aquí te presento algunos casos en los que su uso es especialmente adecuado:

1. **Interactividad sin necesidad de SSR:**

- **Componentes modales:** ventanas emergentes, formularios de suscripción, etc.

- **Animaciones:** transiciones, carruseles, etc.

- **Interacciones en tiempo real:** chat, notificaciones, etc.

2. **Mejorar la carga inicial:**

- **Componentes que no son esenciales para el contenido principal:** widgets, banners, etc.

- **Contenido que se carga de forma perezosa:** imágenes, vídeos, etc.

- **Elementos que se muestran/ocultan dinámicamente:** acordeones, pestañas, etc.
3. **Personalización del lado del cliente:**
- **Componentes que dependen de la configuración del usuario:** temas, preferencias, etc.
- **Elementos que se personalizan en tiempo real:** carritos de compra, listas de favoritos, etc.
- **Experiencias adaptables a diferentes dispositivos:** responsive design, etc.
4. **Optimización del SEO:**
- **Componentes que no son críticos para el SEO:** scripts de análisis, anuncios, etc.
- **Contenido que se carga después de la carga inicial:** contenido dinámico, etc.
- **Elementos que no son visibles para los robots de búsqueda:** elementos ocultos, etc.
5. **Experimentación y pruebas A/B:**
- **Componentes que se pueden mostrar/ocultar de forma remota:** pruebas de diferentes diseños.
- **Elementos que se pueden personalizar dinámicamente:** pruebas de diferentes textos, imágenes, etc.
- **Experiencias que se pueden segmentar a diferentes usuarios:** pruebas A/B.

Recuerda:
- Los Componentes de Cliente no se renderizan en el servidor, por lo que no son ideales para contenido SEO crítico.
- Su uso puede aumentar la complejidad del código y dificultar la depuración.
- Es importante evaluar cuidadosamente si un componente realmente necesita ser un Componente de Cliente.

OBTENCIÓN DE DATOS

Introducción

Almacenamiento en Caché de Datos

El almacenamiento en caché guarda datos para evitar recuperarlos repetidamente de su fuente original en cada solicitud.

Por defecto, Next.js almacena automáticamente los valores devueltos de las solicitudes fetch en la Caché de Datos del servidor. Esto permite recuperar los datos durante la construcción o la solicitud, almacenarlos en caché y reutilizarlos en cada solicitud de datos.

Sin embargo, hay excepciones; las solicitudes fetch no se almacenan en caché cuando:

- Se utilizan dentro de una Acción del Servidor.
- Se utilizan dentro de un Manejador de Rutas que usa el método POST.

¿Qué es la Caché de Datos?

La Caché de Datos es una caché HTTP persistente. Puede escalar automáticamente y compartirse entre varias regiones dependiendo de la plataforma.

Revalidación de Datos

La revalidación es el proceso de purgar la Caché de Datos y volver a recuperar los datos más recientes. Esto es útil cuando los datos cambian y quieres asegurarte de mostrar la información más actualizada.

Los datos en caché pueden revalidarse de dos maneras:

- Revalidación basada en el tiempo: Revalida automáticamente los datos después de un cierto período. Es útil para datos que cambian raramente y no necesitan estar siempre actualizados.

- Revalidación bajo demanda: Revalida manualmente los datos basándose en un evento específico, como el envío de un formulario. Esto es útil cuando necesitas mostrar los datos más recientes lo antes posible.

Revalidación basada en el tiempo

Para revalidar datos en intervalos de tiempo, puedes utilizar la opción `next.revalidate` de la función fetch para establecer el tiempo de vida en caché de un recurso en segundos.

```
fetch('https://...', { next: { revalidate: 3600 } })
```

Alternativamente, puedes configurar la revalidación para todas las solicitudes fetch en un segmento de ruta utilizando las Opciones de Configuración de Segmento.
`layout.js | page.js`

```
export const revalidate = 3600 // Revalidar como máximo cada hora
```

Si tienes múltiples solicitudes fetch en una ruta renderizada estáticamente y cada una tiene una frecuencia de revalidación diferente, se utilizará el tiempo más bajo para todas las solicitudes. Para rutas renderizadas dinámicamente, cada solicitud fetch se revalidará independientemente.

Revalidación bajo demanda

Los datos pueden revalidarse bajo demanda por ruta (revalidatePath) o por etiqueta de caché (revalidateTag) dentro de una Acción del Servidor o un Manejador de Rutas.

Next.js tiene un sistema de etiquetado de caché para invalidar las solicitudes fetch en todas las rutas.
`app/page.tsx`

```
export default async function Page() {
  const res = await fetch('https://...', { next: { tags:
['collection'] } })
  const data = await res.json()
  // ...
}
```

Luego, puedes revalidar esta llamada fetch etiquetada con `collection` llamando a `revalidateTag` en una Acción del Servidor.

```
app/actions.ts

'use server'

import { revalidateTag } from 'next/cache'

export default async function action() {
  revalidateTag('collection')
}
```

Manejo de Errores y Revalidación

Si se produce un error al intentar revalidar datos, se seguirán sirviendo los últimos datos generados con éxito desde la caché. En la siguiente solicitud, Next.js intentará volver a validar los datos.

Exclusión del Almacenamiento en Caché de Datos

Las solicitudes fetch no se almacenan en caché si:

- Se añade `cache: 'no-store'` a las solicitudes fetch.
- Se añade la opción `revalidate: 0` a las solicitudes fetch individuales.
- La solicitud fetch está dentro de un Manejador de Rutas que utiliza el método POST.
- La solicitud fetch viene después del uso de encabezados o cookies.
- La opción de segmento de ruta `const dynamic = 'force-dynamic'` está en uso.
- La opción de segmento de ruta `fetchCache` está configurada para omitir la caché de forma predeterminada.
- La solicitud fetch utiliza encabezados de Autorización o Cookies y hay una solicitud sin caché arriba en el árbol de componentes.

Desarrollo funcionas api.ts

Este modulo es un conjunto de funciones para interactuar con la API que maneja datos relacionados con cervezas y otros elementos relacionados, como países, colores, tipos, etc. Aquí hay un resumen de las funciones proporcionadas y su propósito:

1. Funciones para obtener datos de cervezas:
    - `fetchCervezas()`: Obtiene una lista de cervezas desde la API.

- `fetchCervezasPorPaises()`: Obtiene una lista de cervezas agrupadas por país.
- `fetchCervezasById(id)`: Obtiene los detalles de una cerveza específica por su ID.
- `fetchCervezasQuery(query)`: Obtiene cervezas según una consulta específica.

2. Funciones para obtener datos de tipos, países y graduaciones:
- `fetchTipos()`: Obtiene una lista de tipos de cervezas.
- `fetchTiposQuery(query)`: Obtiene tipos de cervezas según una consulta específica.
- `fetchPaises()`: Obtiene una lista de países.
- `fetchPaisesById(id)`: Obtiene detalles de un país específico por su ID.
- `fetchColores()`: Obtiene una lista de colores de cervezas.
- `fetchGraduaciones()`: Obtiene una lista de graduaciones de cervezas.

3. Funciones para realizar acciones de registro y eliminación:
- `postRegister(url, datos)`: Envía datos de registro de usuarios a una URL específica.
- `fetchDeleteCervezasById(id, token)`: Elimina una cerveza específica por su ID y con un token de autorización.

Esta modulo proporciona un conjunto de funciones para interactuar con una API que maneja datos relacionados con cervezas y otras entidades asociadas, como tipos, países y colores. Las funciones abarcan desde la obtención de datos hasta acciones de registro y eliminación.

Cree una carpeta llamada **services** y cree dentro el fichero **api.ts**, edite y copie el siguiente **código**.

```
"use server";
import {
  Cerveza,
  Color,
  Pais,
  Tipo,
  Graduacion,
  CervezaData,
  PaisesData,
} from "@/interfaces/interfaces";
```

```javascript
export async function fetchCervezas() {
  const apiUrl = process.env.API_URL ??
"http://127.0.0.1:1337/api/";

  try {
    const response = await fetch(`${apiUrl}cervezas?
page=1&per_page=40`, { cache: "no-store" });

    if (!response.ok) {
      throw new Error("No se pudieron obtener los datos de la API");
    }

    const data = await response.json();

    return data;
    // Aquí puedes trabajar con los datos obtenidos de la API
  } catch (error) {
    console.error(error);
    return []; // Debes devolver un valor adecuado en caso de error
  }
}

export async function fetchCervezasPorPaises() {
  const apiUrl = process.env.API_URL ??
"http://127.0.0.1:1337/api/";

  try {
    const response = await fetch(`${apiUrl}consultaCervezasPorPais`,
{
      cache: "no-store",
    });

    if (!response.ok) {
      throw new Error("No se pudieron obtener los datos de la API");
    }

    const data = await response.json();

    return data;
    // Aquí puedes trabajar con los datos obtenidos de la API
  } catch (error) {
    console.error(error);
    return []; // Debes devolver un valor adecuado en caso de error
  }
}
```

```typescript
export async function fetchCervezasById(id: string):
Promise<CervezaData> {
  const apiUrl = process.env.API_URL ??
"http://127.0.0.1:1337/api/";

  const response = await fetch(`${apiUrl}cervezas/${id}`, { next: {
revalidate: 0 } });

  if (!response.ok) {
    throw new Error("No se pudieron obtener los datos de la API");
  }

  const data = await response.json();


  return data;
  // Aquí puedes trabajar con los datos obtenidos de la API
}
export async function fetchCervezasQuery(query: string) {
  const apiUrl = process.env.API_URL ??
"http://127.0.0.1:1337/api/";
  try {
    const response = await fetch(`${apiUrl}cervezas?${query}`, {
      cache: "no-store",
    });

    if (!response.ok) {
      throw new Error("No se pudieron obtener los datos de la API");
    }

    const data = await response.json();
    return data;

    // Aquí puedes trabajar con los datos obtenidos de la API
  } catch (error) {
    return []; // Debes devolver un valor adecuado en caso de error
  }
}

export async function fetchTiposQuery(query: string) {
  const apiUrl = process.env.API_URL ??
"http://127.0.0.1:1337/api/";
  try {
    const response = await fetch(`${apiUrl}tipos?${query}`, {
      cache: "no-store",
    });
```

```
    if (!response.ok) {
      return false
      throw new Error("No se pudieron obtener los datos de la API");
    }

    const data = await response.json();
    return data;

    // Aquí puedes trabajar con los datos obtenidos de la API
  } catch (error) {
    return []; // Debes devolver un valor adecuado en caso de error
  }
}
export async function fetchPaises(): Promise<PaisesData | undefined>
{
  const apiUrl = process.env.API_URL ??
"http://127.0.0.1:8000/api/v1/";
  try {
    const response = await fetch(`${apiUrl}paises`,);

    if (!response.ok) {
      throw new Error("No se pudieron obtener los datos de la API");
    }

    const data = await response.json();

    return data;
    // Aquí puedes trabajar con los datos obtenidos de la API
  } catch (error) {
    console.error("Error al obtener datos:", error);

    return;
  }
}

export async function fetchColores(): Promise<Color[] | any> {
  const apiUrl = process.env.API_URL ??
"http://127.0.0.1:8000/api/v1/";
  try {
    const response = await fetch(`${apiUrl}colores`, {
      method: "GET",
    });

    if (!response.ok) {
      throw new Error("No se pudieron obtener los datos de la API");
    }
```

```
    const data = await response.json();
    return data.colores;
    // Aquí puedes trabajar con los datos obtenidos de la API
  } catch (error) {
    console.error("Error al obtener datos:", error);
  }
}

export async function fetchTipos() {
  const apiUrl = process.env.API_URL ??
"http://127.0.0.1:8000/api/v1/";

  try {
    const response = await fetch(`${apiUrl}tipos`, );

    if (!response.ok) {
      throw new Error("No se pudieron obtener los datos de la API");
    }

    const data = await response.json();
    return data;
    // Aquí puedes trabajar con los datos obtenidos de la API
  } catch (error) {
    console.log(error);
    return []; // Debes devolver un valor adecuado en caso de error
  }
}

export async function fetchTiposById(id:string): Promise<Tipo |
undefined> {
  const apiUrl = process.env.API_URL ??
"http://127.0.0.1:8000/api/v1/";

  try {
    const response = await fetch(`${apiUrl}tipos/${id}`, { cache:
"no-store" });

    if (!response.ok) {
      throw new Error("No se pudieron obtener los datos de la API");
    }

    const data = await response.json();
    return data.Tipo;

    // Aquí puedes trabajar con los datos obtenidos de la API
```

```
  } catch (error) {
    console.log(error);
    return ; // Debes devolver un valor adecuado en caso de error
  }
}

export async function fetchPaisesById(id:string): Promise<Pais |
undefined> {
  const apiUrl = process.env.API_URL ??
"http://127.0.0.1:8000/api/v1/";


  try {
    const response = await fetch(`${apiUrl}paises/${id}`, { cache:
"no-store" });

    if (!response.ok) {
      throw new Error("No se pudieron obtener los datos de la API");
    }

    const data = await response.json();

    return data.Pais;

    // Aquí puedes trabajar con los datos obtenidos de la API
  } catch (error) {
    console.log(error);
    return ; // Debes devolver un valor adecuado en caso de error
  }
}


export async function fetchGraduaciones(): Promise<Graduacion[]> {
  const apiUrl = process.env.API_URL ??
"http://127.0.0.1:8000/api/v1/";
  try {
    const response = await fetch(`${apiUrl}graduaciones`,

    );

    if (!response.ok) {
      throw new Error("No se pudieron obtener los datos de la API");
    }

    const data = await response.json();
    return data.graduaciones;
    // Aquí puedes trabajar con los datos obtenidos de la API
```

```
  } catch (error) {
    console.error("Error al obtener datos:", error);

    return [];
  }
}

export async function postRegister(
  url: string,
  datos: {
    name: string;
    password: string;
    email: string;
  }
): Promise<string> {
  try {
    const response = await fetch(url, {
      method: "POST",
      headers: {
        "Content-Type": "application/json",
      },
      body: JSON.stringify(datos),
    });

    if (response.ok) {
      console.log("Datos enviados correctamente.");
      // Aquí puedes realizar acciones adicionales después de enviar
Los datos
    } else {
      switch (response.status) {
        case 409:
          throw new Error(
            "Ya existe un Usuario con este email: " +
response.statusText
          );
          break;
        case 422:
          // const data=await response.json();
          throw new Error("Ya existe un Usuario con este email: ");

        default:
          throw new Error("Error al enviar los datos:" +
response.statusText);
          break;
      }
    }
```

```
    return "ok";
  } catch (error: any) {
    return error.message;
  }
}

export async function fetchDeleteCervezasById(id: string, token:
string) {
  const apiUrl = process.env.API_URL ??
"http://127.0.0.1:1337/api/";

  try {
    const response = await fetch(`${apiUrl}cervezas/${id}`, {
      method: "DELETE",
      headers: {
        "Content-Type": "application/json",
        Authorization: `Bearer ${token}`,
      },
      cache: "no-store",
    });

    if (!response.ok) {
      return true;
      throw new Error(`Error al eliminar la cerveza con ID ${id}`);
    }
    return true
    /*const data = await response.json();

    return data.data;*/
  } catch (error) {
    console.error(error);
  }
}
```

Variables de entorno

Las variables de entorno en Next.js te permiten configurar cómo se ejecuta tu aplicación dependiendo del entorno en el que se encuentra. Aquí tienes una explicación de cómo funcionan en Next.js 14:

- **Variables locales**: Puedes usar un archivo .env.local para cargar variables de entorno específicas de tu entorno local. Estas variables se cargan en **process.env** y son accesibles en los métodos de obtención de datos y rutas API de Next.js.

- **Variables públicas**: Si quieres exponer variables de entorno al navegador, debes prefijarlas con `NEXT_PUBLIC_`. Por ejemplo, `NEXT_PUBLIC_API_URL`. Estas variables se incluirán en el JavaScript que se envía al navegador y serán reemplazadas en tiempo de compilación por sus valores reales.

- **Referencia de otras variables**: Next.js expande automáticamente las variables que utilizan `$` para referenciar otras variables dentro de tus archivos `.env*`.

- **Variables por defecto**: Puedes establecer valores predeterminados para diferentes entornos usando archivos como `.env.development` o `.env.production`.

Es importante recordar que las variables que no están prefijadas con `NEXT_PUBLIC_` solo estarán disponibles en el entorno de Node.js y no en el navegador[12].

Para acceder a las variables de entorno en tus componentes de Next.js, puedes hacerlo directamente usando `process.env.NEXT_PUBLIC_` seguido del nombre de tu variable. Aquí en esta caso se utiliza una variable de servidor, el uso de variables de servidor se aplica a su ámbito. Variables ded servidor para componentes de servidor y variables de clienta para componente de cliente.

```javascript
export async function fetchCervezasPorPaises() {
  const apiUrl = process.env.API_URL ??
"http://127.0.0.1:8000/api/";

  try {
    const response = await fetch(`${apiUrl}consultaCervezasPorPais`,
{
      cache: "no-store",
    });

    if (!response.ok) {
      throw new Error("No se pudieron obtener los datos de la API");
    }

    const data = await response.json();

    return data;
    // Aquí puedes trabajar con los datos obtenidos de la API
  } catch (error) {
  console.error(error);
  return []; // Debes devolver un valor adecuado en caso de error
  }
}
```

Recuerda que solo las variables de entorno que comienzan con `NEXT_PUBLIC_` estarán disponibles en el navegador, ya que se reemplazan en tiempo de compilación por sus valores reales y se incluyen en el JavaScript que se envía al navegador.

Archivo .env.local en la raíz del proyecto.

```
# Variables de cliente
NEXT_PUBLIC_API_URL=http://127.0.0.1:8000/api/v1/
NEXT_PUBLIC_API_AUTH=http://127.0.0.1:8000/api/
# Variables de servidor
API_URL=http://127.0.0.1:8000/api/v1/


NEXTAUTH_SECRET=no.utilizar.en.producción
```

AUTENTICACIÓN CON NEXT-AUTH Y JWT

Introducción

NextAuth.js es una biblioteca de autenticación para aplicaciones web desarrolladas con Next.js, un marco de trabajo de React para construir aplicaciones web modernas. NextAuth.js simplifica el proceso de autenticación al proporcionar una capa de abstracción sobre los servicios de autenticación populares, como OAuth, OpenID Connect y otros proveedores de identidad, así como también autenticación propia.

Con NextAuth.js, los desarrolladores pueden integrar fácilmente la autenticación en sus aplicaciones Next.js sin tener que preocuparse por los detalles de implementación de cada proveedor de autenticación individual. Esto permite a los desarrolladores centrarse en la lógica de la aplicación en lugar de en la configuración y gestión de la autenticación.

NextAuth.js proporciona una API sencilla y flexible que permite a los desarrolladores personalizar y adaptar la autenticación a las necesidades específicas de sus aplicaciones. Además, ofrece soporte para funciones avanzadas como la autenticación de dos factores y la gestión de sesiones, lo que garantiza la seguridad y la experiencia del usuario en todo momento.

NextAuth.js es una herramienta poderosa para simplificar y agilizar el proceso de autenticación en aplicaciones web desarrolladas con Next.js, permitiendo a los desarrolladores centrarse en la creación de experiencias de usuario excepcionales sin tener que lidiar con la complejidad de la autenticación.

Instalación y configuración

Instalar **NextAuth**
```
npm install next-auth
```

Agregar Ruta de API Para agregar NextAuth.ts a tu proyecto, crea un archivo llamado [...nextauth].js en app/api/auth. Este archivo contiene el controlador de ruta dinámica para NextAuth.js que también contendrá todas tus configuraciones globales de NextAuth.js.

```js
import NextAuth from "next-auth";
import CredentialsProvider from "next-auth/providers/credentials";

const handler = NextAuth({
  providers: [
    CredentialsProvider({
      name: "Credentials",
      credentials: {
        email: {
          label: "Email",
          type: "text",
          placeholder: "Enter your email",
        },
        password: {
          label: "Password",
          type: "password",
          placeholder: "Enter your password",
        },
      },
      async authorize(credentials) {
        try {
          // Realiza una solicitud POST al endpoint de autenticación
en el servidor
          const res = await fetch(`$
{process.env.NEXT_PUBLIC_API_AUTH}/login`, {
            method: "POST",
            body: JSON.stringify({
              email: credentials?.email,
              password: credentials?.password,
            }),
            headers: { "Content-Type": "application/json" },
          });

          // Si la respuesta no es 200 (éxito), lanza un error
          if (res.status !== 200) {
            throw new Error("Invalid credentials");
          }

          // Si la respuesta es 200, obtiene los datos de usuario y
autorización
          const data = await res.json();
          return {
            user: data.user,
            authorization: data.authorization,
```

```
      };
    } catch (error) {
      // Captura cualquier error y lo muestra en la consola
      console.error("Error during login:", error);
      throw new Error("Error during login");
    }
  }
},
}),
],
callbacks: {
  async jwt({ token, user }) {
    // Fusiona los datos del token y del usuario
    return { ...token, ...user };
  },
  async session({ session, token }) {
    // Establece la sesión del usuario basada en el token
    session = token;
    return session;
  },
},
session: {
  // Configura el tiempo de vida del token JWT a 1 hora (3600
segundos)
  jwt: true,
  maxAge: 3600,
},
pages: {
  // Define la ruta para cerrar sesión
  signOut: "/auth/signout",
},
});

// Exporta el controlador de autenticación para manejar solicitudes
GET y POST
export { handler as GET, handler as POST };
```

Explicación del código

1. **Importaciones de Módulos:**

```
import NextAuth from "next-auth";
import CredentialsProvider from "next-auth/providers/credentials";
```

- **¿Qué hace esto?:**
  - Aquí estamos importando dos módulos necesarios para implementar la autenticación en nuestra aplicación Next.js. NextAuth nos proporciona un conjunto de herramientas para manejar la

307

autenticación de manera sencilla, mientras que `CredentialsProvider` es un proveedor específico que nos permite autenticar usuarios utilizando credenciales como correo electrónico y contraseña.

2. **Configuración de NextAuth:**

```
const handler = NextAuth({
  providers: [
    CredentialsProvider({
      name: "Credentials",
      credentials: {
        email: { ... },
        password: { ... }
      },
      async authorize(credentials) { ... }
    })
  ],
  callbacks: { ... },
  session: { ... },
  pages: { ... }
});
```

*   **¿Qué hace esto?:**
    -   Aquí estamos configurando NextAuth para que funcione con nuestro proveedor de credenciales. Dentro de la configuración, definimos cómo se deben manejar las credenciales de correo electrónico y contraseña, qué funciones deben ejecutarse en diferentes etapas del proceso de autenticación, cómo debe gestionarse la sesión del usuario y cómo deben ser las páginas relacionadas con la autenticación.

3. **Función authorize:**

```
async authorize(credentials) {
    try {
      // Realización de una solicitud POST al endpoint de
autenticación en el servidor
      const res = await fetch(`$
{process.env.NEXT_PUBLIC_API_AUTH}login`, {
        method: "POST",
        body: JSON.stringify({
          email: credentials?.email,
          password: credentials?.password,
        }),
        headers: { "Content-Type": "application/json" },
      });
```

```
        // Si la solicitud no es exitosa (código de estado
distinto a 200), lanzar un error
        if (res.status !== 200) {
          throw new Error("Credenciales no válidas");
        }

        // Si la solicitud es exitosa, obtener los datos de
usuario y autorización
        const data = await res.json();

        // Devolver los datos de usuario y autorización
        return {
          user: data.user,
          authorization: data.authorization,
        };
      } catch (error) {
        // Capturar cualquier error y mostrarlo en la consola
        console.error("Error during login:", error);
        throw new Error("Error durante el inicio de sesión");
      }
    },
```

- **¿Qué hace esto?**:
  - Esta función es crucial en el proceso de autenticación. Se ejecuta cuando un usuario intenta iniciar sesión en nuestra aplicación. Dentro de esta función, tomamos las credenciales proporcionadas por el usuario (correo electrónico y contraseña), las utilizamos para realizar una solicitud HTTP a la API autenticación, y luego evaluamos si las credenciales son válidas o no (status 200). Si son válidas, devolvemos información sobre el usuario y su autorización para acceder a la aplicación, en caso contrario devuelve error. ### Respuesta Login

```json
{
"user": {
  "id": 1,
  "name": "admin",
  "email": "admin@test.com",
  "email_verified_at": null,
  "role": "admin",
  "created_at": "2024-03-14T20:25:49.000000Z",
  "updated_at": "2024-03-14T20:25:49.000000Z"
},
"authorization": {
```

```
    "token":
    "eyJ0eXAiOiJKV1QiLCJhbGciOiJIUzI1NiJ9.eyJpc3MiOiJodHRwOi8vbGFy
    YXZlbGJpcnJhcy1wcm9kdWN0aW9uLnVwLnJhaWx3YXkuYXBwL2FwaS9sb2dpbi
    IsImlhdCI6MTcxMjgxODQ0MSwiZXhwIjoxNzEyOTA0ODQxLCJuYmYiOjE3MTI4
    MTg0NDEsImp0aSI6InZwQnZZbUJJsRHExRVllZ0k4iLCJzdWIiOiIxIiwicHJ2Ij
    oiMjNiZDVjODk0OWY2MDBhZGIzOWU3MDFjNDAwODcyZGI3YTU5NzNmNyJ9.rkP
    MYTdSYGU7LRZoLe24u5kDu4meNRNLW1mzh3qY7UQ",
    "type": "bearer"
    }
}
```

Estos datos serán guardados en la sesión.

4. **Callbacks**

```
callbacks: {
    // Callback para manipular el token JWT
    async jwt({ token, user }) {
        return { ...token, ...user };
    },
    // Callback para manejar la sesión del usuario
    async session({ session, token }) {
        // Establecer la sesión del usuario basada en el token
        session = token;
        return session;
    },
},
```

- **¿Qué hace esto?**:

Estas secciones de código definen callbacks en el objeto de configuración de NextAuth. Los callbacks son funciones que se ejecutan en momentos específicos del ciclo de vida de la autenticación y nos permiten personalizar y manipular los datos del usuario y su sesión. En este caso, los callbacks están relacionados con el manejo del token JWT y la sesión del usuario:

Callback jwt:

Esta función se ejecuta cada vez que se crea o actualiza el token JWT. Recibe como parámetro un objeto con el token y los datos del usuario. En este código, la función simplemente fusiona los datos del token y del usuario y los devuelve como un objeto combinado.

Callback session:

Esta función se ejecuta cada vez que se crea una nueva sesión para un usuario. Recibe como parámetros el objeto de sesión actual y el token JWT. En este código, la función establece la sesión del usuario basada en el token JWT asignándole el valor del token al objeto de sesión y luego devuelve este objeto de sesión modificado.

5. **Resto de opciones** Estas opciones adicionales en el objeto de configuración de NextAuth tienen un impacto en la sesión del usuario y en la configuración de las páginas de la aplicación:

6. **Opciones de sesión (`session`):**

    –   `jwt`: Un booleano que indica si se debe habilitar el uso de JWT (JSON Web Tokens) para la gestión de la sesión del usuario. Cuando está establecido en `true`, NextAuth utiliza JWT para manejar la sesión del usuario.

    –   `maxAge`: Define el tiempo máximo de vida del token JWT en segundos. En este caso, está configurado en 3600 segundos (1 hora), lo que significa que el token JWT expirará después de 1 hora de haber sido emitido.

7. **Configuración de páginas (`pages`):**

    –   `signOut`: Especifica la ruta de la página a la que se redirigirá cuando un usuario cierre sesión. En este caso, se ha configurado la ruta "/auth/signout" como la ruta a la que se redirigirá el usuario al cerrar sesión.

8. **Exportación del Controlador:**

```
export { handler as GET, handler as POST };
```

*   **¿Qué hace esto?**:
    –   Exportamos el controlador de autenticación como dos funciones, `GET` y `POST`, lo que nos permite manejar tanto las solicitudes GET como POST relacionadas con la autenticación en nuestra aplicación. Esto nos proporciona flexibilidad en cómo gestionamos las solicitudes de autenticación en nuestra aplicación.

Configuración del provider

El componente `SessionAuthProvider` sirve para proporcionar acceso a la información de sesión en toda nuestra aplicación React. Básicamente, actúa como un envoltorio alrededor de nuestra aplicación, permitiendo que todos los componentes secundarios dentro de él accedan a la información de sesión proporcionada por NextAuth.

Cuando utilizamos SessionAuthProvider, estamos asegurándonos de que nuestros componentes secundarios puedan acceder fácilmente a detalles importantes sobre la sesión del usuario, como su estado de autenticación, información del usuario, etc.

Entonces, para simplificar, el SessionAuthProvider es como un puente que conecta nuestra aplicación con NextAuth, permitiendo que la información de sesión fluya sin problemas a través de todos los componentes de nuestra aplicación React. Esto facilita la implementación de funcionalidades relacionadas con la autenticación y la gestión de sesiones en nuestra aplicación.

Cree el archivo **context/SessionAuthProvider.tsx**

```tsx
"use client";
import { SessionProvider } from "next-auth/react";
import React from "react";

interface Props {
  children: React.ReactNode;
}

const SessionAuthProvider = ({ children }: Props) => {
  return (
    <SessionProvider>{children}</SessionProvider>
  );
};

export default SessionAuthProvider;
```

1. **Importamos los módulos necesarios:**
   - Importamos el componente SessionProvider de la biblioteca next-auth/react. También necesitamos importar la biblioteca React para poder utilizar JSX en nuestro componente.

```tsx
import { SessionProvider } from "next-auth/react";
import React from "react";
```

2. **Definimos nuestro componente SessionAuthProvider:**
   - Creamos un componente de función llamado SessionAuthProvider.
   - Este componente toma un único prop llamado children, que representará los elementos secundarios que estarán dentro de nuestro proveedor de sesión.

```tsx
interface Props {
  children: React.ReactNode;
}
```

```
const SessionAuthProvider = ({ children }: Props) => {
  // Este componente proporciona acceso a la información de sesión
en toda la aplicación
  // Envuelve los componentes secundarios en el SessionProvider de
NextAuth
};
```

3. **Desarrollamos el cuerpo de nuestro componente `SessionAuthProvider`:**
   – Nuestro componente `SessionAuthProvider` devuelve el componente `SessionProvider`, que envuelve los elementos secundarios (`children`) que se le pasan como prop.
   – `SessionProvider` es un componente de contexto proporcionado por NextAuth que nos asegura que nuestros componentes secundarios tengan acceso a la información de sesión proporcionada por NextAuth.

```
const SessionAuthProvider = ({ children }: Props) => {
  // Devuelve el SessionProvider para que los componentes
secundarios tengan acceso a la información de sesión
  return (
    <SessionProvider>{children}</SessionProvider>
  );
};
```

4. **Exportamos nuestro componente `SessionAuthProvider`:**
   – Finalmente, exportamos nuestro componente `SessionAuthProvider` para que pueda ser utilizado en otras partes de nuestra aplicación.

```
export default SessionAuthProvider;
```

Definición de tipos

Si bien este paso es opcional, es altamente recomendable. En este módulo definiremos el tipo devuelto por el hook **useSessión**, que veremos más adelante.

Archivo context/SessionAuthProvider.tsx

```
import "next-auth";

declare module "next-auth" {
  interface User {
    id: number;
    name: string;
```

```
  email: string;
  email_verified_at: string | null;
  two_factor_secret: string | null;
  two_factor_recovery_codes: string[] | null;
  two_factor_confirmed_at: string | null;
  created_at: string;
  updated_at: string;
}

interface Authorization {
  token: string;
  type: string;
}

interface Session {
  user: User;
  authorization: Authorization;
  iat: number;
  exp: number;
  jti: string;
}

}
```

GESTIÓN DE SESIONES

La biblioteca de cliente de NextAuth.js facilita la interacción con sesiones desde aplicaciones React o Next

```
ts title="Ejemplo de Objeto de Sesión" {    user: {        name: string
email: string        image: string    },    expires: Date // Esta es la
caducidad de la sesión, no de ninguno de los tokens dentro de la
sesión }
```

Puede usar la devolución de llamada de sesión para personalizar el objeto de sesión devuelto al cliente si necesita devolver datos adicionales en el objeto de sesión.

El valor de caducidad se rota, lo que significa que cada vez que se recupera la sesión de la API REST, este valor también se actualizará para evitar la expiración de la sesión.

useSession() Lado del Cliente: Sí Lado del Servidor: No El hook de React useSession() en el cliente de NextAuth.js es la forma más sencilla de comprobar si alguien ha iniciado sesión.

Ejemplo
```
import { useSession } from "next-auth/react"

export default function Componente() {
  const { data: session, status } = useSession()

  if (status === "authenticated") {
    return <p>Sesión iniciada como {session.user.email}</p>
  }

  return <a href="/api/auth/signin">Iniciar sesión</a>
}
```

useSession()

Devuelve un objeto que contiene dos valores: **data y status**:

data: Esto puede ser tres valores: - Sesión - undefined - null.

Cuando la sesión aún no se ha cargado, data será undefined. En caso de que no se halla iniciado la sesión, data será null. En caso de éxito, data será un objeto Sesión.

status: mapeo enum a tres posibles estados de sesión: - loading (cargando sesión) - authenticated (autorizado) - unauthenticated (no autorizado)

Requerir sesión

Debido a la forma en que Next.js maneja getServerSideProps y getInitialProps, cada carga de página protegida debe realizar una solicitud del lado del servidor para verificar si la sesión es válida y luego generar la página solicitada (SSR). Esto aumenta la carga del servidor, y si prefieres hacer las solicitudes desde el cliente, hay una alternativa. Puedes usar useSession de manera que asegure que siempre tengas una sesión válida. Si después del estado de carga inicial no se encuentra ninguna sesión, puedes definir la acción apropiada para responder.

Para poder utilizar el hook **useSession**, primero debemos crear un proveedor de sesión que permita el acceso a todas las páginas y componentes que lo contengan para tener acceso a la sesión. Vamos a ver cómo implementarlo en nuestro proyecto, lo cual puede servirnos como ejemplo para futuros proyectos. Cree una carpeta llamada **context** en la raíz del proyecto y un componente llamado **SessionAuthProvider.tsx**. Estos nombres son completamente libres de ser definidos a gusto del desarrollador.

```typescript title=src.tsx
"use client";

import { SessionProvider } from "next-auth/react"; import React from "react";

interface Props { children: React.ReactNode; }
```

const SessionAuthProvider = ({ children }: Props) => { return ({children}); };

export default SessionAuthProvider;
Ahora para hacer que **useSessión** sea accesible para todos los componentes y paginas del proyecto, vamos a redefinir nuestro punto de entrada a la aplicación **Layout.tsx**.

```ts
import type { Metadata } from "next";
import { Inter } from "next/font/google";
import "./globals.css";
import SessionAuthProvider from "@/context/SessionAuthProvider";
import NavBar from "@/components/NavBar";

const inter = Inter({ subsets: ["latin"] });

export const metadata: Metadata = {
  title: "Frontend curso",
  description: "Frontend curso",
};

export default function RootLayout({
  children,
}: {
  children: React.ReactNode;
}) {
  return (
    <html lang="es">
      <body className={inter.className}>
        <SessionAuthProvider>
          <NavBar />
          <div className="flex-1 ">{children}</div>
        </SessionAuthProvider>
      </body>
    </html>
  );
}
```

- **Interfaz de Usuario Global**: Importa estilos globales (`globals.css`) para aplicar estilos a toda la aplicación, lo que garantiza una apariencia consistente en todas las páginas.

- **Manejo de Sesión de Usuario**: El componente `SessionAuthProvider` se encarga de manejar la autenticación y la sesión de usuario en la aplicación.

Envuelve el contenido de la aplicación para proporcionar acceso a la sesión a todas las páginas y componentes que lo contienen.

- **Barra de Navegación**: El componente `NavBar` se renderiza para proporcionar navegación entre las diferentes secciones de la aplicación.

- **Definición de Metadatos**: Define metadatos (`metadata`) para la página, como el título y la descripción, que pueden ser utilizados para mejorar el SEO y la accesibilidad de la aplicación.

- **Diseño de Página Principal**: El componente `RootLayout` actúa como el diseño principal de la aplicación, envolviendo el contenido de cada página para aplicar estilos globales, manejar la sesión de usuario y proporcionar una barra de navegación consistente en todas las páginas. El comportamiento predeterminado es redirigir al usuario a la página de inicio de sesión, desde donde, después de iniciar sesión correctamente, se le enviará de vuelta a la página en la que comenzó. También puedes definir un callback onUnauthenticated(), si deseas hacer algo diferente:

A continuación vamos a ver como implementar nuestra barra de navegación, que nos servirá como ejemplo de implementación de **useSession** en nuestros componentes.

Recuerde que para poder utilizar hooks, nuestros componentes deben estar del lado del cliente. En el ejemplo no se especifica explícitamente por que **SessionAuthProvider** ya está definido como un componente del lado del cliente. Por lo tanto, todos sus hijos **{children}** heredarán este comportamiento automáticamente, a menos que se especifique lo contrario.

Cree el siguiente componente **src.tsx**

```tsx
import React from "react";
import ButtonAuth from "./ButtonAuth";
import Link from "next/link";
const NavBar = () => {
    return (
        <div className="px-4 py-2 mx-auto flex justify-between flex-
items-center shadow-lg">
        <Link href="/" className="py-2 italic font-bold text-xl">
            Inicio
        </Link>
        <ButtonAuth />
    </div>
    );
```

```
};
```

```
export default NavBar;
```

A continuación crearemos el componente **ButtonAuth**, el cual nos permitirá **iniciar y cerrar sesión**.

```ts title=src.tsx "use client"; import { signIn, signOut, useSession } from "next-auth/react";

export default function ButtonAuth() { const { data: session, status } = useSession();

if (status === "loading") { return

Loading...

;}

console.log(session); if (session) { return ( <> <button onClick={async () => await signOut({ callbackUrl: "/" })} className="btn-primary" > Log out - {session.user?.name}    </> ); } return ( <> <button onClick={() => signIn()} className="btn-primary"> Log in </> );} ```

Explicación del código
- Importa los hooks `signIn`, `signOut`, y `useSession` de la biblioteca `next-auth/react`, que se utilizan para gestionar la autenticación de usuario.
- El componente `ButtonAuth` utiliza el hook `useSession` para obtener el estado de la sesión del usuario (`session`) y su estado de carga (`status`).
- Si la sesión está cargando (`status === "loading"`), muestra un mensaje de carga para indicar al usuario que se está procesando la autenticación.
- Si hay una sesión activa (`session` no es `null`), muestra un botón para cerrar sesión. Al hacer clic en este botón, se llama a la función `signOut` para cerrar la sesión del usuario.
```

- Si no hay una sesión activa (`session` es `null`), muestra un botón para iniciar sesión. Al hacer clic en este botón, se llama a la función `signIn` para iniciar sesión.

- Conclusión, este componente proporciona una interfaz sencilla para que el usuario inicie sesión o cierre sesión en la aplicación, dependiendo de su estado de sesión actual.

OPERACIONES CRUD

Introducción

"CRUD" es un acrónimo que representa las cuatro operaciones básicas que se pueden realizar en la mayoría de las bases de datos relacionales y sistemas de gestión de bases de datos. Estas operaciones son: Create (Crear), Read (Leer), Update (Actualizar) y Delete (Eliminar). Aquí te explico cada una de estas operaciones:

1. **Create (Crear):**

   – Esta operación implica la creación de nuevos registros o entradas en una base de datos. Por ejemplo, si tienes una base de datos de usuarios, la operación de creación se utilizaría para agregar un nuevo usuario con su información, como nombre, correo electrónico, contraseña, etc.

2. **Read (Leer):**

   – La operación de lectura implica recuperar datos existentes de la base de datos. Permite consultar, buscar o filtrar registros específicos de la base de datos. Por ejemplo, puedes utilizar la operación de lectura para mostrar una lista de todos los usuarios registrados en tu aplicación.

3. **Update (Actualizar):**

   – Esta operación se utiliza para modificar o actualizar registros existentes en la base de datos. Por ejemplo, si un usuario cambia su dirección de correo electrónico, puedes utilizar la operación de actualización para cambiar el correo electrónico almacenado en su registro de usuario.

4. **Delete (Eliminar):**

   – La operación de eliminación se utiliza para eliminar registros existentes de la base de datos. Por ejemplo, si un usuario decide eliminar su cuenta, puedes utilizar la operación de eliminación para eliminar completamente su registro de usuario de la base de datos.

El CRUD es fundamental en el desarrollo de aplicaciones web y de software, ya que proporciona las funcionalidades básicas necesarias para interactuar con los datos almacenados en una base de datos. Casi todas las aplicaciones web modernas utilizan estas operaciones CRUD en algún momento para gestionar sus datos de manera eficiente y efectiva.

Operaciones de lectura

Comencemos desplegando nuestra página de inicio, que incluye la barra de navegación integrada en el Layout, así como un filtro que te permite explorar nuestras cervezas según distintos criterios, como el color, los países, entre otros

Inicio

Vamos a echarle un vistazo al código que se encuentra en el archivo **page.tsx** en el directorio raíz de nuestro proyecto. Crée el siguiente archivo **page.tsx**

```tsx
"use client";

import React, { useState, useEffect } from "react";
import Load from "@/components/Load";

//Importar llamadas a la API
import {
  fetchCervezas,
  fetchColores,
  fetchGraduaciones,
  fetchPaises,
  fetchTipos,
  fetchCervezasQuery,
} from "@/services/api";
import {
  Cerveza,
```

```
  Color,
  Graduacion,
  PaisesData,
  Tipo,
} from "@/interfaces/interfaces";

import Link from "next/link";
import Cards from "@/components/Cards";

export default function Page() {
  //Paginación
  const [page, setPage] = useState(1);
  const [limit, setLimit] = useState(40);

  //Definir estados
  const [loading, setLoading] = useState(true);
  const [cervezas, setCervezas] = useState<Cerveza[]>([]);
  const [tipos, setTipos] = useState<Tipo[]>([]);
  const [paises, setPaises] = useState<PaisesData |
undefined>(undefined);
  const [colores, setColores] = useState<Color[]>([]);
  const [graduaciones, setGraduaciones] =
useState<Graduacion[]>([]);
  //inicializar datos para los combos
  const [formData, setFormData] = useState({
    tipo: "",
    pais: "",
    color: "",
    graduacion: "",
    nombre: "",
    oferta: -1,
    novedad: -1,
  });

  const handleOnChange = (
    e: React.ChangeEvent<HTMLSelectElement | HTMLInputElement>
  ) => {
    const { name, value } = e.target;

    switch (name) {
      case "oferta":
        let valor: number = 0;

        valor = +value;

        setFormData((prevFormData) => ({
```

```
            ...prevFormData,
            [name]: valor,
        }));

        break;
      case "novedad":
        let valor1: number = 0;

        valor1 = +value;

        setFormData((prevFormData) => ({
            ...prevFormData,
            [name]: valor1,
        }));

        break;
      default:
        setFormData((prevFormData) => ({
            ...prevFormData,
            [name]: value,
        }));
    }
  };

  const CervezasQuery = async (queryString: string) => {
    // Aquí puedes construir el query string con los valores de
formData

    const cervezas = await fetchCervezasQuery(queryString);
    setCervezas(cervezas.data);
  };

  const handleSubmit = async (e: React.FormEvent) => {
    e.preventDefault();
    let queryString = `page=${page}&per_page=${limit}&tipo_id=$
{formData.tipo}&pais_id=${formData.pais}&color_id=$
{formData.color}&nombre=${formData.nombre}&graduacion_id=$
{formData.graduacion}`;
    if (formData.oferta != -1) {
      queryString += `&oferta=${formData.oferta}`;
    }
    if (formData.novedad != -1) {
      queryString += `&novedad=${formData.novedad}`;
    }

    await CervezasQuery(queryString);
  };
```

```
useEffect(() => {
  const obtenerCervezas = async () => {
    setLoading(true);
    try {
      const tiposData = await fetchTipos();
      setTipos(tiposData.data);

      const paisesData = await fetchPaises();
      setPaises(paisesData);

      const coloresData = await fetchColores();
      setColores(coloresData);

      const graduacionesData = await fetchGraduaciones();
      setGraduaciones(graduacionesData);
    } catch (error) {
      console.error("Error fetching data:", error);
    }
    const cervezasData = await fetchCervezas();
    setCervezas(cervezasData.data);
    setLoading(false);
  };

  obtenerCervezas();
}, []);

return (
  <div>
    <h1 className="text-2xl font-bold text-center mt-
5">Cervezas</h1>
    <div className="w-11/12 mx-auto border-2 p-4 rounded-lg
shadow-lg">
      <h1 className="text-2xl font-bold text-center">Filtro</h1>

      {loading ? (
        <Load />
      ) : (
        <form onSubmit={handleSubmit} className="flex flex-wrap">
          <div className="grid grid-cols-2 md:grid-cols-4 gap-4">
            <div>
              <label htmlFor="tipo" className="block text-gray-
700">
                Tipo:
              </label>
              <select
```

```
      name="tipo"
      id="tipo"
      onChange={handleOnChange}
      value={formData.tipo}
      className="form-control"
    >
      <option key="0" value="0"></option>

      {tipos.map((t) => (
        <option
          key={t.id}
          value={t.id}
          selected={t.id == +formData.tipo}
        >
          {t.nombre}
        </option>
      ))}
    </select>
  </div>

  <div>
    <label htmlFor="pais" className="block text-gray-
700">

      País:
    </label>
    <select
      name="pais"
      id="pais"
      onChange={handleOnChange}
      className="form-control"
    >
      <option key="0" value="0"></option>

      {paises &&
        paises.data.map((p) => (
          <option
            key={p.id}
            value={p.id}
            selected={p.id == +formData.pais}
          >
            {p.nombre}
          </option>
        ))}
    </select>
  </div>
```

```jsx
<div>
  <label htmlFor="color" className="block text-gray-
700">

    Color:
  </label>
  <select
    name="color"
    id="color"
    onChange={handleOnChange}
    className="form-control"
  >
    <option key="0" value="0"></option>

    {colores.map((c) => (
      <option
        key={c.id}
        value={c.id}
        selected={c.id == +formData.color}
      >
        {c.nombre}
      </option>
    ))}
  </select>
</div>

<div>
  <label htmlFor="graduacion" className="block text-
gray-700">

    Graduación:
  </label>
  <select
    name="graduacion"
    id="graduacion"
    onChange={handleOnChange}
    className="form-control"
  >
    <option key="0" value="0"></option>

    {graduaciones.map((g) => (
      <option
        key={g.id}
        value={g.id}
        selected={g.id == +formData.graduacion}
      >
        {g.nombre}
      </option>
```

```
        ))}
      </select>
    </div>

    <div>
      <label htmlFor="nombre" className="block text-gray-
700">

        Nombre:
      </label>
      <input
        type="text"
        name="nombre"
        id="nombre"
        onChange={handleOnChange}
        className="form-control"
      />
    </div>
    <div>
      <label htmlFor="oferta" className="block text-gray-
700">

        Oferta:
      </label>
      <select
        name="oferta"
        id="oferta"
        onChange={handleOnChange}
        className="form-control"
      >
        <option key="0" value="-1"></option>

        <option key="1" value="1">
          Si
        </option>
      </select>
    </div>
    <div>
      <label htmlFor="Novedad" className="block text-gray-
700">

        Novedad:
      </label>
      <select
        name="novedad"
        id="novedad"
        onChange={handleOnChange}
        className="form-control"
      >
```

```
                <option key="0" value="-1"></option>

                <option key="1" value="1">
                  Si
                </option>
              </select>
            </div>
          </div>
          <div className="flex items-center p-2">
            <button type="submit" className="btn-primary">
              Filtrar
            </button>
            <Link href="/add/" className="btn-primary">
              Añadir
            </Link>
            <Link href="/" className="btn-primary">
              Volver
            </Link>
          </div>
        </form>
      )}

      <Cards cervezas={cervezas} setCervezas={setCervezas} />
    </div>
  </div>
 );
}
```

Desglose del código

1. **Imports:**

```
import React, { useState, useEffect } from "react";
import Load from "@/components/Load";

import {
  fetchCervezas,
  fetchColores,
  fetchGraduaciones,
  fetchPaises,
  fetchTipos,
  fetchCervezasQuery,
} from "@/services/api";
import {
  Cerveza,
  Color,
  Graduacion,
  PaisesData,
```

```
  Tipo,
} from "@/interfaces/interfaces";

import Link from "next/link";
import Cards from "@/components/Cards";
```

- En esta sección, se importan los módulos y componentes necesarios para el funcionamiento de la página. Los módulos incluyen React, useState, useEffect, Link de Next.js, y el componente Cards. También se importan varias funciones de API (fetchCervezas, fetchColores, etc.) y las interfaces (Cerveza, Color, etc.) necesarias para el tipado.

2. **Estado local y funciones de manejo de estado:**

```
const [page, setPage] = useState(1);
const [limit, setLimit] = useState(40);

const [loading, setLoading] = useState(true);
const [cervezas, setCervezas] = useState<Cerveza[]>([]);
const [tipos, setTipos] = useState<Tipo[]>([]);
const [paises, setPaises] = useState<PaisesData |
undefined>(undefined);
const [colores, setColores] = useState<Color[]>([]);
const [graduaciones, setGraduaciones] = useState<Graduacion[]>([]);
const [formData, setFormData] = useState({
  tipo: "",
  pais: "",
  color: "",
  graduacion: "",
  nombre: "",
  oferta: -1,
  novedad: -1,
});

const handleOnChange = (
  e: React.ChangeEvent<HTMLSelectElement | HTMLInputElement>
) => {
  const { name, value } = e.target;

  switch (name) {
    case "oferta":
      let valor: number = 0;

      valor = +value;

      setFormData((prevFormData) => ({
        ...prevFormData,
        [name]: valor,
```

```
    }));

      break;
    case "novedad":
      let valor1: number = 0;

      valor1 = +value;

      setFormData((prevFormData) => ({
        ...prevFormData,
        [name]: valor1,
      }));

      break;
    default:
      setFormData((prevFormData) => ({
        ...prevFormData,
        [name]: value,
      }));
    }
};

const CervezasQuery = async (queryString: string) => {
  const cervezas = await fetchCervezasQuery(queryString);
  setCervezas(cervezas.data);
};

const handleSubmit = async (e: React.FormEvent) => {
  e.preventDefault();
  let queryString = `page=${page}&per_page=${limit}&tipo_id=$
{formData.tipo}&pais_id=${formData.pais}&color_id=$
{formData.color}&nombre=${formData.nombre}&graduacion_id=$
{formData.graduacion}`;
  if (formData.oferta != -1) {
    queryString += `&oferta=${formData.oferta}`;
  }
  if (formData.novedad != -1) {
    queryString += `&novedad=${formData.novedad}`;
  }

  await CervezasQuery(queryString);
};
```

- En esta sección, se definen múltiples estados locales utilizando el hook `useState`. Estos estados incluyen información sobre la paginación, el estado de carga, los datos de las cervezas y los filtros seleccionados por el usuario.

331

- Se crean funciones para manejar cambios en los elementos del formulario (handleOnChange), realizar consultas de cervezas (CervezasQuery), y enviar el formulario (handleSubmit).

3. **Efecto secundario de montaje (useEffect):**

```
useEffect(() => {
  const obtenerCervezas = async () => {
    setLoading(true);
    try {
      const tiposData = await fetchTipos();
      setTipos(tiposData.data);

      const paisesData = await fetchPaises();
      setPaises(paisesData);

      const coloresData = await fetchColores();
      setColores(coloresData);

      const graduacionesData = await fetchGraduaciones();
      setGraduaciones(graduacionesData);
    } catch (error) {
      console.error("Error fetching data:", error);
    }
    const cervezasData = await fetchCervezas();
    setCervezas(cervezasData.data);
    setLoading(false);
  };

  obtenerCervezas();
}, []);
```

- En esta sección, se utiliza el hook useEffect para ejecutar un efecto secundario después de que el componente se monte en el DOM. Este efecto se utiliza para obtener datos iniciales de tipos, países, colores, graduaciones y cervezas mediante llamadas a las funciones de API definidas anteriormente. Una vez que se obtienen los datos, se actualizan los estados locales correspondientes y se establece el estado de carga en falso.

4. **Renderizado JSX:**

```
return (
  <div>
    <h1 className="text-2xl font-bold text-center mt-
5">Cervezas</h1>
    <div className="w-11/12 mx-auto border-2 p-4 rounded-lg shadow-
lg">
      <h1 className="text-2xl font-bold text-center">Filtro</h1>
```

```
    {loading ? (
      <Load />
    ) : (
      <form onSubmit={handleSubmit} className="flex flex-wrap">
        {/* Formulario de filtro */}
      </form>
    )}

    <Cards cervezas={cervezas} setCervezas={setCervezas} />
  </div>
</div>
);
```

- En esta sección, se devuelve el JSX que compone la interfaz de usuario de la página. Esto incluye un título, un formulario de filtro y una lista de cards de cerveza.

- Se muestra un componente de carga (Load) si los datos aún se están cargando.

Carga de datos

A continuación, vamos a repasar algunas de las funciones que utilizamos para la carga de datos de nuestro filtro implementadas en **useEffect**. En ellas, podremos observar cómo efectuamos las llamadas a nuestra API.

fetchPaises()

```
export async function fetchPaises(): Promise<PaisesData | undefined>
{
  const apiUrl = process.env.API_URL ??
"http://127.0.0.1:8000/api/v1/";
  try {
    const response = await fetch(`${apiUrl}paises`);

    if (!response.ok) {
      throw new Error("No se pudieron obtener los datos de la API");
    }

    const data = await response.json();

    return data;
  } catch (error) {
    console.error("Error al obtener datos:", error);

    return;
```

```
    }
}
```

La función **fetchPaises** solicita datos de países desde nuestra API. Realiza una solicitud GET a la URL proporcionada, espera la respuesta y la procesa. Si la respuesta es exitosa, devuelve los datos de los países en un formato que se pueda usar. En caso de error, registra el problema y devuelve **undefined**. La variable de entorno **API_URL** esta definida en el archivo **.env.local** como hemos explicado anteriores capítulos, es una variable de servidor. Si necesitara una variable de cliente desbebería utilizar el prefijo **NEXT_PUBLIC**, encontrara esta de definición el mismo archivo **.env.local**.

Otra función que sigue una estructura muy similar es **fetchColores**.

```
export async function fetchColores(): Promise<Color[] | any> {
  const apiUrl = process.env.API_URL ??
"http://127.0.0.1:8000/api/v1/";
  try {
    const response = await fetch(`${apiUrl}colores`, {
      method: "GET",
    });

    if (!response.ok) {
      throw new Error("No se pudieron obtener los datos de la API");
    }

    const data = await response.json();
    return data.colores;
    // Aquí puedes trabajar con los datos obtenidos de la API
  } catch (error) {
    console.error("Error al obtener datos:", error);
  }
}
```

Componente

Este componente muestra la lista de cervezas que se pasa por Props.

```
`use client`;
import { Cerveza } from "@/interfaces/interfaces";
import Link from "next/link";
import { useSession } from "next-auth/react";
import React, { cache, useEffect } from "react";

interface Props {
  cervezas: Cerveza[];
```

```
  setCervezas: React.Dispatch<React.SetStateAction<Cerveza[]>>;
}
const Cards = ({ cervezas, setCervezas }: Props) => {
  const { data: session } = useSession();
  const BorrarCerveza = async (id: number) => {
    const apiUrl =
      process.env.NEXT_PUBLIC_API_URL ??
"http://127.0.0.1:8000/api/v1/";

    const token = session?.authorization.token;
    try {
      const response = await fetch(`${apiUrl}cervezas/${id}`, {
        method: "DELETE",
        headers: {
          "Content-Type": "application/json",
          Authorization: `Bearer ${token}`,
        },
      });

      setCervezas(cervezas.filter((e) => e.id !== id));
    } catch (error) {
      alert(error);
    }
  };

  return (
    <>
      <div className="grid grid-cola-1 md:grid-cols-2 lg:grid-cols-4
gap-4 ">
        {cervezas.map((cerveza) => (
          <div
            key={cerveza.id}
            className="relative border-2 shadow-lg p-2 rounded-lg
flex flex-col justify-between hover:bg-gray-200"
          >
            <div>
              <div className="flex justify-between items-center">
                <h3 className="text-red-500 italic font-bold text-
2xl">
                  {cerveza.precio} €
                </h3>
                <h3 className="italic font-bold">{cerveza.pais}</h3>
                {cerveza.oferta != 0 && (
                  <div className="bg-red-500 text-white rounded-full
p-2 w-14 h-14 flex items-center justify-center absolute top-12 ml-
[210px] shadow-lg">
```

```
                    <h4 className="text-center text-xs italic -
rotate-45">
                        Oferta
                    </h4>
                </div>
            )}
            {cerveza.novedad != 0 && (
                <div className="bg-blue-500 text-white rounded-
full p-2 w-14 h-14 flex items-center justify-center absolute top-12
ml-[150px] shadow-lg">
                    <h4 className="text-center text-xs italic -
rotate-45">
                        Novedad
                    </h4>
                </div>
            )}
        </div>
    </div>
    <img
      src={cerveza.foto}
      className="w-[200px] mx-auto"
      loading="lazy"
    />
    <h3 className="font-bold text-md text-center
">{cerveza.nombre}</h3>
    <div className="flex justify-between p-2 mt-2">
        //Pendiente de crear
        <Link href={`/Ver/${cerveza.id}`} className="btn-
primary w-full">
            Ver
        </Link>
        //Pendiente de crear
        <Link href={`/Edit/${cerveza.id}`} className="btn-
primary w-full">
            Editar
        </Link>
        <button
          className="btn-primary w-full"
          onClick={async () => await
BorrarCerveza(cerveza.id)}
        >
            Borrar
        </button>
    </div>
</div>
```

```
        ))}
      </div>
    </>
  );
};

export default Cards;
```

Análisis del código

Este componente muestra lista de cervezas. Aquí hay un análisis de sus partes y funcionalidades:

1. **Importaciones**:

    – `Cerveza`: Se importa el tipo de dato `Cerveza` desde el módulo `interfaces/interfaces`.

    – `Link`: Importa el componente `Link` de Next.js para manejar enlaces entre páginas.

    – `useSession`: Un hook proporcionado por `next-auth/react` para obtener la sesión del usuario autenticado.

    – `React, useEffect`: Importaciones relacionadas con React y su hook `useEffect`.

2. **Interfaz Props**: Define una interfaz `Props` que especifica las propiedades esperadas por el componente. En este caso, se espera que el componente reciba un array de cervezas (`cervezas`) y una función para actualizar este array (`setCervezas`).

3. **Función `Cards`**:

    – Esta es la función principal del componente. Toma las cervezas recibidas como props y las muestra en tarjetas.

    – Utiliza el hook `useSession` para obtener la información de la sesión del usuario.

    – Define una función `BorrarCerveza` para eliminar una cerveza específica de la lista mediante una solicitud DELETE a la API.

    – Itera sobre el array de cervezas y muestra cada una en una tarjeta, que incluye el nombre, precio, país, oferta (si existe), novedad (si existe), una imagen, y botones para ver, editar y borrar la cerveza.

    – Al hacer clic en el botón "Borrar", se llama a la función `BorrarCerveza` para eliminar la cerveza correspondiente de la lista.

4. **Retorno**:

- Retorna una lista de tarjetas de cerveza, donde cada tarjeta muestra la información de una cerveza específica.

Borrado de producto

Vamos a observar con detenimiento esta función. Esta función realiza una llamada a nuestra API para borrar la cerveza por su ID. Obtiene la dirección de la **URL** a través de la variable de entorno del cliente especificada en **NEXT_PUBLIC_API_URL**. Esta operación de borrado está protegida y requiere del token de autenticación que obtuvimos al hacer el Login. Obtenemos el token accediendo a la sesión previamente cargada:

```
const token = session?.authorization.token;
```

Una vez obtenido dicho token, se lo pasa en la cabecera de la petición fetch precedido por la palabra **Bearer** e inmediatamente borra la cerveza de la lista, para no tener que volver a recargar toda la lista de cervezas.

```
const BorrarCerveza = async (id: number) => {
  const apiUrl =
    process.env.NEXT_PUBLIC_API_URL ??
"http://127.0.0.1:8000/api/v1/";

  const token = session?.authorization.token;
  try {
    const response = await fetch(`${apiUrl}cervezas/${id}`, {
      method: "DELETE",
      headers: {
        "Content-Type": "application/json",
        Authorization: `Bearer ${token}`,
      },
    });

    setCervezas(cervezas.filter((e) => e.id !== id));
  } catch (error) {
    alert(error);
  }
};
```

338

Lectura de producto (Ver)

Inicio

Crée el siguiente archivo **src[id].tsx**

```
import { fetchCervezasById } from "@/services/api";
import Link from "next/link";

export default async function Detalle({ params }: { params: { id:
string } }) {
  const id = params.id;

  const cerveza = await fetchCervezasById(id);

  return (
    <>
      <article className="w-11/12 border-2 shadow-lg rounded-lg mx-
auto p-2 mt-5">
        <div className="grid grid-cols-1 md:grid-cols-2 gap-4">
          <div>
            <label className="font-bold mt-2 text-lg">Foto:</label>
            <img src={cerveza?.foto} />
          </div>
          <div className="bg-gray-200 p-4 mb-2">
            <div className="grid grid-cols-2 gap-4">
              <div>
                {cerveza?.novedad != 0 && (
                  <div className="font-bold mt-2 border-2 rounded-lg
border-white  bg-gray-400">
                    <label className="font-bold p-2 italic text-
```

```
white">
                    Novedad
                </label>
              </div>
            )}
          </div>
          <div>
            {cerveza?.oferta != 0 && (
              <div className="font-bold mt-2 border-2 rounded-lg
border-white  bg-gray-400">
                <label className="font-bold p-2 italic text-
white text-center">
                  Oferta
                </label>
              </div>
            )}
          </div>
        </div>

        <label className="font-bold mt-2 text-
lg">Nombre:</label>
        <h1>{cerveza?.nombre}</h1>
        <label className="font-bold mt-2 text-
lg">Descripción:</label>
        <h1>{cerveza?.descripcion}</h1>

        <div className="grid grid-cols-1 md:grid-cols-2 gap-4
bg-gray-200 rounded-lg mt-2">
          <div>
            {" "}
            <label className="font-bold mt-2">
              Precio: {cerveza?.precio}
            </label>
          </div>
          <div>
            {" "}
            <label className="font-bold mt-2">
              Marca: {cerveza?.marca}
            </label>
          </div>
          <div>
            {" "}
            <label className="font-bold mt-2">
              Color: {cerveza?.color}
            </label>
```

```
        </div>
        <div>
          <label className="font-bold mt-2 p-2">
            Tipo: {cerveza?.tipo}
          </label>
        </div>
        <div>
          <label className="font-bold mt-2">País:
{cerveza?.pais}</label>
        </div>
        <div>
          <label className="font-bold mt-2">
            Graduación: {cerveza?.graduacion}
          </label>
        </div>
        <Link href="/" className="btn-primary">
          Volver
        </Link>
      </div>
    </div>
  </article>
  </>
  );
}
```

Análisis del código

1. **Obtención de Datos**: El componente `Detalle` hace uso de la función `fetchCervezasById` para obtener los detalles de una cerveza específica mediante su ID. Esto indica que la página de detalle necesita información específica de la cerveza para funcionar correctamente.

2. **Presentación de Datos**: Una vez que se obtienen los detalles de la cerveza, estos se presentan en una estructura de dos columnas. La primera columna contiene la foto de la cerveza, mientras que la segunda columna presenta una serie de detalles, como nombre, descripción, precio, marca, color, tipo, país, graduación, etc. Esto permite al usuario obtener una visión completa de la cerveza seleccionada.

3. **Indicadores Visuales**: El componente también incluye indicadores visuales para resaltar si la cerveza es una novedad u oferta. Estos indicadores proporcionan información adicional al usuario de manera rápida y visualmente efectiva.

4. **Interacción de Usuario**: El componente incluye un enlace de vuelta que dirige al usuario de regreso a la página principal. Esto mejora la experiencia del usuario

al proporcionar una manera fácil y clara de navegar entre diferentes partes de la aplicación.

El componente `Detalle` cumple una función crucial al mostrar los detalles de una cerveza específica de manera clara y completa, permitiendo al usuario obtener toda la información necesaria sobre esa cerveza en particular. Además, incluye elementos visuales y de navegación que mejoran la experiencia del usuario en general.

Función de apoyo

Cree el siguiente archivo **src.ts**.

```
export async function fetchCervezasById(id: string):
Promise<CervezaData> {
  const apiUrl = process.env.API_URL ??
"http://127.0.0.1:1337/api/";

  const response = await fetch(`${apiUrl}cervezas/${id}`, {
    next: { revalidate: 0 },
  });

  if (!response.ok) {
    throw new Error("No se pudieron obtener los datos de la API");
  }

  const data = await response.json();

  return data;

}
```

Añadir (Create)

En esta ocasión, nos enfocaremos en aprender cómo dar de alta un nuevo producto en nuestro sistema. Para realizar esta operación, emplearemos el método **"POST"** y enviaremos los datos utilizando un objeto `formData`. Esta elección nos permite enviar información que incluya archivos, como es el caso de las imágenes de los artículos.

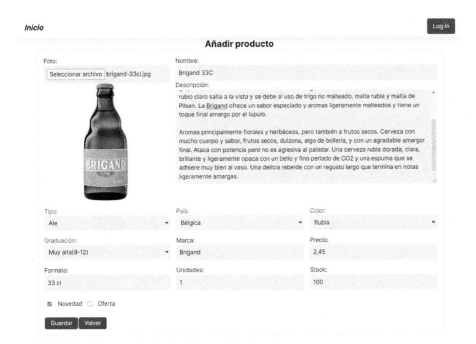

insertar

Crée el siguiente archivo **rc.tsx**.

```tsx
"use client";
import React, { useState, useEffect, ChangeEvent } from "react";
import { Tipo, Pais, Color, Graduacion } from
"@/interfaces/interfaces";
import { useSession, signOut } from "next-auth/react";
import {
  fetchTipos,
  fetchPaises,
  fetchColores,
  fetchGraduaciones,
} from "@/services/api";
import DisplayErrors from "@/components/DisplayErrors";
import Load from "@/components/Load";
import Link from "next/link";

interface CervezaData {
  nombre: string;
  descripcion: string;
  color_id: number;
  graduacion_id: number;
  tipo_id: number;
  pais_id: number;
```

```
  novedad: boolean | number;
  oferta: boolean | number;
  precio: number;
  foto: string;
  marca: string;
  file: File | null;
  stock: number;
  unidades: number;
  formato: string;
}

interface File extends Blob {
  readonly lastModified: number;
  readonly name: string;
}
const Formulario: React.FC = () => {
  const [loading, setLoading] = useState(false);
  const [ok, setOK] = useState("");
  const [errors, setErrors] = useState<any>(null);
  const { data: session, status } = useSession();
  const [imagePreview, setImagePreview] = useState<string |
null>(null);
  const [tipos, setTipos] = useState<Tipo[]>([]);
  const [paises, setPaises] = useState<Pais[] | undefined>([]);
  const [colores, setColores] = useState<Color[]>([]);
  const [graduaciones, setGraduaciones] =
useState<Graduacion[]>([]);
  const [cerveza, setCerveza] = useState<CervezaData>({
    nombre: "",
    descripcion: "",
    color_id: 0,
    graduacion_id: 0,
    tipo_id: 0,
    pais_id: 0,
    novedad: true,
    oferta: false,
    precio: 0,
    foto: "",
    marca: "",
    file: null,
    unidades: 1,
    formato: "",
    stock: 0,
  });

  useEffect(() => {
```

```
const fetchData = async () => {
  try {
    const tiposData = await fetchTipos();
    setTipos(tiposData.data);

    const paisesData = await fetchPaises();
    setPaises(paisesData?.data);

    const coloresData = await fetchColores();
    setColores(coloresData);

    const graduacionesData = await fetchGraduaciones();
    setGraduaciones(graduacionesData);
  } catch (error) {
    console.error("Error fetching data:", error);
  }
};

fetchData();
}, []);

const handleOnChange = (
  e: React.ChangeEvent<
    HTMLSelectElement | HTMLInputElement | HTMLTextAreaElement
  >
) => {
  if (e.target.type === "checkbox") {
    const isChecked = (e.target as HTMLInputElement).checked;
    const { name, value } = e.target;
    const check = isChecked;

    setCerveza({
      ...cerveza,
      [name]: check,
    });
  } else if (e.target.type === "number" || e.target.type ===
"select-one") {
    const { name, value } = e.target;
    setCerveza({
      ...cerveza,
      [name]: +value,
    });
  } else {
    const { name, value } = e.target;
    setCerveza({
      ...cerveza,
```

```
        [name]: value,
      });
    }
  };

  const resetCampos = () => {
    setCerveza({
      nombre: "",
      descripcion: "",
      color_id: 0,
      graduacion_id: 0,
      tipo_id: 0,
      pais_id: 0,
      novedad: true,
      oferta: false,
      precio: 0,
      foto: "",
      marca: "",
      file: null,
      formato: "Lata",
      stock: 1,
      unidades: 1,
    });
    setImagePreview(null);
  };

  const handleSubmit = async (e: React.FormEvent) => {
    e.preventDefault();
    setLoading(true);
    setErrors(null);
    setOK("");
    const token = session?.authorization.token || "";
    const apiUrl =
      process.env.NEXT_PUBLIC_API_URL ??
"http://127.0.0.1:8000/api/v1/";
    const formData = new FormData();
    formData.append("nombre", cerveza.nombre);
    formData.append("descripcion", cerveza.descripcion);
    formData.append("color_id", cerveza.color_id.toString());
    formData.append("graduacion_id",
cerveza.graduacion_id.toString());
    formData.append("tipo_id", cerveza.tipo_id.toString());
    formData.append("pais_id", cerveza.pais_id.toString());
    formData.append("novedad", cerveza.novedad.toString());
    formData.append("oferta", cerveza.oferta.toString());
    formData.append("precio", cerveza.precio.toString());
```

```
  formData.append("marca", cerveza.marca);
  formData.append("unidades", cerveza.unidades.toString());
  formData.append("stock", cerveza.unidades.toString());
  formData.append("formato", cerveza.unidades.toString());

  // Aquí puedes agregar el campo de archivo si es necesario
  if (cerveza.file) {
    formData.append("file", cerveza.file);
    formData.append("foto", cerveza.file.name);
  }

  try {
    const response = await fetch(`${apiUrl}cervezas`, {
      method: "POST",
      headers: {
        Authorization: `Bearer ${token}`,
      },
      body: formData,
    });
    setOK("");
    setErrors(null);
    // Manejar la respuesta
    if (response.ok) {
      const data = await response.json();
      setOK("Producto " + data.nombre + " guardado
correctamente.");
      resetCampos();
    } else {
      const errores = await response.json();
      setErrors(errores);
    }
    setLoading(false);
  } catch (error) {
    setLoading(false);
    console.log(error);
    alert(
      "No se pudo conectar con el servidor. Puede que la sesión
halla expirado."
    );
    console.error("Error en la solicitud:");
  }
};

const handleImagenChange = (event: ChangeEvent<HTMLInputElement>)
=> {
```

347

```
    const file = event.target.files?.[0];

  if (file) {
    // Crear una URL de objeto para la vista previa de la imagen
    const imageUrl = URL.createObjectURL(file);
    setImagePreview(imageUrl);
    setCerveza({
      ...cerveza,
      file: file,
      foto: file.name,
    });
  } else {
    // Si no hay archivo seleccionado, restablecer la vista previa
y el estado del archivo
    setImagePreview(null);
    setCerveza({
      ...cerveza,
      file: null,
      foto: "", // Otra opción sería mantener el nombre del
archivo anterior si lo necesitas
    });
  }
};

  return (
    <>
      <h1 className="text-2xl font-bold text-center">Añadir
producto</h1>
      <form onSubmit={handleSubmit}>
        <div className="grid grid-cols-1 md:grid-cols-3 gap-4 w-
11/12 mx-auto rounded-lg shadow-lg p-4 border-2">
          <div>
            <label className="block w-full">Foto:</label>
            <input
              type="file"
              className="form-control"
              onChange={handleImagenChange}
              required
            ></input>
            <img
              className="rounded-lg h-80 mt-2"
              id="image-preview"
              src={imagePreview || ""}
              alt="Vista previa de la imagen"
              style={{
                display: imagePreview ? "block" : "none",
```

```
      maxWidth: "100%",
      margin: "0 auto",
    }}
  />
</div>
<div className="md:col-span-2">
  {" "}
  <label className="block w-full">Nombre:</label>
  <input
    type="text"
    className="form-control"
    name="nombre"
    id="nombre"
    maxLength={150}
    value={cerveza.nombre}
    onChange={handleOnChange}
    required
  ></input>
  <label className="">Descripción:</label>
  <textarea
    className="form-control row-span-4 h-64"
    id="descripcion"
    name="descripcion"
    value={cerveza.descripcion}
    onChange={handleOnChange}
    required
  ></textarea>
</div>
<div className="">
  {" "}
  <label htmlFor="tipo" className="block text-gray-700">
    Tipo:
  </label>
  <select
    name="tipo_id"
    id="tipo_id"
    onChange={handleOnChange}
    className="form-control"
    value={cerveza.tipo_id}
    required
  >
    <option key={0}></option>
    {tipos.map((t) => (
      <option key={t.id} value={t.id}>
        {t.nombre}
```

```
        </option>
      ))}
    </select>
  </div>
  <div>
    <label htmlFor="pais" className="block text-gray-700">
      País:
    </label>
    <select
      name="pais_id"
      id="pais_id"
      onChange={handleOnChange}
      value={cerveza.pais_id}
      className="form-control"
      required
    >
      <option key={0}></option>
      {paises &&
        paises.map((p) => (
          <option key={p.id} value={p.id}>
            {p.nombre}
          </option>
        ))}
    </select>
  </div>
  <div>
    <label htmlFor="color" className="block text-gray-700">
      Color:
    </label>
    <select
      name="color_id"
      id="color_id"
      onChange={handleOnChange}
      value={cerveza.color_id}
      className="form-control"
      required
    >
      <option key={0}></option>
      {colores.map((c) => (
        <option key={c.id} value={c.id}>
          {c.nombre}
        </option>
      ))}
    </select>
  </div>
```

```jsx
<div>
  <label htmlFor="graduacion" className="block text-gray-
700">

    Graduación:
  </label>
  <select
    name="graduacion_id"
    id="graduacion_id"
    onChange={handleOnChange}
    value={cerveza.graduacion_id}
    className="form-control"
    required
  >
    <option key={0}></option>
    {graduaciones.map((g) => (
      <option key={g.id} value={g.id}>
        {g.nombre}
      </option>
    ))}
  </select>
</div>
<div>
  <label className="block w-full">Marca:</label>
  <input
    type="text"
    className="form-control"
    value={cerveza.marca}
    required
    name="marca"
    onChange={handleOnChange}
    id="marca"
  ></input>
</div>
<div>
  <label className="block w-full">Precio:</label>
  <input
    type="number"
    className="form-control"
    name="precio"
    id="precio"
    step="0.01"
    onChange={handleOnChange}
    value={cerveza.precio}
    required
```

```
        ></input>
      </div>
      <div>
        <label className="block w-full">Formato:</label>
        <input
          type="text"
          className="form-control"
          name="formato"
          id="formato"
          maxLength={100}
          value={cerveza.formato}
          onChange={handleOnChange}
          required
        ></input>
      </div>
      <div>
        <label className="block w-full">Unidades:</label>
        <input
          type="number"
          className="form-control"
          name="unidades"
          id="unidades"
          maxLength={100}
          step="1"
          value={cerveza.unidades}
          onChange={handleOnChange}
          required
        ></input>
      </div>
      <div>
        <label className="block w-full">Stock:</label>
        <input
          type="number"
          className="form-control"
          name="stock"
          id="stock"
          maxLength={100}
          step="1"
          value={cerveza.stock}
          onChange={handleOnChange}
          required
        ></input>
      </div>
      <div className="flex p-2 items-center">
        <input
```

```
        type="checkbox"
        onChange={handleOnChange}
        id="novedad"
        name="novedad"
        value={0}
        className="p-2 border rounded bg-gray-100"
      />
      <label className="ml-4 flex">Novedad</label>
      <input
        type="checkbox"
        id="oferta"
        name="oferta"
        onChange={handleOnChange}
        value={0}
        className="ml-4 p-2 border rounded bg-gray-100"
      />
      <label className="ml-4 flex">Oferta</label>
    </div>
    {loading && <Load />}

    <div className="col-span-1 md:col-span-3">
      {errors && <DisplayErrors errors={errors} />}
      {ok && !errors && <p className="bg-green-300 rounded p-
4">{ok}</p>}
        <div className="flex flex-items-center">
          <button type="submit" className="btn-primary">
            Guardar
          </button>
          <Link href="/Cervezas" className="btn-primary">
            Volver
          </Link>
        </div>
      </div>
    </div>
  </form>
  </>
  );
};

export default Formulario;
```

Explicación del código

handleSubmit
```
const handleSubmit = async (e: React.FormEvent) => {
    e.preventDefault();
```

```
    setLoading(true);
    setErrors(null);
    setOK("");
    const token = session?.authorization.token || "";
    const apiUrl =
      process.env.NEXT_PUBLIC_API_URL ??
"http://127.0.0.1:8000/api/v1/";
    const formData = new FormData();
    formData.append("nombre", cerveza.nombre);
    formData.append("descripcion", cerveza.descripcion);
    formData.append("color_id", cerveza.color_id.toString());
    formData.append("graduacion_id",
cerveza.graduacion_id.toString());
    formData.append("tipo_id", cerveza.tipo_id.toString());
    formData.append("pais_id", cerveza.pais_id.toString());
    formData.append("novedad", cerveza.novedad.toString());
    formData.append("oferta", cerveza.oferta.toString());
    formData.append("precio", cerveza.precio.toString());

    formData.append("marca", cerveza.marca);
    formData.append("unidades", cerveza.unidades.toString());
    formData.append("stock", cerveza.unidades.toString());
    formData.append("formato", cerveza.unidades.toString());

    // Aquí puedes agregar el campo de archivo si es necesario
    if (cerveza.file) {
      formData.append("file", cerveza.file);
      formData.append("foto", cerveza.file.name);
    }

    try {
      const response = await fetch(`${apiUrl}cervezas`, {
        method: "POST",
        headers: {
          Authorization: `Bearer ${token}`,
        },
        body: formData,
      });
      setOK("");
      setErrors(null);
      // Manejar la respuesta
      if (response.ok) {
        const data = await response.json();
        setOK("Producto " + data.nombre + " guardado
correctamente.");
        resetCampos();
```

```
    } else {
      const errores = await response.json();
      setErrors(errores);
    }
    setLoading(false);
  } catch (error) {
    setLoading(false);
    console.log(error);
    alert(
      "No se pudo conectar con el servidor. Puede que la sesión
halla expirado."
    );
    console.error("Error en la solicitud:");
  }
};
```

Este código corresponde a la función `handleSubmit`, la cual se ejecuta cuando se envía el formulario de alta de producto. Aquí tienes una explicación paso a paso:

1. **Prevenir comportamiento por defecto del formulario**: `e.preventDefault();` evita que el formulario se envíe de manera convencional, lo cual es útil cuando se necesita controlar el envío del formulario mediante JavaScript.

2. **Establecer el estado de carga y errores**: `setLoading(true);`, `setErrors(null);` y `setOK("")`; se utilizan para preparar el estado del componente para el envío del formulario. `setLoading(true)` indica que se está realizando una operación de carga, `setErrors(null)` elimina cualquier mensaje de error previo, y `setOK("")` reinicia cualquier mensaje de éxito previo.

3. **Obtener el token de autenticación**: `const token = session?.authorization.token || "";` obtiene el token de autenticación de la sesión actual. Si no hay sesión o el token no está presente, se asigna una cadena vacía como valor predeterminado.

4. **Construir el objeto FormData**: Se crea un objeto `FormData` llamado `formData` que contendrá todos los datos del formulario. Se van añadiendo las diferentes propiedades de la cerveza y sus valores utilizando el método `formData.append()`.

5. **Preparar los datos para el envío**: Se agregan todas las propiedades relevantes de la cerveza al objeto `formData`, como nombre, descripción, id de color, id de graduación, etc. Estos datos se preparan para ser enviados al servidor como parte del cuerpo de la solicitud.

6. **Enviar la solicitud al servidor**: Se utiliza `fetch()` para enviar una solicitud POST al servidor con los datos del formulario. La URL de la API y el token de autenticación se incluyen en los encabezados de la solicitud. El cuerpo de la solicitud es el objeto `formData` que contiene todos los datos de la cerveza.

7. **Manejar la respuesta del servidor**: Se espera la respuesta del servidor. Si la respuesta es exitosa (`response.ok`), se procesa y se muestra un mensaje de éxito. Si la respuesta contiene errores, se muestran y manejan adecuadamente.

8. **Manejar errores de red o del servidor**: Si hay algún error durante la solicitud (por ejemplo, el servidor no está disponible o la sesión ha expirado), se maneja en el bloque `catch`. Se muestra una alerta al usuario y se registra el error en la consola para su posterior depuración.

Editar (Update)

En esta ocasión, vamos a ver cómo editar un artículo utilizando el método **PATCH** y pasándole el token correspondiente. Existen algunas diferencias con respecto al método **POST**, las cuales veremos en esta sección.

Update

Crée el siguiente archivo **src[id].jsx**.

```
"use client";
/* eslint-disable */
import React, { useState, useEffect } from "react";
```

```javascript
import Link from "next/link";
import {
  fetchTipos,
  fetchPaises,
  fetchColores,
  fetchGraduaciones,
  fetchCervezasById,
  fetchDeleteTiposById,
} from "@/services/api";
import DisplayErrors from "@/components/DisplayErrors";
import Load from "@/components/Load";
import { useSession } from "next-auth/react";

const Edit = ({ params }) => {
  const id = params.id;
  const { data: session, status } = useSession();
  const [loading, setLoading] = useState(false);
  const [ok, setOK] = useState("");
  const [errors, setErrors] = useState(null);
  const [tipos, setTipos] = useState([]);
  const [paises, setPaises] = useState([]);
  const [colores, setColores] = useState([]);
  const [graduaciones, setGraduaciones] = useState([]);
  const [cerveza, setCerveza] = useState({
    nombre: "",
    descripcion: "",
    color_id: 0,
    graduacion_id: 0,
    tipo_id: 0,
    pais_id: 0,
    novedad: 1,
    oferta: 1,
    precio: 0,
    foto: "",
    marca: "",
    stock: 0,
    unidades: 0,
    formato: "",
  });

  if (session.status == "loading") {
    return <p>Cargando</p>;
  }

  useEffect(() => {
    const fetchData = async () => {
```

```
    try {
      const tiposData = await fetchTipos();
      setTipos(tiposData.data);

      const paisesData = await fetchPaises();
      setPaises(paisesData.data);

      const coloresData = await fetchColores();
      setColores(coloresData);

      const graduacionesData = await fetchGraduaciones();
      setGraduaciones(graduacionesData);

      const data = await fetchCervezasById(id);
      setCerveza(data);
    } catch (error) {
      console.error("Error fetching data:", error);
    }
  };

  fetchData();
}, [id]);

const handleOnChange = (e) => {
  if (e.target.type === "checkbox") {
    const { name, checked } = e.target;
    const valor = checked ? 1 : 0;

    setCerveza({
      ...cerveza,
      [name]: valor,
    });
  } else if (e.target.type === "number" || e.target.type ===
"select-one") {
    const { name, value } = e.target;
    setCerveza({
      ...cerveza,
      [name]: +value,
    });
  } else {
    const { name, value } = e.target;
    setCerveza({
      ...cerveza,
      [name]: value,
    });
  }
```

```
  };

  const handleSubmit = async (e) => {
    e.preventDefault();

    setLoading(true);
    setErrors(null);
    setOK("");
    const token = session?.authorization.token || "";

    const apiUrl =
      process.env.NEXT_PUBLIC_API_URL ??
"http://127.0.0.1:8000/api/v1/";

    try {
      const response = await fetch(`${apiUrl}cervezas/${id}`, {
        method: "PATCH",
        headers: {
          Authorization: `Bearer ${token}`,
          "Content-Type": "application/json",
        },
        body: JSON.stringify(cerveza),
      });

      // Manejar la respuesta
      if (response.ok) {
        const data = await response.json();

        setOK("Producto " + data.nombre + " guardado
correctamente.");
      } else {
        const errores = await response.json();
        setErrors(errores);
      }
      setLoading(false);
    } catch (error) {
      setLoading(false);
      console.log(error);
      alert(
        "No se pudo conectar con el servidor. Puede que la sesión
halla expirado."
      );
      console.error("Error en la solicitud:");
    }
  };
```

```
return (
  <>
    <h1 className="text-2xl font-bold text-center">Editar
producto</h1>
    <div className="w-11/12 mx-auto border-2 rounded-lg shadow-lg
py-2">
      <form
        onSubmit={handleSubmit}
        className="grid grid-cols-1 md:grid-cols-3 w-11/12 mx-auto
gap-4"
      >
        <div className="col-span-1">
          <img
            className="rounded-lg h-80 mt-2"
            id="image-preview"
            src={cerveza.foto}
            alt="Vista previa de la imagen"
          />
        </div>
        <div className="col-span-1 md:col-span-2">
          <label className="block w-full">Nombre:</label>
          <input
            type="text"
            className="form-control mb-2"
            name="nombre"
            id="nombre"
            maxLength={150}
            value={cerveza.nombre}
            onChange={handleOnChange}
            required
          ></input>
          <label className=" ">Descripción:</label>
          <textarea
            className="form-control row-span-4 h-64"
            id="descipcion"
            name="descripcion"
            value={cerveza.descripcion}
            onChange={handleOnChange}
            required
          ></textarea>
        </div>
        <div className="col-span-1">
          <label className="block text-gray-700">Tipo:</label>
          <select
            name="tipo_id"
```

```
          id="tipo_id"
          onChange={handleOnChange}
          className="form-control"
          value={cerveza.tipo_id}
          required
        >
          {tipos.map((t) => (
            <option
              key={t.id}
              value={t.id}
              selected={t.id == cerveza.tipo_id}
            >
              {t.nombre}
            </option>
          ))}
        </select>
      </div>
      <div className="col-span-1">
        <label className="block text-gray-700">País:</label>
        <select
          name="pais_id"
          id="pais_id"
          onChange={handleOnChange}
          value={cerveza.pais_id}
          className="form-control"
          required
        >
          {paises.map((p) => (
            <option
              key={p.id}
              value={p.id}
              selected={p.id === cerveza.pais_id}
            >
              {p.nombre}
            </option>
          ))}
        </select>
      </div>
      <div className="col-span-1">
        <label className="block text-gray-700">Color:</label>
        <select
          name="color_id"
          id="color_id"
          onChange={handleOnChange}
          value={cerveza.color_id}
```

```
      className="form-control"
      required
    >
      {colores.map((c) => (
        <option
          key={c.id}
          value={c.id}
          selected={c.id === cerveza.color_id}
        >
          {c.nombre}
        </option>
      ))}
    </select>
  </div>
  <div className="col-span-1">
    <label className="block text-gray-
700">Graduación:</label>
    <select
      name="graduacion_id"
      id="graduacion_id"
      onChange={handleOnChange}
      value={cerveza.graduacion_id}
      className="form-control"
      required
    >
      {graduaciones.map((g) => (
        <option
          key={g.id}
          value={g.id}
          selected={g.id === cerveza.graduacion_id}
        >
          {g.nombre}
        </option>
      ))}
    </select>
  </div>
  <div className="col-span-1">
    <label className="block w-full">Marca:</label>
    <input
      type="text"
      className="form-control"
      value={cerveza.marca}
      required
      name="marca"
      onChange={handleOnChange}
```

```jsx
        id="marca"
      ></input>
  </div>
  <div className="col-span-1">
    <label className="block w-full">Precio:</label>
    <input
      type="number"
      className="form-control"
      name="precio"
      id="precio"
      step="0.01"
      onChange={handleOnChange}
      value={cerveza.precio}
      required
    ></input>
  </div>

  <div>
    <label className="col-span-1">Formato:</label>
    <input
      type="text"
      className="form-control"
      name="formato"
      id="formato"
      maxLength={100}
      value={cerveza.formato}
      onChange={handleOnChange}
      required
    ></input>
  </div>
  <div>
    <label className="col-span-1">Unidades:</label>
    <input
      type="number"
      className="form-control"
      name="unidades"
      id="unidades"
      maxLength={100}
      step="1"
      value={cerveza.unidades}
      onChange={handleOnChange}
      required
    ></input>
  </div>
  <div>
```

```
    <label className="col-span-1">Stoxk::</label>
    <input
      type="number"
      className="form-control"
      name="stock"
      id="stock"
      maxLength={100}
      step="1"
      value={cerveza.stock}
      onChange={handleOnChange}
      required
    ></input>
  </div>

  <div className="flex p-2 items-center">
    <input
      type="checkbox"
      onChange={handleOnChange}
      id="novedad"
      name="novedad"
      checked={cerveza.novedad != 0}
      className="p-2 border rounded bg-gray-100"
    />
    <label className="ml-4 flex">Novedad</label>
    <input
      type="checkbox"
      id="oferta"
      name="oferta"
      checked={cerveza.oferta != 0}
      onChange={handleOnChange}
      value={0}
      className="ml-4 p-2 border rounded bg-gray-100"
    />
    <label className="ml-4 flex">Oferta</label>
  </div>

  {loading && <Load />}
  <div className="col-span-1 md:col-span-3 mt-2">
    {errors && <DisplayErrors errors={errors} />}
    {ok && <p className="bg-green-300 rounded p-4">{ok}</p>}
    <div className="flex items-center mt-2">
      <button type="submit" className="btn-primary ">
        Guardar
      </button>
      <Link href="/" className="btn-primary ">
        Volver
```

```
            </Link>
          </div>
        </div>
      </form>
    </div>
  </>
  );
};

export default Edit;
```

A continuación, proporcionaré el código asociado a cada punto del análisis:

1. **Imports y configuración inicial:**

```
"use client";
/* eslint-disable */
import React, { useState, useEffect } from "react";
import Link from "next/link";
import {
  fetchTipos,
  fetchPaises,
  fetchColores,
  fetchGraduaciones,
  fetchCervezasById,
  fetchDeleteTiposById,
} from "@/services/api";
import DisplayErrors from "@/components/DisplayErrors";
import Load from "@/components/Load";
import { useSession } from "next-auth/react";
```

2. **Inicialización de estados:**

```
const Edit = ({ params }) => {
  const id = params.id;
  const { data: session, status } = useSession();
  const [loading, setLoading] = useState(false);
  const [ok, setOK] = useState("");
  const [errors, setErrors] = useState(null);
  const [tipos, setTipos] = useState([]);
  const [paises, setPaises] = useState([]);
  const [colores, setColores] = useState([]);
  const [graduaciones, setGraduaciones] = useState([]);
  const [cerveza, setCerveza] = useState({
    nombre: "",
    descripcion: "",
    color_id: 0,
```

```
    graduacion_id: 0,
    tipo_id: 0,
    pais_id: 0,
    novedad: 1,
    oferta: 1,
    precio: 0,
    foto: "",
    marca: "",
    stock: 0,
    unidades: 0,
    formato: "",
  });
```

3. **useEffect para obtener datos iniciales:**

```
useEffect(() => {
    const fetchData = async () => {
      try {
        const tiposData = await fetchTipos();
        setTipos(tiposData.data);

        const paisesData = await fetchPaises();
        setPaises(paisesData.data);

        const coloresData = await fetchColores();
        setColores(coloresData);

        const graduacionesData = await fetchGraduaciones();
        setGraduaciones(graduacionesData);

        const data = await fetchCervezasById(id);
        setCerveza(data);
      } catch (error) {
        console.error("Error fetching data:", error);
      }
    };

    fetchData();
  }, [id]);
```

4. **Manejo de cambios en los campos del formulario:**

```
const handleOnChange = (e) => {
    if (e.target.type === "checkbox") {
      const { name, checked } = e.target;
      const valor = checked ? 1 : 0;

      setCerveza({
```

```
      ...cerveza,
      [name]: valor,
    });
  } else if (e.target.type === "number" || e.target.type ===
"select-one") {
    const { name, value } = e.target;
    setCerveza({
      ...cerveza,
      [name]: +value,
    });
  } else {
    const { name, value } = e.target;
    setCerveza({
      ...cerveza,
      [name]: value,
    });
  }
};
```

5. **Manejo del envío del formulario:**

```
const handleSubmit = async (e) => {
  e.preventDefault();

  setLoading(true);
  setErrors(null);
  setOK("");
  const token = session?.authorization.token || "";

  const apiUrl =
    process.env.NEXT_PUBLIC_API_URL ??
"http://127.0.0.1:8000/api/v1/";

  try {
    const response = await fetch(`${apiUrl}cervezas/${id}`, {
      method: "PATCH",
      headers: {
        Authorization: `Bearer ${token}`,
        "Content-Type": "application/json",
      },
      body: JSON.stringify(cerveza),
    });

    // Manejar la respuesta
    if (response.ok) {
      const data = await response.json();
```

```
      setOK("Producto " + data.nombre + " guardado
correctamente.");
      } else {
      const errores = await response.json();
      setErrors(errores);
      }
      setLoading(false);
    } catch (error) {
      setLoading(false);
      console.log(error);
      alert(
        "No se pudo conectar con el servidor. Puede que la sesión
halla expirado."
      );
      console.error("Error en la solicitud:");
    }
  };
```

6. **Renderizado del formulario:**

```
return (
    <>
      <h1 className="text-2xl font-bold text-center">Editar
producto</h1>
      <div className="w-11/12 mx-auto border-2 rounded-lg shadow-lg
py-2">
        <form
          onSubmit={handleSubmit}
          className="grid grid-cols-1 md:grid-cols-3 w-11/12 mx-auto
gap-4"
        >
          {/* ...Código del formulario omitido para brevedad... */}
        </form>
      </div>
    </>
  );
```

7. **Manejo de estados de carga y mensajes:**

```
{loading && <Load />}
<div className="col-span-1 md:col-span-3 mt-2">
  {errors && <DisplayErrors errors={errors} />}
  {ok && <p className="bg-green-300 rounded p-4">{ok}</p>}
  <div className="flex items-center mt-2">
    <button type="submit" className="btn-primary ">
    Guardar
    </button>
```

```
  <Link href="/" className="btn-primary ">
    Volver
  </Link>
 </div>
</div>
```

8. **Retorno del componente:**

```
export default Edit;
```

Con estos fragmentos de código, ahora deberías tener una mejor comprensión de cómo cada parte del componente contribuye a su funcionalidad general.

DESPLIEGUE

Introducción

En esta sección, vamos a desplegar nuestra aplicación **frontend** en el servidor de **Vercel**. Para ello, necesitaremos tener un repositorio en **GitHub** y una cuenta en **Vercel**. Recomendamos usar la misma cuenta de GitHub para iniciar sesión en Vercel. Puedes acceder a Vercel en la siguiente URL: https://vercel.com.

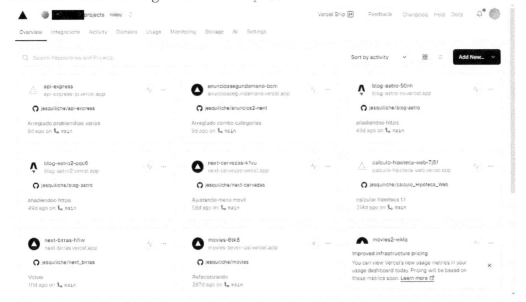

Vercel

Deberías ver una pantalla similar a esta. El contenido dependerá del número de proyectos que tengas desplegados. Si no has realizado ningún despliegue anterior, es posible que la encuentres vacía.

Haz clic en **Add New** y luego en **Project**.

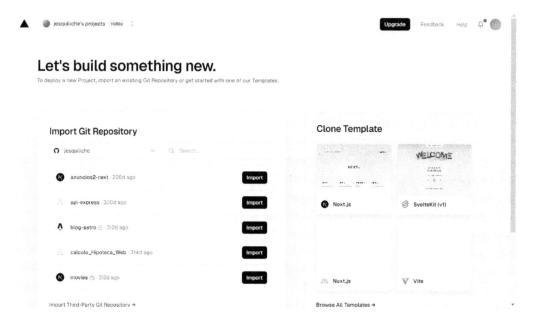

Vercel

En la siguiente pantalla, importaremos el proyecto desde nuestro repositorio.

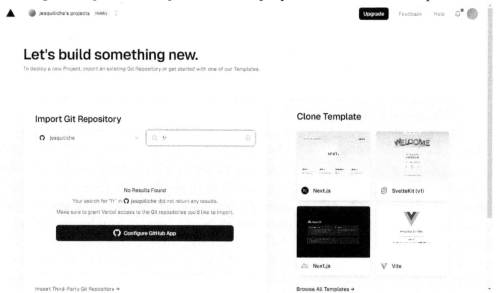

Vercel

Escribe el nombre de tu proyecto. Si no lo encuentras, selecciona la opción **Configure GitHub App**.

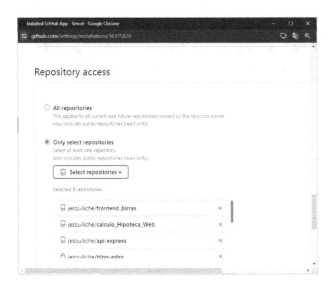

Vercel

Selecciona tu repositorio y pulsa **Save**. A continuación, aparecerá la siguiente pantalla:

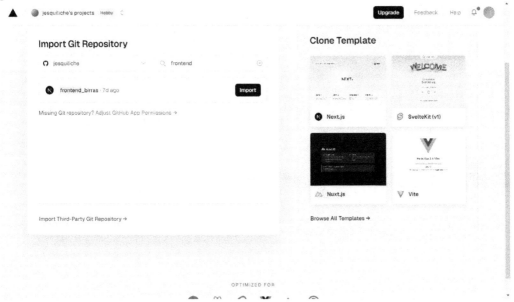

Vercel

Pulsa en **Import**.

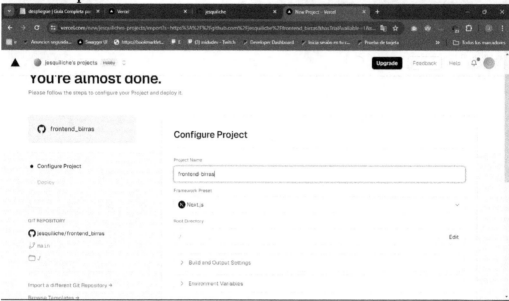

Vercel

A continuación, despliega la pestaña **Settings** e introduce tus variables de entorno.

Vercel

```
NEXT_PUBLIC_API_URL=<Tu ruta>
API_URL=<Tu ruta>
```

```
NEXT_PUBLIC_API_AUTH=<Tu ruta>
NEXTAUTH_SECRET=<Clave secreta>
```

Finalmente, pulsa **Deploy**.

Si todo ha marchado correctamente, deberías obtener una pantalla como esta:

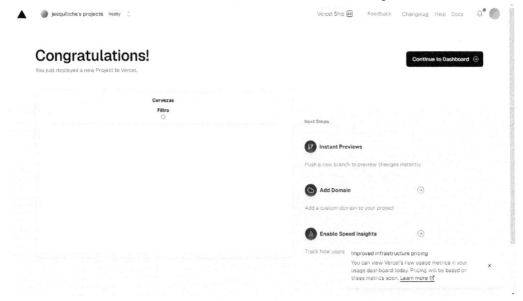

Vercel

Para poder acceder a la web de Vercel, pulsa sobre la imagen del proyecto que se muestra en la pantalla.

ANEXOS

ANEXO

INSTALACIÓN DE LARAVEL 11

Seeder

Instalación

Para instalar **Laravel 11**, necesitará tener **PHP** y un gestor de paquetes como **Composer** instalados en su sistema. Siga estos pasos para instalar Laravel 11:

Existen dos métodos para instalar Laravel

Instalación local vs global

La diferencia entre una instalación global y una local de Laravel 10 radica en dónde se encuentra disponible el comando Laravel para su uso.

Una instalación global de Laravel significa que el comando Laravel está disponible en cualquier ubicación en tu sistema, lo que te permite crear nuevos proyectos de Laravel y ejecutar comandos de Laravel desde cualquier directorio.

Por otro lado, una instalación local de Laravel significa que el comando laravel sólo está disponible dentro del directorio del proyecto Laravel en el que lo instalaste.

En general, se recomienda realizar una instalación global de Laravel si deseas tener la capacidad de crear y gestionar varios proyectos de Laravel desde diferentes ubicaciones en tu sistema. Por otro lado, si sólo deseas trabajar en un único proyecto de Laravel, una instalación local puede ser más adecuada.

Abra su terminal o línea de comandos.

Ejecute el siguiente comando para descargar la última versión de Laravel:

Información

Nuestro proyecto se llamara api_laravel, sustituir nombre de proyecto por api_comercio. En realidad puede escoger un nombre de su agrado.

Instalación local

```
composer create-project --prefer-dist laravel/laravel
nombre_de_proyecto "11.*"
```

```
bash title="Instalación global" composer global require
laravel/installer laravel new nombre_de_proyecto ### Opciones de
proyecto
```

Al instalar nuestro proyecto, el instalador de Laravel nos hará diversas preguntas para adaptarlo a nuestras necesidades. Veamos qué opciones debemos escoger para crear nuestra **API**. Primero nos preguntará si queremos utilizar algún kit de inicio. Como nuestro proyecto no va a utilizar vistas, simplemente pulsaremos Enter para indicar que no vamos a utilizar ningún **Kit de inicio.**

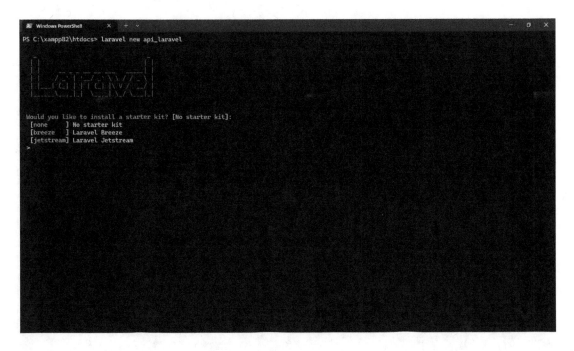

Instalación

A continuación, nos preguntará qué librería queremos usar para realizar nuestros test unitarios. Elija la opción 1.

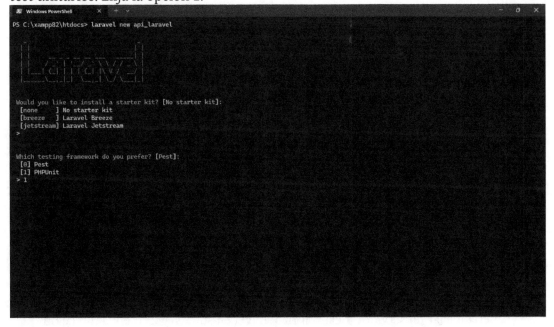

Instalación

A continuación nos preguntara que motor de BBDD queremos utilizar. Vamos a escoger la opción por defecto que es **SQLite**, despues veremos como cambiamos la configuración de BBDD.

```
Windows PowerShell       ×    +   ∨                                                    —   o   ×
PS C:\xampp82\htdocs> laravel new api_laravel
Windows PowerShell       ×    +   ∨                                                    —   o   ×

  nunomaduro/collision ...................................................................... DONE
  nunomaduro/termwind .................................................................... DONE
  spatie/laravel-ignition ................................................................. DONE

   85 packages you are using are looking for funding.
Use the 'composer fund' command to find out more!
   > @php artisan vendor:publish --tag=laravel-assets --ansi --force

  INFO  No publishable resources for tag [laravel-assets].

   No security vulnerability advisories found
   > @php artisan key:generate --ansi

  INFO  Application key set successfully.

   > @php -r "file_exists('database/database.sqlite') || touch('database/database.sqlite');"
   > @php artisan migrate --graceful --ansi

  INFO  Preparing database.

  Creating migration table ............................................................ 12.47ms DONE

  INFO  Running migrations.

  0001_01_01_000000_create_users_table  ............................................. 59.24ms DO
NE
  0001_01_01_000001_create_cache_table ............................................. 28.49ms DONE
  0001_01_01_000002_create_jobs_table .............................................. 53.74ms DONE


 Which database will your application use? [SQLite]:
  [mysql  ] MySQL
  [mariadb] MariaDB
  [pgsql  ] PostgreSQL
  [sqlite ] SQLite
  [sqlsrv ] SQL Server
```

Instalación

Una vez que la descarga esté completa, acceda a la carpeta del proyecto con el siguiente comando:

```
cd nombre_de_proyecto
```

api.route

En esta nueva versión Laravel el fichero **api.php** de la carpeta **routes** no se instala por defecto. Como es vital este archivo para nuestras rutas, a continuación deberá ejecutar el siguiente comando.

```
php artisan install:api
```

Finalmente, ejecute el siguiente comando para verificar la instalación:

```
php artisan serve
```

Esto debería iniciar un servidor local y abrir Laravel en su navegador en la dirección http://localhost:8000.

Ahora está listo para comenzar a desarrollar su aplicación con Laravel 10.

Estructura del proyecto

La estructura de un proyecto Laravel se divide en varias carpetas principales, que incluyen:

- **app**: Contiene la lógica de la aplicación, como modelos, controladores y - middleware.

- **config**: Contiene archivos de configuración para la aplicación.

- **database**: Contiene archivos relacionados con la base de datos, como migraciones y seeds.

- **public**: Contiene archivos estáticos como imágenes, CSS y JavaScript, que se pueden acceder directamente desde el navegador.

- **resources**: Contiene archivos de vistas, archivos de lenguaje y archivos de recursos.

- **routes**: Contiene las definiciones de rutas para la aplicación.

- **storage**: Contiene archivos generados dinámicamente por la aplicación, como caché y archivos subidos por el usuario.

- **tests**: Contiene pruebas unitarias para la aplicación.

- **vendor**: Contiene paquetes de terceros que se utilizan en la aplicación.

- **.env**: Contiene las variables de entorno de la aplicación.

- **composer.json**: Contiene las dependencias y la información del proyecto para el administrador de paquetes Composer.

- **.gitignore**: Contiene una lista de archivos que deben ser ignorados por Git.

Esta es una descripción general de la estructura de un proyecto Laravel. Cada proyecto puede tener una estructura ligeramente diferente según las necesidades específicas de cada aplicación.

Configuración de idioma

Los mensajes de validación de Laravel pueden ser traducidos a varios idiomas entre ellos el Español. En la versión actual de Laravel 10 por defecto no viene el directorio **"/lang"**, para poder personalizar los idiomas en Laravel como el Español por ejemplo. Vamos a ver como llevar esta tarea a cabo.

- Desde su terminal teclee y ejecute el siguiente comando:

```
php artisan lang:publish
```

- Instalar el paquete de Laravel Lang. Laravel Lang es un paquete de Laravel para instalar paquetes de idiomas en nuestra aplicación. Para instalar laravel Lang ejecutamos el siguiente comando:

```
composer require laravel-lang/common --dev
```

- Una vez instalado el paquete de Laravel Lang añadimos el idioma español con el siguiente comando:

```
php artisan lang:add es
```

- Por último, actualizamos el paquete de Laravel Lang.

```
php artisan lang:update
```

Cambiar la configuración del idioma

Lo último, es cambiar la configuración del idioma del nuestro proyecto, abrimos el archivo "app.php" en el directorio "/config" y cambiamos la siguiente linea de código a "es".

```
'locale' => 'es',
```

También aprovecharemos àra configurar nuestra zona horaria.

```
'timezone' => 'Europe/Madrid',
```

Una vez realizado este proceso ya dispondremos de Laravel traducido al eapañol.

LARAVEL SANCTUM

Introducción

Laravel Sanctum fue creado para resolver dos problemas separados. Vamos a discutir cada uno antes de profundizar en la biblioteca.

Tokens de API Primero, Sanctum es un paquete simple que puedes usar para emitir tokens de API a tus usuarios sin la complicación de OAuth. Esta característica está inspirada en GitHub y otras aplicaciones que emiten "tokens de acceso personal". Por ejemplo, imagina que la "configuración de la cuenta" de tu aplicación tiene una pantalla donde un usuario puede generar un token de API para su cuenta. Puedes usar Sanctum para generar y gestionar esos tokens. Estos tokens suelen tener un tiempo de expiración muy largo (años), pero pueden ser revocados manualmente por el usuario en cualquier momento.

Laravel Sanctum ofrece esta función almacenando los tokens de API del usuario en una única tabla de base de datos y autenticando las solicitudes HTTP entrantes a través del encabezado de Autorización, que debería contener un token de API válido.

Autenticación de SPA (Aplicaciones de Página Única) Segundo, Sanctum existe para ofrecer una forma sencilla de autenticar aplicaciones de página única (SPAs) que necesitan comunicarse con una API alimentada por Laravel. Estas SPAs pueden existir en el mismo repositorio que tu aplicación Laravel o pueden ser un repositorio completamente separado, como una SPA creada usando Vue CLI o una aplicación Next.js.

Para esta característica, Sanctum no utiliza tokens de ningún tipo. En su lugar, Sanctum utiliza los servicios de autenticación de sesión basados en cookies integrados en Laravel. Típicamente, Sanctum utiliza el guardia de autenticación web de Laravel para lograr esto. Esto proporciona los beneficios de protección contra CSRF, autenticación de sesión, así como protección contra la filtración de las credenciales de autenticación a través de XSS.

Sanctum solo intentará autenticar usando cookies cuando la solicitud entrante provenga de tu propio frontend de SPA. Cuando Sanctum examina una solicitud HTTP entrante, primero buscará una cookie de autenticación y, si no está presente, entonces examinará el encabezado de Autorización en busca de un token de API válido.

Instalación y configuración

En la versión 11 de Laravel, no se instala por defecto el código necesario para desarrollar APIs; se deja como una opción para el desarrollador. Sin embargo, puedes instalar Laravel Sanctum, una herramienta popular para la autenticación de APIs, utilizando el comando Artisan "install:api".

```
php artisan install:api
```

Model User

Debe cambiar el código del modelo **User** por este otro:

app.php

```php
<?php

namespace App\Models;

// use Illuminate\Contracts\Auth\MustVerifyEmail;
use Illuminate\Database\Eloquent\Factories\HasFactory;
use Illuminate\Foundation\Auth\User as Authenticatable;
use Illuminate\Notifications\Notifiable;
use Laravel\Sanctum\HasApiTokens;

class User extends Authenticatable
{
    use HasApiTokens, HasFactory, Notifiable;
    /**
     * The attributes that are mass assignable.
     *
     * @var array<int, string>
     */
    protected $fillable = [
        'name',
        'email',
        'password',
    ];
```

```
/**
 * The attributes that should be hidden for serialization.
 *
 * @var array<int, string>
 */
protected $hidden = [
    'password',
    'remember_token',
];

/**
 * Get the attributes that should be cast.
 *
 * @return array<string, string>
 */
protected function casts(): array
{
    return [
        'email_verified_at' => 'datetime',
        'password' => 'hashed',
    ];
}
}
```

Análisis del código

Cambio del modelo User.
```
namespace App\Models;
```

Esta línea define el espacio de nombres en el que se encuentra la clase User. En este caso, la clase User se encuentra en el directorio App\Models.
```
use Illuminate\Database\Eloquent\Factories\HasFactory;
use Illuminate\Foundation\Auth\User as Authenticatable;
use Illuminate\Notifications\Notifiable;
use Laravel\Sanctum\HasApiTokens;
```

Estas líneas importan y utilizan los rasgos (traits) necesarios para el modelo de usuario:

- **HasFactory**: Este trait proporciona métodos para la creación de "factories", que son útiles para generar datos de prueba.

- **Authenticatable**: Este trait proporciona métodos de autenticación para el modelo de usuario. Laravel utiliza este trait para gestionar la autenticación de usuarios.

- **Notifiable**: Este trait agrega funcionalidad para enviar notificaciones por correo electrónico, SMS, Slack, etc.

- **HasApiTokens**: Este trait habilita la funcionalidad de tokens de API utilizando Laravel Sanctum para autenticación API.

```
class User extends Authenticatable
```

Esta línea define la clase **User** que extiende **Authenticatable**, lo que significa que el modelo de usuario puede aprovechar los métodos proporcionados por **Authenticatable**.

```
{
    use HasApiTokens, HasFactory, Notifiable;
```

Esto aplica los rasgos (traits) a la clase **User**, lo que le permite utilizar los métodos y funcionalidades proporcionados por estos rasgos.

```
/**
 * The attributes that are mass assignable.
 *
 * @var array<int, string>
 */
protected $fillable = [
    'name',
    'email',
    'password',
];
```

Esta propiedad **$fillable** especifica qué atributos pueden ser asignados masivamente (es decir, utilizando el método **create** en el modelo). En este caso, los atributos **name**, **email** y **password** pueden ser asignados masivamente.

```
/**
 * The attributes that should be hidden for serialization.
 *
 * @var array<int, string>
 */
protected $hidden = [
    'password',
    'remember_token',
];
```

Esta propiedad **$hidden** especifica qué atributos deben ser ocultos cuando el modelo se serializa a un array o a JSON. En este caso, oculta la contraseña (**password**) y el token de recordatorio (`remember_token`), lo que garantiza que no se devuelvan accidentalmente en respuestas API.

```php
/**
 * Get the attributes that should be cast.
 *
 * @return array<string, string>
 */
protected function casts(): array
{
    return [
        'email_verified_at' => 'datetime',
        'password' => 'hashed',
    ];
}
```

Este método `casts()` define cómo deben ser tratados los atributos del modelo al serializarse o deserializarse. En este caso, `email_verified_at` se convierte automáticamente a un objeto `datetime`, y `password` se trata como un campo hash. Esto asegura que Laravel maneje automáticamente la conversión de estos atributos al formato adecuado cuando se trabaja con el modelo.

El archivo de arranque de la aplicación

La configuración de la aplicación de Laravel se encuentra en el archivo `config/app.php`. Desde este archivo, puedes personalizar el enrutamiento, el middleware, los proveedores de servicios, el manejo de excepciones y más aspectos de tu aplicación.

Después de ejecutar el comando `php artisan install:api`, el archivo `config/app.php` se configurará de la siguiente manera:

bootstrap/app.php

Se ha eliminado el archivo RouteServiceProvider y ahora es reemplazado por el archivo bootstrap/app.php. Este último es crucial ya que configura y arranca la aplicación. Después de la instalación de Laravel s (parece que la oración quedó inconclusa), es importante asegurarse de que el archivo bootstrap/app.php esté correctamente configurado para garantizar el funcionamiento adecuado de la aplicación.

```php
<?php

use Illuminate\Foundation\Application;
```

```
use Illuminate\Foundation\Configuration\Exceptions;
use Illuminate\Foundation\Configuration\Middleware;

return Application::configure(basePath: dirname(__DIR__))
    ->withRouting(
        web: __DIR__.'/../routes/web.php',
        api: __DIR__.'/../routes/api.php',
        commands: __DIR__.'/../routes/console.php',
        health: '/up',
    )
    ->withMiddleware(function (Middleware $middleware) {
        // Aquí puedes registrar middleware global para tu
aplicación.
    })
    ->withExceptions(function (Exceptions $exceptions) {
        // Aquí puedes registrar manejadores de excepciones
personalizados.
    })->create();
```

1. **use Illuminate;**
   - Importa la clase `Application` del framework Laravel, que es responsable de manejar el ciclo de vida de la aplicación.

2. **use Illuminate;**
   - Importa la clase `Exceptions`, que se utiliza para configurar cómo la aplicación maneja las excepciones.

3. **use Illuminate;**
   - Importa la clase `Middleware`, que se utiliza para configurar el middleware de la aplicación.

4. **Application::configure(basePath: dirname(DIR))**
   - Crea una nueva instancia de la aplicación Laravel y establece la ruta base de la aplicación al directorio padre del directorio actual.

5. **->withRouting(...)**
   - Configura las rutas de la aplicación especificando los archivos de rutas para la web, la API, los comandos de consola y un punto de verificación de salud.

6. **->withMiddleware(...)**
   - Permite la configuración de middleware global. El middleware es un mecanismo para filtrar las solicitudes HTTP entrantes en la aplicación.

7. **->withExceptions(...)**

– Permite la configuración de manejadores de excepciones personalizados. Esto es útil para definir cómo la aplicación debe responder a diferentes tipos de errores.

8. **->create();**

– Finaliza la configuración y crea la instancia de la aplicación.

Creación de AuthController

A continuación deberá crear el controlador **AuthController**, para ello introduzca el siguiente comando en la terminal:

```
php artisan make:Controller AuthController
```

Edite el controlador y copie el siguiente código:

app.php

```php
<?php

namespace App\Http\Controllers;

use Illuminate\Http\Request;
use App\Models\User;
use Illuminate\Support\Facades\Hash;
use Illuminate\Support\Facades\Validator;
use Illuminate\Validation\ValidationException;

class AuthController extends Controller
{
    /**
     * Registro de un nuevo usuario.
     */
    public function register(Request $request)
    {
        $validator = Validator::make($request->all(), [
            'name' => 'required|string|max:255',
            'email' => 'required|string|email|max:255|unique:users',
            'password' => 'required|string|min:8',
        ]);

        if ($validator->fails()) {
            return response()->json(['errors' => $validator->errors()], 422);
        }
```

```php
        $user = User::create([
            'name' => $request->name,
            'email' => $request->email,
            'password' => Hash::make($request->password),
        ]);

        return response()->json([
            'user' => $user,
            'token' => $user->createToken('authToken')-
>plainTextToken
        ]);
    }

    /**
     * Inicio de sesión y obtención del token.
     */
    public function login(Request $request)
    {
        $validator = Validator::make($request->all(), [
            'email' => 'required|email',
            'password' => 'required',
        ]);

        if ($validator->fails()) {
            return response()->json(['errors' => $validator-
>errors()], 422);
        }

        $user = User::where('email', $request->email)->first();

        if (!$user || !Hash::check($request->password, $user-
>password)) {
            return response()->json(['errors' => ['email' => ['Las
credenciales proporcionadas son incorrectas.']]], 422);
        }

        return response()->json([
            'user' => $user,
            'token' => $user->createToken('authToken')-
>plainTextToken
        ]);
    }

    /**
     * Refresca el token de autenticación.
```

```php
    */
    public function refresh(Request $request)
    {
        $user = $request->user();
        $user->tokens()->delete();

        return response()->json([
            'token' => $user->createToken('authToken')-
>plainTextToken
        ]);
    }

    /**
     * Cierra la sesión del usuario.
     */
    public function logout(Request $request)
    {
        $request->user()->tokens()->delete();

        return response()->json(['message' => 'Sesión cerrada
correctamente.']);
    }
}
```

Configuración de sanctum

A continuacion edite el archivo de configuración de Laravel Sanctum.

config.php

```php
<?php

use Laravel\Sanctum\Sanctum;

return [

    /*
    |---------------------------------------------------------
    --------
    | Stateful Domains
    |---------------------------------------------------------
    --------
    |
    | Requests from the following domains / hosts will receive
```

```
stateful API
    | authentication cookies. Typically, these should include your
local
    | and production domains which access your API via a frontend
SPA.
    |
    */

    // 'stateful' => explode(',', env('SANCTUM_STATEFUL_DOMAINS',
'*')),
    'stateful' => [],
    /*

/--------------------------------------------------------------------
--------
    | Sanctum Guards

/--------------------------------------------------------------------
--------
    |
    | This array contains the authentication guards that will be
checked when
    | Sanctum is trying to authenticate a request. If none of these
guards
    | are able to authenticate the request, Sanctum will use the
bearer
    | token that's present on an incoming request for
authentication.
    |
    */

    'guard' => ['web'],

    /*

/--------------------------------------------------------------------
--------
    | Expiration Minutes

/--------------------------------------------------------------------
--------
    |
    | This value controls the number of minutes until an issued
token will be
    | considered expired. This will override any values set in the
token's
```

```
    | "expires_at" attribute, but first-party sessions are not
affected.
    |
    */

    'expiration' => null,

    /*

|------------------------------------------------------------
-------
    | Token Prefix

|------------------------------------------------------------
-------
    |
    | Sanctum can prefix new tokens in order to take advantage of
numerous
    | security scanning initiatives maintained by open source
platforms
    | that notify developers if they commit tokens into
repositories.
    |
    | See: https://docs.github.com/en/code-security/secret-
scanning/about-secret-scanning
    |
    */

    'token_prefix' => env('SANCTUM_TOKEN_PREFIX', ''),

    /*

|------------------------------------------------------------
-------
    | Sanctum Middleware

|------------------------------------------------------------
-------
    |
    | When authenticating your first-party SPA with Sanctum you may
need to
    | customize some of the middleware Sanctum uses while processing
the
    | request. You may change the middleware listed below as
required.
    |
    */
```

```
    'middleware' => [
        'authenticate_session' => Laravel\Sanctum\Http\Middleware\
AuthenticateSession::class,
        'encrypt_cookies' => Illuminate\Cookie\Middleware\
EncryptCookies::class,
        'validate_csrf_token' => Illuminate\Foundation\Http\
Middleware\ValidateCsrfToken::class,
    ],

];
```

Cambie el siguiente código.

```
// 'stateful' => explode(',', env('SANCTUM_STATEFUL_DOMAINS',
'*')),
   'stateful' => [],
```

Este código le indica a **sanctum** que vamos a realizar la utentificación por **token**.

Rutas protegidas con sanctum.

El middleware de autenticación de Sanctum es una capa de seguridad que puedes aplicar a tus rutas para asegurarte de que solo los usuarios autenticados puedan acceder a ellas. Aquí tienes un desglose paso a paso:

1. **Middleware `auth:sanctum`:** Este middleware proporcionado por Laravel Sanctum es el que utilizaremos para proteger nuestras rutas. Cuando una solicitud llega a una ruta que tiene este middleware aplicado, Laravel verificará si el usuario está autenticado utilizando Sanctum antes de permitir el acceso a la ruta.

2. **Aplicar el middleware a las rutas deseadas:** En el archivo de rutas de tu aplicación Laravel, por lo general **routes/api.php**, puedes aplicar el middleware `auth:sanctum` a las rutas que desees proteger. Puedes aplicarlo individualmente a una ruta específica o agruparlo para aplicarlo a un conjunto de rutas relacionadas.

```
use App\Http\Controllers\APIController;
use Illuminate\Support\Facades\Route;

// Ruta protegida individualmente
Route::middleware('auth:sanctum')->get('/user', function
(Request $request) {
    return $request->user();
```

```
});

    // Grupo de rutas protegidas
Route::middleware('auth:sanctum')->group(function () {
    // Aquí puedes definir todas las rutas que deseas proteger
        Route::get('/protected-route', [APIController::class,
'protectedMethod']);
        Route::post('/another-protected-route',
[APIController::class, 'anotherProtectedMethod']);
    });
```

En este ejemplo:

- La ruta `/user` está protegida individualmente con el middleware `auth:sanctum`. Solo los usuarios autenticados podrán acceder a esta ruta.

- El grupo de rutas dentro de `Route::middleware('auth:sanctum')->group(function () { ... })` contiene las rutas `/protected-route` y `/another-protected-route`. Ambas rutas están protegidas por el middleware `auth:sanctum`, lo que significa que solo los usuarios autenticados podrán acceder a ellas.

Al aplicar el middleware `auth:sanctum` de esta manera, puedes proteger fácilmente tus rutas API en Laravel y asegurarte de que solo los usuarios autenticados puedan acceder a ellas.

Código definitivo

Nuestro código debería quedar asi:

```php
<?php

use App\Http\Controllers\AuthController;
use Illuminate\Http\Request;
use Illuminate\Support\Facades\Route;

Route::get('/user', function (Request $request) {
    return $request->user();
})->middleware('auth:sanctum');


// Rutas para la autenticación
Route::post('/register', [AuthController::class, 'register']);
Route::post('/login', [AuthController::class, 'login']);
```

```
// Rutas protegidas por Sanctum
Route::middleware('auth:sanctum')->group(function () {
    Route::post('/refresh', [AuthController::class, 'refresh']);
    Route::post('/logout', [AuthController::class, 'logout']);
});
```

Con esto hemos llegado al final del capítulo.

SANCTUM Y SWAGGER

Introducción

En este caso, la instalación y configuración es similar a la que vimos con JWT. Esto se debe a que estamos utilizando autenticación por token.

```php
<?php

namespace App\Http\Controllers;

use Illuminate\Http\Request;
use App\Models\User;
use Illuminate\Support\Facades\Hash;
use Illuminate\Support\Facades\Validator;
use Illuminate\Validation\ValidationException;

/**
 * @OA\Info(
 *     title="API de mi aplicación",
 *     version="1.0.0",
 *     description="Descripción de mi API",
 *     termsOfService="https://example.com/terms/",
 *     @OA\Contact(
 *         email="contacto@example.com"
 *     ),
 *     @OA\License(
 *         name="MIT",
 *         url="https://opensource.org/licenses/MIT"
 *     )
 * )
 * @OA\Server(url="http://localhost:8000")
 * @OA\SecurityScheme(
 *     securityScheme="bearerAuth",
 *     type="http",
 *     scheme="bearer",
 *     bearerFormat="JWT"
 * )
 */
class AuthController extends Controller
{
    /**
```

```
     * Registro de un nuevo usuario.
     */
    /**
     * @OA\Post(
     *      path="/api/register",
     *      operationId="register",
     *      tags={"Authentication"},
     *      summary="Registro de un nuevo usuario",
     *      description="Registro de un nuevo usuario en la
aplicación",
     *      @OA\RequestBody(
     *          required=true,
     *          description="Datos del nuevo usuario",
     *          @OA\JsonContent(
     *              required={"name","email","password"},
     *              @OA\Property(property="name", type="string",
example="John Doe"),
     *              @OA\Property(property="email", type="string",
format="email", example="john@example.com"),
     *              @OA\Property(property="password", type="string",
format="password", example="password123")
     *          ),
     *      ),
     *      @OA\Response(
     *          response=200,
     *          description="Operación exitosa",
     *          @OA\JsonContent(
     *              @OA\Property(property="user", type="object"),
     *              @OA\Property(property="token", type="string")
     *          )
     *      ),
     *      @OA\Response(
     *          response=422,
     *          description="Validación fallida",
     *          @OA\JsonContent(
     *              @OA\Property(property="errors", type="object")
     *          )
     *      )
     * )
     */
    public function register(Request $request)
    {
        $validator = Validator::make($request->all(), [
            'name' => 'required|string|max:255',
            'email' => 'required|string|email|max:255|unique:users',
```

```php
        'password' => 'required|string|min:8',
    ]);

    if ($validator->fails()) {
        return response()->json(['errors' => $validator-
>errors()], 422);
    }

    $user = User::create([
        'name' => $request->name,
        'email' => $request->email,
        'password' => Hash::make($request->password),
    ]);

    return response()->json([
        'user' => $user,
        'token' => $user->createToken('authToken')-
>plainTextToken
    ]);
}
/**
 * Inicio de sesión y obtención del token.
 */
/**
 * @OA\Post(
 *     path="/api/login",
 *     operationId="login",
 *     tags={"Authentication"},
 *     summary="Inicio de sesión",
 *     description="Inicia sesión y devuelve el token de
autenticación",
 *     @OA\RequestBody(
 *         required=true,
 *         description="Credenciales de inicio de sesión",
 *         @OA\JsonContent(
 *             required={"email","password"},
 *             @OA\Property(property="email", type="string",
format="email", example="admin@test.com"),
 *             @OA\Property(property="password", type="string",
format="password", example="admin_password")
 *         ),
 *     ),
 *     @OA\Response(
 *         response=200,
 *         description="Operación exitosa",
```

```
 *          @OA\JsonContent(
 *              @OA\Property(property="user", type="object"),
 *              @OA\Property(property="token", type="string")
 *          )
 *      ),
 *      @OA\Response(
 *          response=401,
 *          description="Credenciales incorrectas"
 *      ),
 *      @OA\Response(
 *          response=422,
 *          description="Validación fallida",
 *          @OA\JsonContent(
 *              @OA\Property(property="errors", type="object")
 *          )
 *      )
 * )
 */
    public function login(Request $request)
    {
        $validator = Validator::make($request->all(), [
            'email' => 'required|email',
            'password' => 'required',
        ]);

        if ($validator->fails()) {
            return response()->json(['errors' => $validator-
>errors()], 422);
        }

        $user = User::where('email', $request->email)->first();

        if (!$user || !Hash::check($request->password, $user-
>password)) {
            return response()->json(['errors' => ['email' => ['Las
credenciales proporcionadas son incorrectas.']]], 401);
        }

        return response()->json([
            'user' => $user,
            'token' => $user->createToken('authToken')-
>plainTextToken
        ]);
    }

    /**
```

```php
     * Refresca el token de autenticación.
     */
    /**
     * @OA\Post(
     *      path="/api/refresh",
     *      operationId="refreshToken",
     *      tags={"Authentication"},
     *      summary="Refresca el token de autenticación",
     *      description="Refresca el token de autenticación del
usuario actualmente autenticado",
     *      security={{"bearerAuth": {}}},
     *      @OA\Response(
     *          response=200,
     *          description="Operación exitosa",
     *          @OA\JsonContent(
     *              @OA\Property(property="token", type="string")
     *          )
     *      )
     * )
     */
    public function refresh(Request $request)
    {
        $user = $request->user();
        $user->tokens()->delete();

        return response()->json([
            'token' => $user->createToken('authToken')-
>plainTextToken
        ]);
    }

    /**
     * Cierra la sesión del usuario.
     */
    /**
     * @OA\Post(
     *      path="/api/logout",
     *      operationId="logout",
     *      tags={"Authentication"},
     *      summary="Cerrar sesión",
     *      description="Cerrar sesión del usuario actualmente
autenticado",
     *      security={{"bearerAuth": {}}},
     *      @OA\Response(
     *          response=200,
     *          description="Operación exitosa",
```

```
 *          @OA\JsonContent(
 *              @OA\Property(property="message", type="string")
 *          )
 *      )
 * )
 */
    public function logout(Request $request)
    {
        $request->user()->tokens()->delete();

        return response()->json(['message' => 'Sesión cerrada
correctamente.']);
    }
}
```

www.ingramcontent.com/pod-product-compliance
Lightning Source LLC
La Vergne TN
LVHW060039070326
832903LV00072B/1093